INSTITUT HIPPOCRATE

Énergie vitale

Une longue vie en bonne santé

INSTITUT HIPPOCRATE

Énergie vitale

Une longue vie en bonne santé

Dr Brian R. Clement, Phd

Préface de T. Colin Campbell, Phd

MARCEL BROQUET
La nouvelle édition

Catalogage avant publication de Bibliothèque et Archives nationales du Québec et Bibliothèque et Archives Canada

Clement, Brian R., 1951-

Énergie vitale : une longue vie en bonne santé

(Sels de la terre)

Traduction de : Hippocrates Lifeforce.

Comprend des réf. bibliogr. et un index.

ISBN 978-2-923715-18-6

1. Alimentation. 2. Santé. 3. Autothérapie. 4. Longévité. I. Titre.

RA784.C5314 2009 613.2 C2009-942238-7

Pour l'aide à la réalisation de son programme éditorial, l'éditeur remercie la Société de Développement des Entreprises Culturelles (SODEC)

Version originale

ISBN 1-57067-204-0

Pour la version française
Marcel Broquet Éditeur
55A, rue de l'Église, Saint-Sauveur (Québec) Canada J0R 1R0
Tél. : 450 744-1236
marcel@marcelbroquet.com • www.marcelbroquet.com

Traduction : Lise Lafrance traduction.lise@progression.net
Coordination du projet : Monica Péloquin, agent et accompagnatrice à l'Institut Hippocrate www.instituthippocrate.com
Révision : Andrée Laprise
Infographie : Christian Campana

Distribution :
PROLOGUE
1650, boulevard Lionel-Bertrand
Boisbriand (Québec) Canada J7H 1N7
Tél. : 450 434-0306
Sans frais : 1 800 363-2864
Service à la clientèle : sac@prologue.ca

Diffusion – Promotion :
Phoenix alliance
r.pipar@phoenix3alliance.com

Distribution pour l'Europe francophone :
DNM Distribution du Nouveau Monde
30, rue Gay-Lussac, 75005, Paris
Tél. : 01.42.54.50.24
Fax : 01.43.54.39.15

Librairie du Québec
30, rue Gay-Lussac, 75005, Paris
Tél. : 01.43.54.49.02
www.librairieduquebec.fr

Dépôt légal : 4e trimestre 2009
Bibliothèque et Archives nationales du Québec
Bibliothèque et Archives Canada
Bibliothèque nationale de France

table des matières

remerciements

Je tiens à remercier toutes les personnes qui partagent ma vie, notre planète, notre passé et notre avenir. Je désire également exprimer toute ma gratitude envers ma famille, mes amis et mes collègues, particulièrement ceux et celles qui m'accordent leur contribution et leur soutien à toutes les étapes de la création de cet ouvrage.

Je tiens aussi à exprimer mon affection à vous, chers lecteurs, qui, par votre engagement quotidien envers vous-mêmes et votre univers, enrichissez nos vies.

Avertissement

L'information incluse dans ce livre est présentée uniquement à des fins d'enseignement. Il n'est pas prévu qu'on s'en serve pour remplacer l'avis médical d'un professionnel de la santé.

préface

Brian Clement et moi avons parcouru des chemins différents pour enfin arriver à la même conclusion, à savoir combien les produits alimentaires purs et naturels sont importants pour obtenir et maintenir une bonne santé.

En tant que chercheur dans les domaines de la nutrition et de la biochimie depuis presque cinquante ans, mes points de vue découlent d'un important ensemble de découvertes empiriques qui démontrent comment ce que nous mangeons peut nous garder en santé ou causer malaises et maladies. Dans notre livre intitulé *The China Study*, nous avons présenté une étude portant sur l'observation de 6500 adultes pendant plus de vingt ans. La conclusion est claire : il y a définitivement un lien entre la nutrition et des maux tels le cancer, le diabète et les affections cardiaques. Pour appuyer plus avant ces découvertes, ma recherche connexe fut financée par le *National Institutes of Health* et publiée dans les meilleures revues scientifiques.

Pendant les trois décennies au cours desquelles il a dirigé l'Institut de santé Hippocrate, Brian a pu constater quels aliments sont efficaces au renforcement du système immunitaire. Il a aidé des milliers des gens souffrant de tous les maux imaginables. Cette expérience clinique lui a permis de constamment raffiner le programme de l'Institut qui favorise l'utilisation d'*aliments vivants* pour promouvoir la santé et la longévité.

Le fait d'avoir donné plusieurs conférences à l'Institut Hippocrate à West Palm Beach m'a permis de passer du temps avec Brian et aussi de partager nos idées. Je me sens donc tout à fait à l'aise de recommander ce livre parce que je sais que la vaste expérience de Brian est bien réelle et qu'elle confirme en tous points ses principes.

Bien que nous soyons souvent d'accord, nos opinions ne sont pas toujours identiques. (Je me rappelle ce vieux cliché disant que si deux personnes sont toujours d'accord sur tous les sujets, une de ces deux personnes ne pense pas.) Ma démarche au sujet de la diète et de la santé se concentre sur les bénéfices majeurs fournis par une alimentation à base de plantes (légumes, fruits et grains céréaliers). Je mets l'accent sur les caractéristiques « d'intégrité » des aliments pour me référer à ces aliments fournis par la nature tout au long de l'évolution de l'humanité et qui ont modelé nos réactions biologiques à l'alimentation.

Le Programme de l'Institut Hippocrate priorise aussi l'alimentation à base de plantes, mais particularise les effets sur la santé de certains aliments et des combinaisons alimentaires en soulignant l'importance de les consommer crus. Je regrette seulement que des études scientifiques n'aient pas encore prouvé tous ses bienfaits.

Nombre de notions traditionnelles concernant l'alimentation et les sciences de la santé nécessiteraient beaucoup plus de données expérimentales. En effet, certaines de ces notions, souvent citées comme « scientifiques », sont tout simplement fausses, peut-être même dangereuses pour la santé publique.

Je suis vraiment impressionné par l'ensemble de preuves soulignant la valeur indéniable des aliments crus pour la santé. La production de toxines pendant la cuisson de certains produits alimentaires, les résidus inquiétants de polluants chimiques nocifs dans l'alimentation et la perte de substances nutritives importantes pendant la cuisson sont bien documentés. Cette information soutient certainement la supériorité d'une alimentation crudivore pour la santé et m'incite à conclure que s'il existe un meilleur message pour la santé que celui que j'endosse, cela pourrait bien être le Programme de l'Institut Hippocrate.

Comme Brian, je suis bien conscient des dangers lorsqu'on s'éloigne du courant dominant de la science, mais je connais encore mieux les dangers de ne pas avoir un esprit ouvert. Cette conscience et la profusion de données valorisant les effets sur la santé de la nourriture crue m'incitent et me convainquent qu'une telle diète est de loin la meilleure à adopter pour promouvoir la santé du corps humain. Si vous avez envie d'essayer un tel mode de vie, et vous aurez d'excellentes raisons de le faire, ce livre vous assure un bon départ.

T. Colin Campbell, PhD

PROFESSEUR EN BIOCHIMIE DE LA NUTRITION
UNIVERSITÉ CORNELL

un programme de guérison par la nature pour tous

Que votre alimentation soit votre remède.

HIPPOCRATE, Ve SIÈCLE AV. J.-C.

Nous avons tous en nous de l'énergie vitale. C'est une ressource naturelle renouvelable, un principe de la nature conçu pour notre santé et notre bonheur. Une fois qu'on y accède consciemment et qu'on y adhère de façon continue, elle peut prolonger notre vie tout en donnant à chacun de nous une grande qualité de santé mentale et physique.

Nul besoin de technologie médicale coûteuse ou de médicaments pour atteindre cet objectif. Vous ne devez pas non plus être doté de gènes supérieurs pour vivre plus longtemps et triompher des maux et maladies. Vous devez seulement croire en vous-même.

Il ne s'agit pas d'affirmations faites à la légère et je ne les fais pas non plus sans appuyer mes dires sur un apport substantiel de recherche, comme vous le découvrirez dans ce livre. Le Programme de l'Institut Hippocrate est un ensemble d'habiletés et de pratiques par lesquelles au moins 300 000 personnes venues nous visiter dans notre centre ont appris à conquérir l'énergie vitale de la nature pour trouver leur propre capacité illimitée d'autoguérison.

L'énergie vitale est la charge électrique inhérente à la nature. Elle régénère la santé humaine. Cette énergie est aisément accessible par l'alimentation vivante. Elle stimule la cellule humaine, étant l'interrelation la plus directe entre le soleil, les plantes les plus bénéfiques et notre propre système immunitaire.

Le potentiel guérisseur de l'énergie vitale est issu d'une interaction synergique entre nos croyances, notre système immunitaire et les substances nutritives pures contenues dans l'alimentation vivante. Cette synergie est à la base du Programme de santé de l'Institut Hippocrate. Chacun peut la maîtriser en suivant les directives exposées dans ce livre.

Dans un monde idéal, ce livre serait inutile, parce que, tous, nous serions en bonne santé. Mais notre culture a rapidement et radicalement dévié des règles de la nature. Nombre d'entre nous ont été persuadés à tort par des intérêts économiques (fabricants de produits alimentaires, compagnies pharmaceutiques et associations médicales) que des solutions miracle, des potions magiques et des produits alimentaires concentrés sont une panacée pour notre santé et nos besoins nutritifs.

Conséquence directe de ces fausses croyances : notre alimentation, nos remèdes et notre environnement sont devenus un cauchemar chimique. Par conséquent, de nombreux problèmes de santé nous obligent à dépenser de plus en plus pour obtenir, au bout du compte, moins de soins réels.

Chaque jour, nous ingérons, buvons et respirons des milliers de produits chimiques synthétiques. Notre corps est incapable de reconnaître ou d'assimiler la plupart de ces produits chimiques et ainsi, chaque être vivant est toxique à divers degrés. Ce que nous appelons le « fardeau corporel » peut être diminué, sans toutefois être éliminé complètement.

Non seulement un repas moyen est-il chargé de pesticides, de préservatifs et de douzaines d'autres produits chimiques, mais il est également exempt d'énergie vitale, car il y manque les enzymes, l'essence même de la vie. Un aliment, de sa culture à sa préparation, en passant par sa fertilisation et sa cuisson, a perdu ses substances nutritives essentielles, au dépens du profit et de la facilité.

Notre énergie, qui devrait être utilisée pour guérir notre corps et maintenir notre système immunitaire, a été détournée pour traiter des toxines chimiques et des déchets. Les toxines, véritables bombes à retardement, s'accumulent dans le gras corporel et les organes. Et l'effet interactif synergique des médicaments d'ordonnance est l'une de ces bombes. À notre Institut, nous avons constaté que ces substances sont la source du problème immédiat le plus dangereux auquel font face nos invités lorsqu'ils commencent notre programme.

La preuve de cette attaque toxique et du déclin de la qualité générale de notre alimentation nous est donnée dans les tristes statistiques de santé publique de tous les pays industrialisés :

- Au cours d'une vie, un homme sur deux risque de développer un cancer, contre une femme sur trois. Le cancer est la cause principale de décès dans le monde, tuant 58 millions de personnes chaque année.
- La maladie coronarienne est devenue le premier tueur. Aux États-Unis seulement, on dénombre 700 000 décès par année liés à cette maladie.
- Le diabète affecte maintenant presque 20 % de la population américaine. L'Organisation mondiale de la santé (OMS) prévoit que les décès causés par le diabète augmenteront de plus de 50 % au cours de la prochaine décennie. Les enfants constitueront presque la moitié de tous les nouveaux cas.
- L'OMS estime que 1,6 milliard d'adultes sur la planète ont une surcharge pondérale et 400 millions sont obèses. L'OMS prévoit que 2,3 milliards de personnes seront en surpoids et que 700 millions souffriront d'obésité avant même 2015.
- On évalue qu'un tiers des couples ont des problèmes d'infertilité.
- Depuis vingt ans, le taux des maladies respiratoires a augmenté de 160 % parmi les enfants d'âge préscolaire en Europe et en Amérique du Nord.
- Il y a deux décennies, l'autisme affligeait seulement 1 écolier sur 2000. Aujourd'hui, on en dénombre 1 sur 175.

Toutes ces tendances inquiétantes ont convergé vers une crise aiguë des soins de santé. Les dépenses reliées à ces services ont grimpé de façon exponentielle dans chaque pays industrialisé. Nous dépensons significativement plus que jamais et recevons considérablement moins.

Chez Hippocrate, nous avons constaté, en première ligne, l'évidence et l'impact de ces statistiques. Au cours de la dernière décennie, des personnes de plus en plus jeunes nous visitent. Leur état de santé est de plus en plus grave. Ainsi, des personnes dans la vingtaine, affligées de types de maladies affectant autrefois seulement les personnes âgées nous consultent. Des femmes de moins de trente ans sont même affligées de symptômes de la ménopause, tout comme des fillettes de huit ans qui entrent en puberté. Voilà les symptômes d'une société en pleine crise.

Nous nous rendons compte de plus en plus que nos styles de vie et notre santé sont résolument en déséquilibre et nous sommes plus que jamais insatisfaits des services de santé. Un article paru en 2006 dans le *New York Times* souligne certaines préoccupations : « Qu'il s'agisse du marchandage des compagnies d'assurances, des conclusions d'études médicales contradictoires ou des chroniques des fabricants de produits pharmaceutiques couvrant les effets secondaires, tout concourt à alimenter leur frustration. »

Résultat : il n'y a jamais eu autant de personnes désireuses de prendre leur santé en main. Ce qui se traduit par la consommation d'aliments plus nutritifs, une meilleure écoute de notre propre corps et de meilleures décisions de santé « s'appuyant sur notre intuition et nos convictions profondes » comme l'expriment, dans ce même article, plusieurs utilisateurs de médecine parallèle.

Le professeur de nutrition et de biochimie T. Colin Campbell, de l'Université Cornell, a rédigé plus de 350 articles scientifiques et études établissant le lien entre une diète pauvre en éléments nutritifs et une mauvaise santé. Ses données et conclusions sont formelles : « La réponse à la crise de santé américaine se trouve dans la nourriture que chacun d'entre nous choisit de mettre dans sa bouche chaque jour. C'est aussi simple que cela », écrit-il dans *The China Study,* un livre qui relate en détails sa recherche charnière sur la nutrition et la maladie. Le docteur Campbell continue : « Si la nutrition était mieux comprise et que la prévention et les traitements naturels étaient mieux acceptés dans la communauté médicale, nous n'imposerions pas autant de produits et de médicaments toxiques et potentiellement mortels à nos corps. »

Un demi-siècle de données cliniques recueillies à l'Institut Hippocrate concernant les bénéfices de l'alimentation naturelle, tels que décrits dans *le Programme de l'Institut Hippocrate*, en plus des découvertes provenant du laboratoire du docteur Campbell, établissent la preuve irréfutable qu'il existe un lien entre alimentation toxique et santé déclinante. De plus, ces données prouvent qu'une saine nutrition génère une bonne santé et même une guérison radicale.

la santé, c'est le bonheur !

Nous demandons souvent à nos invités de décrire leurs objectifs par rapport à leur santé avant d'entreprendre ce programme. La réponse est habituellement prévisible : « Je viens ici pour vaincre une maladie » ou « Je suis ici pour améliorer mon état de santé global ». Imaginez leur surprise quand nous leur répondons que ces soucis ne sont pas la vraie raison d'avoir choisi de participer à notre programme.

« Vous êtes ici pour trouver le bonheur » leur disons-nous. Habituellement, il y a une pause et ensuite, après un moment de réflexion, l'invité pousse un grand soupir de soulagement. Le bonheur est vraiment ce qui nous motive. Reconnaître cette vérité nous aide à observer plus clairement les obstacles et barrières que nous nous sommes imposés et qui nous empêchent de l'atteindre.

Un premier obstacle au bonheur et à la santé est notre propre doute. Tout au long de notre vie, la plupart d'entre nous ont dépensé énormément d'énergie à se créer un labyrinthe de limites. Ces limites peuvent provenir de quelque chose d'aussi simple qu'une critique peu judicieuse ou hostile de la part de quelqu'un que nous admirions. Elles pourraient aussi être causées par un événement traumatique du passé qui aurait déformé notre perspective sur la possibilité d'avoir confiance en soi ou aux autres.

Cependant, cette croyance en nos limites existe. Elle peut être la pierre d'achoppement à l'obtention de la santé et du bonheur désiré et mérité. C'est pourquoi l'impact des pensées positives ou négatives ne peut être ignoré lorsqu'il s'agit de la conception d'une stratégie de santé, de longévité et de régénération du corps.

Margaret, une invitée de l'Institut Hippocrate illustre l'importance que nous devrions attacher à notre état d'esprit. On lui avait diagnostiqué un cancer du foie et après la visite de deux centres anticancéreux reconnus, on lui a annoncé qu'il lui restait peu de temps à vivre. Elle est rentrée à la maison espérant recevoir du réconfort de son mari, avec qui elle vivait depuis quarante ans. Il a plutôt insisté pour qu'elle continue de subir les traitements médicaux, bien qu'on les lui ait décrits comme des moyens de retarder une mort inévitable.

Margaret a choisi de ne pas accepter ce genre d'entrave. Malgré la pression, certaines attaques et même des railleries venant de sa famille et de ses amis, elle a entrepris de changer radicalement ses habitudes alimentaires et son style de vie. Sa stratégie a fonctionné. Mais même après que ses médecins l'eurent déclaré guérie, la plupart des membres de son entourage ont continué à exprimer leur scepticisme par rapport à ses actes et à son bon jugement.

« Comment avez-vous eu assez de force pour faire ce qui était approprié pour vous, face à toute cette résistance ? » ai-je demandé à Margaret. Elle m'a alors raconté un événement de son enfance. Son oncle avait été heurté mortellement par un train. Pendant que des membres de la famille portaient le cercueil vers la maison, des bruits venant de l'intérieur du cercueil leur sont parvenus. Le père de Margaret a ouvert le couvercle et, à l'étonnement de tous, les yeux brillants de l'oncle regardaient fixement Margaret.

Cet événement est devenu un des plus marquants de sa vie. La leçon qu'elle en a tirée était simple mais profonde. Même dans les moments les plus forts de la vie, comme la confrontation avec la mort, on peut toujours remettre en question la réalité des faits et de nos perceptions. Margaret a alors toujours cherché un résultat positif et attendu un bon dénouement dans toutes les situations, même quand tous les autres avaient renoncé à tout espoir.

Nous savons tous que nous avons besoin d'aliments sains pour nourrir notre corps. Nous avons aussi besoin de pensées saines pour nourrir nos émotions et nos actions. Le bonheur n'est pas de tout comprendre mais d'apprendre à vivre en cultivant la *légèreté de l'être*.

Mon ami Norman Cousins a laissé derrière lui un message clair et simple décrivant le bonheur et son effet sur la santé : *l'humour guérit*. Le fait d'utiliser une forme d'humour sincère et joyeux est devenu le remède qui lui a permis de se débarrasser de sa propre désastreuse maladie. Il a écrit un livre célèbre relatant son expérience : *Anatomy of an Illness*. Il a consacré ses dernières années à enseigner que nos choix sont déterminants lorsque nous voulons créer un résultat positif ou négatif pour notre santé et notre vie.

le contrôle sur sa santé grâce à l'énergie vitale

En 1956, année où l'Institut de santé Hippocrate a été fondé par Ann Wigmore (plus tard rejointe par Viktoras Kulvinskas), nous avons cru que dotés des outils appropriés et d'un bon environnement, nos corps on la capacité de s'autoguérir et de rajeunir. Il s'agissait d'une philosophie pratiquée par Hippocrate, le père de la médecine moderne, qu'il nous a transmise.

Comme médecin grec du cinquième-siècle avant notre ère, Hippocrate traitait le corps dans son ensemble. Il a enseigné un processus de guérison fondé sur un régime alimentaire sain et naturel. Il a conçu un code de déontologie, ou serment d'Hippocrate, que les médecins prononcent toujours aujourd'hui en début de carrière. Un paragraphe important de ce serment, écrit en l'an 400 av. J.-C, dit : « Je ne donnerai aucune médecine nuisible à qui que ce soit. »

Cet avertissement semble avoir été méconnu par la médecine moderne car certains médecins croient aveuglément, sans trop réfléchir, aux campagnes publicitaires de chaque nouveau médicament fraîchement sorti des chaînes de montage de l'industrie pharmaceutique. Ils prennent souvent l'initiative de prescrire selon la « formation » reçue de la part des représentants du marketing de cette industrie.

Depuis un demi-siècle, nous avons vu défiler, à notre centre de santé, presque tous les malaises et maladies connus et qui affligent l'humanité tout entière. Certains invités nous arrivent même après avoir été plus ou moins condamnés à mort par leur médecin. On leur dit qu'il leur reste seulement quelques semaines ou quelques mois à vivre. D'autres y viennent parce qu'ils croient en la médecine préventive et qu'ils comprennent l'importance de la désintoxication pour renforcer leur système immunitaire. D'autres sont venus avec l'espoir de retarder le processus de vieillissement, de stabiliser leur poids ou encore simplement d'améliorer leur qualité de vie.

Les gens intoxiqués par la caféine ou le sucre obtiennent de bons résultats lorsqu'ils suivent notre programme, même ceux qui s'adonnent à des désordres alimentaires. Si vous avez quelques kilos en trop, vous pourrez les perdre facilement grâce à notre programme. Si votre poids est sous la normale, vous gagnerez des kilos jusqu'à ce que votre corps soit plus robuste.

Vous vous demandez sans doute comment tout cela est possible ; comment le même programme peut-il s'adresser à un tel nombre de problèmes de santé ? La réponse est très simple mais de grande portée. Notre recherche a démontré que l'alimentation vivante peut déclencher un mécanisme de sécurité dans le corps. Ce genre d'alimentation fournit l'énergie vitale dont le corps a besoin pour retrouver un poids optimal. Notre corps reçoit une nourriture complète et notre faim est satisfaite.

Nous croyons que nous devons fournir une structure de soutien pour que les personnes qui ont des défis de santé puissent apprendre à renforcer leur système immunitaire par la vitalité de leur nutrition. Un système immunitaire puissant est la base de la santé physique et de la guérison. Cependant, la médecine occidentale conventionnelle a trop souvent traité notre moteur d'autoguérison comme inexistant et on a souvent prescrit des pratiques médicales qui affaiblissent notre système immunitaire en le gavant de toxines pharmaceutiques.

Notre approche de la santé et de la guérison a toujours été unique. Toutefois, notre approche frise la controverse pour certains praticiens qui ne voient de solution que dans la médication. Il serait bon d'élever un drapeau rouge dans notre tête quand le mot « controversé » se rattache à quelqu'un ou à quelque chose et y regarder de près pour visualiser à quel point ce mot est mal utilisé. La description d'un point de vue ou d'une pratique médicale souvent définie comme « controversée » n'est qu'une voie commode pour des cyniques qui veulent écarter un corps entier de recherche sans vouloir prendre le temps de l'examiner de façon juste et impartiale.

« Trop souvent, la controverse n'est pas le résultat d'un débat scientifique légitime, mais reflète plutôt un besoin de retarder les résultats d'une recherche donnée pour ensuite les déformer », observe le docteur Campbell, lorsqu'il dénonce comment certains critiques ont injustement attaché le mot « controversé » à ses découvertes parfaitement documentées. « Le fait de soutenir la controverse comme moyen de discréditer les découvertes qui engendrent un malaise économique ou social est l'un des péchés les plus répandus de la science. »

Tous les jours, à l'Institut Hippocrate, nous continuons nos recherches cliniques pour raffiner notre programme de nutrition et de santé. Ce « laboratoire vivant » a ouvert la voie à la recherche des pouvoirs fortifiants de l'alimentation vivante, riche en enzymes. Après des décennies de recherche et de mise en pratique, nous avons accumulé une très importante banque de données de connaissances diverses.

Ce livre vous permettra de récolter les bénéfices de ces nombreuses années de découvertes et de recherches. Vous y trouverez aussi des études de cas décrivant les expériences de nos invités qui se sont guéris avec succès après que la médecine Occidentale conventionnelle leur avait donné peu ou aucun espoir de rétablissement.

Il s'agit ici d'un manuel d'initiative personnelle. Il a été conçu pour vous aider à obtenir une santé optimale. Je vais traiter de votre attachement psychologique aux habitudes alimentaires nuisibles et je décrirai certaines stratégies que vous pourrez utiliser lorsque vous créerez votre propre structure de soutien. Je vous mettrai au défi de vous rappeler que vous vivez non seulement dans votre maison, votre communauté et votre environnement, mais, et est même plus important encore, vous vivez aussi « dans » vos pensées, vos sentiments et vos actions. Pour maintenir une bonne santé et pour améliorer votre vie, vous devrez consciencieusement mettre en pratique, chaque jour, ce que ce livre vous aura appris.

Pour cette raison, les premiers chapitres de ce livre traitent de la puissance de vos croyances pour ensuite vous permettre de former vos expériences de santé et de guérison. De même que les idées négatives peuvent court-circuiter le mieux-être et le rétablissement, la pensée positive peut enflammer, renforcer et augmenter les protections dispensées par le système immunitaire. Avec la nutrition appropriée et d'autres éléments du Programme de l'Institut Hippocrate, la synergie de l'énergie vitale résultante peut, de façon naturelle, donner le pouvoir à chacun d'entre nous de rajeunir comme aucun système médical ne saurait le faire.

Vous avez probablement entendu l'expression « un gramme de prévention vaut un kilo de remède. » La puissance de l'énergie vitale représente l'étalon or de la prévention. En adoptant ce mode de vie sain et en vous appropriant votre propre pouvoir de guérison, vous affirmerez votre unicité comme être humain et avec cette unicité, votre responsabilité de contrôler le cours de votre vie.

1

les régimes fantaisistes et les mythes de la nutrition

Vous est-il déjà arrivé de ne penser qu'à essayer chaque régime à la mode ou tout nouveau programme de perte de poids possible, cherchant une solution rapide qui fonctionnera enfin ? Vous laissez-vous influencer par la publicité dans l'espoir de trouver un supplément, un médicament ou un aliment enrichi qui ravivera rapidement votre santé, sans devoir radicalement changer vos habitudes alimentaires ?

Si vous avez répondu *oui* ou même *parfois* à l'une de ces questions, il est possible que vous soyez devenu la proie d'un des mythes de santé les plus répandus et les plus dangereux de nos temps modernes voulant qu'une mauvaise alimentation et la surconsommation ont peu d'incidence sur la santé. Sinon, on pourra y remédier sans changer notre mode de vie puisqu'une potion magique fera tout le travail. Voilà un concept qui a infecté la profession médicale et l'industrie alimentaire et pharmaceutique ainsi que le public en général.

Toutes les nations industrialisées nient qu'il existe un rapport entre la diète et la santé. En 2006, Kraft, la deuxième société mondiale dans le domaine de l'alimentation et des breuvages, a commandé une étude auprès des consommateurs européens. Les chercheurs ont constaté que la plupart des Européens croient que l'obésité affecte seulement les autres (particulièrement les Américains) et ils se jugent immunisés contre ce fléau, bien que la moitié d'entre eux soit déjà en surpoids ou obèse.

La même étude, conduite par l'American Obesity Association aux États-Unis, a constaté que 15 % des enfants et des adolescents ont un poids excessif, mais seul un pourcentage minime de parents s'en rendent compte. « C'est trop douloureux pour nombre de parents d'admettre que leur enfant est gros », remarque Marion Nestle, nutritionniste de l'Université de New York. La moitié de tous les parents américains veut croire que le poids de leur enfant est normal.

En Angleterre, presque 15 % des enfants sont considérés comme obèses, plaçant ce pays au premier rang en Europe des pays renfermant le plus grand nombre de gens de poids excessif. La situation en Écosse est devenue si terrible qu'on évalue qu'un tiers des enfants de 12 ans est de poids excessif. En Australie, l'administration régionale de la santé publique annonce que 25 % des enfants sont en surpoids ou obèses. Ces pays savent qu'il faut remédier rapidement aux problèmes de poids et aux maladies coronariennes qui en résultent, car ils connaissent les problèmes qui affectent un grand nombre d'Américains moyens depuis la dernière décennie.

Au Congrès international sur l'obésité tenu en Australie en septembre 2006, la plupart des 2500 experts en santé venus de 50 pays ont déclaré que l'obésité est « une aussi grande menace que le réchauffement de la planète et la grippe aviaire ». Presque un milliard de personnes sur la planète sont en surcharge pondérale, elles dépassent en nombre les personnes sous-alimentées. Et tout cela est arrivé en moins d'une génération.

Conséquence : les enfants d'aujourd'hui seront la première génération de l'histoire à mourir avant leurs parents. « Nous ne traitons pas ici uniquement d'un problème scientifique ou médical », déclare le Britannique Phillip James, président de l'International Obesity Task Force, qui a fait cette prédiction. « Nous faisons face à un énorme problème économique et tous les systèmes médicaux dans le monde seront complètement dépassés. »

Personne ne devrait pourtant s'étonner. La diète occidentale contient un mélange toxique de produits chimiques synthétiques qui créent des déséquilibres hormonaux et ces déséquilibres résultent en dépendances alimentaires et obésité chronique. C'est ce que conclut le professeur et médecin Robert Lustig de l'Université de la Californie à San Francisco qui, dans une étude des produits alimentaires toxiques et provoquant une dépendance, blâme les industries de transformation alimentaire de réduire la valeur nutritive des aliments.

En abandonnant l'alimentation traditionnelle en faveur d'une alimentation synthétique et chargée de produits chimiques, incluant les aliments transformés et surgelés ainsi que la restauration rapide, les nations industrialisées se sont livrées à une vaste expérimentation chimique où chacun est un cobaye. Un rapide coup d'œil autour de nous permet de voir à quel point des gens de tous les groupes d'âge grossissent à vue d'œil. Naturellement, l'obésité accompagne une augmentation explosive des incidences de cancer, des maladies coronariennes, du diabète ainsi qu'un grand nombre de désordres comportementaux et neurologiques.

Et notre déni et notre ignorance restent très inquiétants. Quelques célébrités ont même intentionnellement semé démenti et confusion. Jay Leno, l'hôte du *Tonight Show,* qui fut pendant onze ans l'émission de télévision du soir la plus écoutée aux États-Unis, a paru dans le magazine *Parade* en novembre 2006. Il s'est vanté de ne jamais s'occuper de régime et de santé. « Je suis un mangeur de viande, de poulet, de pommes de terre et de pâtes. Je mange beaucoup d'aliments sans valeur nutritive comme la pizza, les hamburgers et les hot-dogs. Quand je bois une boisson gazeuse, elle n'est pas diète, c'est une vraie boisson gazeuse. Je ne pense pas avoir mangé une seule salade de ma vie. Et je ne pense pas avoir goûté un seul légume depuis 1969. »

Lorsqu'il s'agit de trouver une motivation qui les inciterait à perdre du poids, les gens pensent toujours qu'il est plus important de bien paraître que d'éviter les risques de cancer. Cette découverte vient d'un sondage conduit en 2006 par Cancer Research UK, un organisme du Royaume-Uni, qui a interrogé 4000 personnes. Pour 40 % des personnes interrogées, la vanité est la raison la plus importante de maintenir un poids santé, 32 % considèrent que la baisse du risque de cancer est la raison la plus importante de perdre du poids.

« À la lumière de cette étude, nous pouvons comprendre les réalités et priorités de beaucoup d'entre nous quand vient le temps de s'occuper de notre corps et le bas niveau de conscience quand il s'agit de faire le lien entre obésité et cancer », observe Lesley Walker, directrice de l'information sur le cancer de cet organisme. Le docteur Walker remarque qu'un volume impressionnant de recherche a démontré que l'obésité ou le surpoids est une cause principale de cancer chez les non-fumeurs et que la perte de poids permet d'éloigner les cancers du sein, de l'intestin, de l'estomac et du rein.

Il est remarquable que face à cette évidence médicale, la notion d'amour-propre passe avant la peur du cancer. Quoique cette notion puisse venir en partie de notre programmation biologique quand vient le temps de choisir des partenaires qui ont l'air en santé, ce commentaire reflète aussi le niveau de conscience personnelle et d'estime de soi que renferme notre culture depuis au moins un siècle. Notre immaturité collective au sujet de la santé permet aux entrepreneurs et aux intérêts économiques de nous exploiter.

Illusions de perte de poids: une histoire courte

- 1900. Un médecin invente la chaise d'ergothérapie passive qui, par des courants électriques, fait se contracter les muscles cent fois par minute. On suppose que ce « traitement » permet une dépense d'énergie qui aide le corps à perdre des kilos excédentaires.
- 1910. Les comprimés de perte de poids Phytoline pénètrent le marché. Ils contiennent de l'arsenic, de la caféine, de la strychnine et des baies de phytolaque, un puissant laxatif.
- 1914. La machine à maigrir de Gardner est présentée. Deux grands rouleux martèlent de chaque côté la personne qui y prend place.
- Les années 1920. Les cigarettes Lucky Strike deviennent une stratégie de perte de poids, grâce au slogan « grillez une Lucky au lieu de prendre un bonbon ».
- 1935. Les pilules de régime contenant du dinitrophénol, un produit chimique utilisé dans les teintures, les explosifs et les insecticides, arrivent sur le marché. En trois ans, quelques utilisateurs perdent la vue et certains trouvent même la mort.

Pendant les années 1950, les Américains ont adopté avec ravissement les supermarchés et les plats cuisinés en conserve et les aliments complètement transformés qu'ils offrent à leur clientèle. Les repas préparés d'avance et surgelés, les *TV diners*, a « révolutionné » en 1954 nos habitudes alimentaires. Les résidants d'autres pays occidentaux, fascinés par tout ce qui vient de l'Amérique, n'ont pas tardé à adopter ce modèle qui veut que « la vitesse est bien meilleure » pour le consommateur.

Pendant que de plus en plus de personnes ont commencé à gagner du poids par ces aliments toxiques et ces habitudes alimentaires totalement nocives, un déluge de livres rivalisant de stratégies de perte de poids a envahi les étagères. Le régime Atkins, popularisé par Robert Atkins, promettait une perte poids en mangeant de la viande rouge. Le régime Scarsdale, inventé par Herman Tarnower, a prétendu qu'en comptant les calories, on pouvait perdre du poids. La diète Zone, lancée par Barry Sears, a conseillé de manger cinq ou six petits repas par jour. Le régime Groupe sanguin nous a conseillé de manger des produits alimentaires selon notre groupe sanguin. Nous avons ensuite connu le régime South Beach ou Miami, et la liste des régimes à la mode continue sans fin.

Les compagnies pharmaceutiques sont entrées dans la danse avec des médicaments comme le fen-phen, retiré du marché en 1997 après que des utilisateurs ont eu des problèmes cardiaques graves. Meridia s'est avéré un autre médicament de perte de poids dangereux, puisqu'il peut causer une augmentation de la tension artérielle. D'autres produits de ce genre font l'objet d'études, environ 200, selon le *New York Times,* et chacun est conçu comme la potion magique du siècle, celle qui délivrera d'assumer la responsabilité de ce qu'on consomme.

Pour le Dr T. Colin Campbell, cette fixation est une forme de réductionnisme d'une partie de la science qui « aiguille nos efforts et nos espoirs vers une substance nutritive isolée à la fois, que ce soit la vitamine A pour prévenir le cancer ou la vitamine E pour empêcher les crises cardiaques. Nous simplifions tout et méconnaissons la complexité infinie de la nature… la santé, ce n'est pas ça. Il s'agit ici de régimes fantaisistes qui incarnent ce que la médecine, la science et les médias populaires renferment de plus néfaste. »

Dean Ornish a su se démarquer car le régime qu'il propose exclut en grande partie la viande. Il a aussi introduit la méditation, ce que je trouve génial, parce que la perte de poids concerne non seulement l'alimentation, mais aussi une composante psychologique. Ses études cliniques ont même intéressé des grandes compagnies d'assurances.

Presque chaque nouveau régime fantaisiste apparu depuis les deux dernières décennies a essayé de convaincre les consommateurs qu'une certaine combinaison de produits alimentaires dénaturés peut toujours être absorbée sans grande conséquence. Le sommet d'absurdité a été atteint pendant les années 1990 avec l'introduction de presque 900 produits industriels « à faible teneur en glucides ».

Avec tout le respect que je dois aux créateurs souvent bien intentionnés de ces programmes minceur, ces formules compliquées sont conçues pour créer des compromis, et non pas pour promouvoir la santé. Mettre l'accent sur le goût et sur l'illusion de satisfaction plutôt que de viser l'absorption d'un carburant rempli d'énergie favorise de pauvres habitudes alimentaires et mène à des dépendances qui nous dirigent vers les malaises et la maladie, ainsi que vers une vie raccourcie inutilement.

Le problème de ces régimes est qu'on continue à consommer de la viande et des produits laitiers, et qu'en plus, on passe souvent sous silence la nécessité de faire de l'exercice.

Nous aborderons ce sujet tout au long de ce livre parce qu'il s'agit de la clé de nos découvertes étalées sur un demi-siècle de recherche à l'Institut de santé Hippocrate, où nous avons aidé des milliers des gens à atteindre un poids idéal et à le maintenir.

Les problèmes proviennent-ils de l'alimentation dans leur vie ou du manque de vie dans leur alimentation ? demandons-nous à nos invités. Notre expérience montre que la réponse réside toujours dans les deux énoncés. Le programme de santé et de vitalité de l'Institut Hippocrate est efficace lorsqu'il s'agit de régulariser le poids parce que les aliments végétaliens sont non traités, non chauffés, riches en protéines et remplis de vie. À la différence des régimes commerciaux, notre programme d'alimentation vivante est le plus riche en protéines et le plus pauvre en glucides de tous les régimes connus.

Bien que la génétique affecte chacun d'une certaine façon, le poids est prédéterminé pour moins de 1 % d'entre nous et même, dans la plupart des cas, il peut être significativement modifié. La formule est simple : consommez des aliments crus, biologiques et vivants et vous perdrez du poids. Faire cuire les aliments, et la perte des substances nutritives, des enzymes et de l'oxygène qui en résulte, nuit à la digestion et à l'élimination, les deux facteurs de l'absorption des nutriments qui règlent notre métabolisme.

Presque tous ceux qui éprouvent un problème de poids peuvent bénéficier de notre programme simplement en éliminant certaines habitudes nuisibles. Même une perte de poids modeste peut être bénéfique pour la santé, selon Christie Ballantyne, cardiologue du Baylor College of Medicine à Houston, au Texas, qui a constaté, dans une étude, qu'une diminution du gras corporel de l'ordre de 7 % pendant un mois peut ramener la tension artérielle à un état presque normal, réduire le taux de triglycérides de 40 % et réduire l'inflammation ventriculaire jusqu'à un tiers.

examinons les questions sous-jacentes

Le tissu gras est le plus grand organe endocrinien du corps et son volume est impressionnant, même chez les personnes physiquement en forme. Une femme en santé porte environ 30 % de gras corporel, tandis qu'un homme en santé et en forme en aura environ 15 %. Les cellules adipeuses ont pour fonction d'emmagasiner les calories en excès. Quand une personne devient obèse, ces cellules peuvent gonfler jusqu'à trois fois leur taille normale.

Comme les gens obèses continuent à prendre du poids, ils créent en réalité encore plus de cellules adipeuses, qui stockent plus de calories et le cycle recommence jusqu'à ce qu'il y ait danger. Toutes les cellules adipeuses émettent des produits chimiques qui provoquent une augmentation du poids et qui prennent d'assaut chaque organe du corps. Ces cellules stockent aussi des toxines chimiques synthétiques que le corps absorbe par l'alimentation, les médicaments et les produits de consommation.

Évidemment, une mauvaise alimentation cause des dommages ; trop d'alimentation nuisible est encore plus mauvais et trop d'alimentation nuisible absorbée pendant une période prolongée est habituellement catastrophique pour la santé. Cela signifie qu'atteindre un poids idéal et le maintenir est prioritaire.

Quand les gens adhèrent au programme de l'Institut de santé Hippocrate, que ce soit pour la gestion du poids, pour désintoxiquer le corps ou pour régénérer le système immunitaire, le premier pas, et c'est le plus important de notre programme, est de transformer la mémoire du corps. Chaque invité reçoit de la formation en gestion de stress et de la psychothérapie. Plusieurs d'entre nous ont reçu de leurs parents un conditionnement qui s'est avéré toxique, et nous aidons nos visiteurs à modifier ces mémoires, sans les effacer. Nous avons aussi découvert que les enseignements reçus en alimentation sont totalement erronés. Nous essayons de palier cet état de fait en accordant de longues périodes de questions réponses.

Ensuite, nous faisons en sorte que la nutrition devienne simple. Nous transformons des aliments incroyablement nutritifs en plats familiers par une approche toute en douceur, par un changement facile à expérimenter, pas à pas, plutôt que de plonger sans préparation. Nous donnons aux gens l'occasion, par exemple, de préparer un dessert nutritif s'ils désirent quelque chose de sucré, ou une vinaigrette santé qu'ils pourront verser sur leurs salades.

Nous nous concentrons également sur le mouvement et l'exercice. Le régime seul ne peut à lui seul construire un corps totalement sain. On doit systématiquement faire de l'exercice, et persister. Les étirements aident la posture, tandis que l'exercice aérobique aide à désintoxiquer le corps. Le corps peut se guérir huit fois plus rapidement si l'on fait de l'exercice aérobique pendant au moins 35 minutes, 5 jours par semaine. Il faut aussi faire des exercices de résistance ou de la musculation afin de renforcer os et muscles.

La spiritualité est aussi importante. Nous ne l'approchons pas d'une façon religieuse, dogmatique ou sectaire. Nous expliquons à nos invités comment chacun porte son propre fardeau et que nous le porterons seul à moins de comprendre que nous sommes partie d'un tout. Parfois il est difficile, seul, de recouvrer la santé et ensuite de la garder intacte. Mais une fois que nous nous rendons compte que nous faisons partie d'un tout, nous sommes enfin alignés : nous gagnons une nouvelle énergie et une nouvelle raison d'être. Que vous trouviez votre spiritualité dans la nature, que vous l'exprimiez dans la contemplation ou que vous aimiez fréquenter des personnes qui pensent comme vous, vous pouvez vous approcher de votre vie et de votre santé d'une manière sacrée.

L'obésité, autant que la maigreur, relève d'un désordre émotif. Nous considérons la composante émotionnelle d'abord et utilisons ensuite les

j'ai perdu du poids et retrouvé la santé !

Quand je me suis rendue chez Hippocrate, j'étais tellement lourde que j'avais peine à marcher pour sortir de l'aéroport. J'ai dû m'asseoir à plusieurs reprises pour reprendre mon souffle. Mon corps entier était accablé de douleur. Mon obésité chronique a provoqué le diabète, l'hypertension et l'apnée du sommeil. Des dégénérescences structurelles limitaient ma capacité de me déplacer. Je suis arrivée à l'Institut Hippocrate avec un foie malade, des reins détériorés et un esprit affaibli.

Pendant la première semaine du programme, ma glycémie est devenue normale et j'ai cessé de prendre ma médication pour le diabète. J'ai appris que la douleur et la maladie étaient liées à une composante émotionnelle. En permettant au jus d'herbe de blé et à la nourriture crue de me soutenir, j'ai commencé à laisser aller la douleur émotionnelle et les traumatismes que je portais dans mon corps et dans mon esprit.

Un matin, une semaine et demie après le début de mon séjour, j'étais en retard pour un rendez-vous. J'ai sauté du lit, me suis habillée hâtivement et j'ai couru à l'extérieur. Mes pieds frappaient le béton et je m'attendais à les voir se briser. Pour la première fois depuis mon adolescence, mes jambes et mes pieds me soutenaient aisément et j'ai constaté que la douleur était partie. J'ai finalement perdu 64 kilos grâce au programme de santé Hippocrate. Je n'ai plus besoin de vivre comme une personne grasse. Aujourd'hui, ma glycémie est normale et je ne prends aucun médicament. Mon hypertension est sous contrôle et je n'ai plus de douleur. Mon foie et mes reins fonctionnent parfaitement. J'ai cinquante ans et tous mes tests hormonaux sont normaux. Je dois la vie à ce programme.

SUZAN RALSTON
TRUMBULL, CONNECTICUT

outils de nutrition pour reconstruire le corps. Voilà comment fonctionne notre programme : il permet aux gens qui ont une masse pondérale trop importante de la perdre et nous aidons aussi les personnes maigres à prendre du poids sainement. Des substances nutritives de haute qualité sont la clef de l'équilibre du métabolisme.

un changement de style de vie majeur

Mon cinquante-neuvième anniversaire arrivait et je sentais le poids de mon âge. J'avais 20 kilos en trop, un début d'hypertension, un taux de cholestérol élevé et une glycémie alarmante. Les indigestions et les reflux acides me faisaient redouter de manger. De plus, une mammographie laissait redouter que les amas de micro-calcifications dans mes seins pouvaient être précancéreux. Je me suis promis qu'après la biopsie, quels qu'en soient les résultats, je changerais complètement mon mode de vie.

Heureusement, les résultats étaient bénins, mais les calcifications étaient tout de même des drapeaux rouges. Notre corps nous envoie des signaux et si nous n'y prêtons pas attention, ils s'aggravent jusqu'à ce que nous agissions. J'ai plongé et me suis dirigée vers un endroit où je savais que je pourrais faire un grand nettoyage et un important changement de régime : l'Institut de santé Hippocrate.

Après m'être nourrie pendant trois semaines de légumes et de jus frais, délicieux, biologiques, crus et vivants et après avoir profité des nombreuses thérapies disponibles, y compris l'irrigation du colon, je me suis sentie vraiment bien ! L'analyse sanguine a montré que tension artérielle, cholestérol et glycémie étaient de nouveau dans la bonne moyenne ; j'ai commencé à perdre du poids jusqu'à atteindre une perte de 15 kilos. J'ai aussi maintenu ce poids par la suite. Encore plus impressionnant, j'ai vu d'autres personnes atteintes d'un cancer, de diabète ou de maladies cardiovasculaires voir leur santé s'améliorer remarquablement. À leur arrivée, les invités avaient le teint gris, ils avaient l'air usés, défaits par la vie et ils avaient mal. Au moment de leur départ, ces mêmes personnes se tenaient droites, les yeux brillants, leur teint s'était éclairci et elles étaient remplies d'espoir.

JOHANNA RUCKER
TALLAHASSEE, FLORIDE

Notre corps peut nous limiter ou nous libérer. La première étape, qu'il s'agisse de perdre des kilos ou d'en gagner, est de cesser de compter les calories, de vouloir changer et ensuite de ne pas perdre de vue les niveaux d'énergie contenus dans les aliments. Il va sans dire que c'est l'énergie contenue dans les aliments vivants et crus qui permet au métabolisme de chercher le bon équilibre.

Susanne était anorexique. À son arrivée à notre centre de santé, elle pesait à peine 40 kg pour une taille de 1,70 m. Elle ressemblait en tout point à un squelette ambulant. Il s'agissait d'abord de l'aider à augmenter son estime de soi. Pendant son enfance, les parents de Susanne lui avaient répété qu'elle n'était pas aussi belle ou intelligente que sa sœur aînée et Susanne l'avait cru. Une fois qu'elle a laissé aller ces croyances contraignantes, le régime de notre programme a fait effet et elle a finalement gagné sainement 20 kilos et est devenue une athlète de compétition.

Ce genre d'histoire n'est pas rare à l'Institut de santé Hippocrate. Chaque jour, il en arrive de nouvelles, parce que des gens ordinaires ont pris des engagements extraordinaires envers leur santé et leur guérison en embrassant le programme d'énergie vitale de l'Institut.

dix mythes concernant l'alimentation

La plupart des mythes concernant l'alimentation ont été créés par des fabricants de produits alimentaires pour nous empêcher de connaître la vérité sur l'impact qu'ont leurs produits industriels sur la santé humaine. Les campagnes de marketing des géants de l'alimentation nous ont menés à croire que certains produits alimentaires nous sont nécessaires. Voici dix des principaux mythes qui circulent dans les pays industrialisés.

mythe 1
les humains doivent manger de la viande

Les industries laitières et de transformation de la viande ont réussi à nous convaincre que sans lait ni viande il est impossible d'obtenir suffisamment de protéines, de vitamines et de minéraux pour le maintien d'une bonne santé. Pourtant dans la plupart des pays asiatiques, et particulièrement en Chine, les gens ne consomment pas de lait ni d'autres produits laitiers et rien ne prouve que leur santé en ait été affectée. En fait, les études portant sur la diète des Chinois (incluant celles qu'on peut consulter dans *The China Study)* montrent que l'absence de viande et de produits laitiers est bénéfique pour la santé.

Une grande partie de la population mondiale est végétarienne. Dans plusieurs cultures, on ne mange pas de viande ou on en consomme seulement en petite quantité et en de rares occasions. Il n'existe aucune preuve archéologique convaincante voulant que les humains aient été des mangeurs de viande au cours de la préhistoire.

mythe 2
on doit faire cuire les aliments pour qu'ils soient digestibles

Il est faut de croire que nous devions éprouver des sensations physiques pendant le processus de digestion. Il faut changer cette fausse croyance. Les gens dont le tractus gastro-intestinal est sain ne ressentiront pas le processus digestif quand ils mangent des aliments crus et vivants. Cependant, ceux qu'une mauvaise alimentation et de pauvres habitudes de vie ou malades seront conscients de leur digestion quand ils commenceront à manger sainement. C'est en réalité un bon signe. Les substances nutritives contenues dans les aliments ne peuvent pas être correctement assimilées sans la présence de l'oxygène et des enzymes. Ces deux éléments sont détruits à une température de cuisson de plus de 48 °C (118 °F).

mythe 3
on peut emmagasiner les aliments sans qu'ils perdent leur valeur nutritive

Une étude menée à l'Université de la Californie à Davis a révélé qu'une laitue, une fois cueillie, perd 50 % de ses substances nutritives en 30 minutes. Il faut souvent une semaine ou plus pour que des denrées atteignent le consommateur. Il est donc important de consommer des aliments frais, autant que possible cultivés localement et de faire pousser vos propres germinations. Elles sont parmi les produits alimentaires les plus nutritifs qu'on puisse trouver et vous pouvez même cultiver ces super-aliments à la maison (voir le chapitre 11).

mythe 4
on doit consommer une grande variété d'aliments

Les gens qui consomment une quantité minimale d'aliments, mais de grande qualité, sont moins malades et vivent plus longtemps. C'est *la qualité* plutôt que la quantité ou la variété qui assure une bonne santé. Notre propre recherche confirme que des produits frais, crus et vivants fournissent toutes les substances nutritives nécessaires au corps humain. Une gamme extraordinaire de recettes appétissantes et créatives a été créée par des cuisiniers dont la spécialité est l'alimentation crue et vivante, pour satisfaire notre désir de variété et de saveur.

mythe 5
des liquides non nutritifs peuvent hydrater le corps

La plupart des boissons, des boissons gazeuses à l'alcool, déshydratent le corps et vident les cellules de leur eau. Seuls l'eau pure et les jus frais et biologiques peuvent les hydrater. Nos études indiquent que plus de la moitié de la population souffre d'une hydratation insuffisante. Quand nous sommes déshydratés, notre métabolisme répond mal, notre capacité à digérer diminue… et même notre fonction cérébrale est affectée.

mythe 6
les fruits sont bons pour la santé

Deux raisons justifient que les fruits ne sont pas le meilleur choix pour la majorité des gens. D'abord, depuis plus d'un millénaire, la plupart des fruits sont des hybrides. En partie, cette hybridation a été destinée à augmenter le contenu en sucre des fruits, pour les rendre plus doux pour le palais. Le fruit moyen contient environ 30 fois plus de fructose que dans la version « originale » des différentes variétés. Quand vous consommez un fruit, vous absorbez une incroyable quantité de sucre, que le corps humain ne peut utiliser correctement.

La deuxième raison, et la plus importante, est que les fruits destinés au commerce sont cueillis avant leur maturité. Quand on permet à un fruit de mûrir sur le plant, il tombera sur le sol quand qu'il sera prêt. Un fruit qui a mûri naturellement contient toutes les substances nutritives que le corps humain peut absorber et utiliser. Le fruit non mûr « vole » des substances nutritives au corps humain. Par exemple, les agrumes ont souvent une haute teneur en calcium et en minéraux lorsqu'ils sont bien mûrs. Toutefois, s'ils ont été cueillis avant leur maturité et qu'on les mange ainsi, les agrumes drainent ces minéraux du corps.

mythe 7
il faut manger un repas très consistant au petit-déjeuner

La biochimie du corps fonctionne de la même façon qu'un système de filtration d'eau qui fait un rinçage à rebours, sauf que le corps le fait à partir de 23 heures jusqu'à 11 heures. Pendant cette période, le corps se libère de ses déchets et toxines. Si vous consommez un repas lourd le matin, cela équivaut littéralement à mettre un bouchon sur votre processus d'élimination. Idéalement, évitez de prendre un repas solide à ce moment de la journée. Si vous êtes en santé; vous pouvez manger des aliments très légers, comme des jus ou des suppléments alimentaires entiers avec des grains germés ou un fruit.

mythe 8
avec une alimentation saine, nul besoin de suppléments

Après cinquante ans de travail avec des gens en santé ou des gens malades, nous avons découvert que presque chacun de nous manque de certaines substances nutritives de base. Ce manque est principalement causé par le stress et les toxines environnementales qui font partie de notre mode de vie moderne. Ainsi, nous avons besoin de plus de substances nutritives que jamais auparavant dans l'histoire de l'humanité.

Chacun de nous a besoin de mesurer ses propres manques alimentaires, pour ensuite choisir les bons aliments et les suppléments qui satisferont nos besoins particuliers. À l'Institut de santé Hippocrate, nous utilisons toujours cette double approche pour faire en sorte que nos invités retrouvent un bon équilibre alimentaire.

mythe 9
certains groupes sanguins exigent certains produits alimentaires

La base de cette théorie est que les gens de certains groupes sanguins ont besoin d'aliments spécifiques. Par exemple, si vous faites partie du groupe sanguin O, cette théorie affirme que votre corps a besoin de viande. À notre Institut, nous avons reçu des personnes de chaque groupe sanguin et nous n'avons noté aucune différence dans leur guérison.

mythe 10
le régime méditerranéen est le plus sain qui soit

À première vue, ce régime peut sembler avantageux parce qu'il préconise une alimentation à haute teneur végétale. Les pâtes sont certainement un meilleur choix que des produits animaliers pour promouvoir la santé et la longévité. Mais les pâtes et d'autres produits alimentaires transformés, qui font partie de ce régime, se transforment en sucres pendant la digestion, ce qui fait grimper les niveaux d'énergie pour ensuite les laisser redescendre. Le sucre sous toutes ses formes attise le désir d'en prendre encore plus. De petites quantités de sucre peuvent créer autant de dommage que de petites quantités de poison. Si ce régime contenait seulement des végétaux, des fruits, des noix et des graines, il ressemblerait à la diète de vitalité et santé de l'Institut Hippocrate.

des découvertes médicales nous appuient

Les résultats d'une étude échelonnée sur vingt ans, portant sur plus de 82 000 femmes aux États-Unis, ont montré que le risque de maladie coronarienne était de 30 % moins élevé chez les participantes qui choisissaient les légumes plutôt que la viande pour satisfaire leurs besoins en protéines et en gras. Un régime riche en protéine végétale et en graisse végétale offre des bénéfices réels à toute personne qui veut diminuer ses risques de maladie coronarienne.

Les mangeurs de viande qui ont adopté un régime végétarien ou végétalien ont gagné moins de poids en cinq ans que ceux qui n'ont fait aucun changement dans leurs habitudes alimentaires. Une étude portant sur 22 000 consommateurs de viande ou de poisson, en plus de végétariens ou végétaliens de tous les âges, a démontré qu'en général, la proportion des consommateurs de viande, ou de poisson, qui accusaient un excès de poids, est passée de 29 % à 35 % chez les hommes et de 19 % à 24 % chez les femmes pendant toute la durée de cette étude.

Dans une étude européenne appelée EPIC et à laquelle ont participé un demi-million de personnes, on a compris que le régime alimentaire arrivait en deuxième place, comme cause de cancer, si on le compare à la cigarette. On a observé aussi que l'obésité contribue au cancer du sein, de l'utérus, du rein et de l'intestin, tandis que la consommation de viande rouge et de viande en conserve concourt à augmenter le risque d'une variété de formations cancéreuses.

Une étude à grande échelle de patients avec un cancer incurable du poumon dont le pronostic était de quelques semaines a démontré que des traitements « peu conventionnels », comme un régime à base d'aliments crus, prolongeaient parfois leur vie ou même permettait un rétablissement complet là où la radiation et la chimiothérapie avaient échoué.

la guérison part de nos croyances

La médecine est étroitement liée à l'esprit.

HIPPOCRATE

Une bonne alimentation et de l'exercice ne suffisent pas. À l'Institut de santé Hippocrate nous le savons et nous ajoutons à notre programme la philosophie de la pensée positive. Il s'agit d'insister sur la rééducation du mental et des émotions. Cela me semble essentiel à l'efficacité et au succès de notre programme. L'Institut Hippocrate applique une sagesse connue depuis des siècles : un esprit sain dans un corps sain.

CLAUDE BRODEUR, PH D.
PROFESSEUR DE PSYCHOLOGIE, UNIVERSITÉ DE TORONTO

La santé, tout comme la guérison, sont particulièrement dépendantes de nos croyances et convictions sur nous-mêmes et sur autrui. Aussi, comme elles sont souvent déterminées par notre conditionnement, il est utile de savoir dans quelle mesure nous résistons au changement. En répondant aux questions suivantes, vous saurez à quel point vous êtes prêt à apporter les changements nécessaires à votre mode de vie, changements qui vous apporteront santé, guérison et longévité.

questionnaire-réalité

1. Quelle opinion avez-vous réellement de vous-même ?

   Selon votre réponse, vous saurez ce qu'il vous reste à faire pour vous libérer des limites que vous vous imposez.

   - Vous avez une bonne opinion de vous-même, mais vous voulez vous améliorer.
   - Vous avez une bonne opinion de vous-même, mais vous doutez fortement d'être capable de vous améliorer.
   - Vous vous évaluez de façon essentiellement négative.

2. Êtes-vous facilement déçu ?

   Le fait d'être déçu indique que vous portez un jugement négatif sur vous-même. Mais vous devez aussi considérer que la plupart des déceptions ont pour origine les opinions des autres, qui sont eux-mêmes prisonniers de leurs propres limites.

3. Êtes-vous porté à faire une autocritique rapide et sévère ?

   Cette tendance autodestructrice vous empêchera de progresser. Elle est souvent due à une immaturité émotionnelle, une négativité chronique et une constante culpabilité. Une forte motivation s'avère nécessaire pour dépasser cette autocritique sévère.

4. Éprouvez-vous de l'envie et du ressentiment envers autrui ?

   Quand vous vous sentez insignifiant, votre manière de percevoir la réussite d'autrui vous pousse à examiner votre propre vie.

5. Êtes-vous sédentaire plutôt qu'actif ?

   Les personnes qui adoptent volontairement et constamment un comportement sédentaire, tout en ayant la capacité de se mouvoir, sont affectées d'une autre forme de faible estime de soi. La dépression en découle souvent.

6. Choisissez-vous la solitude plutôt que les contacts humains ?

   Bien que la solitude soit parfois désirable et profitable, l'évitement chronique d'autrui peut révéler que vous avez peur et que vous vous imposez des limites.

7. Faut-il que vous occupiez le centre de l'attention ?

   Les personnes qui ont besoin d'une constante attention vivent pour les récompenses immédiates. Les fondations de l'estime de soi leur font défaut.

8. Vos relations personnelles sont-elles harmonieuses ou conflictuelles?

   Des relations harmonieuses révèlent un certain degré de paix intérieure. Le contraire est également vrai. La codépendance est souvent révélatrice de l'absence d'un système de croyance.

9. Menez-vous vos projets à terme et rapidement?

   L'incapacité à accomplir ses obligations révèle un manque de confiance en soi. Afin de devenir un adulte responsable, vous devez établir des délais, engagements, promesses et valeurs et les respecter fidèlement.

10. Avez-vous des amitiés de longue date?

    Avoir des amis de longue date est synonyme de constance, cohérence, fidélité et force de caractère.

11. Aimez-vous votre demeure, votre quartier, votre communauté et votre environnement?

    Si vous les aimez tous, il y a de fortes chances pour que vos relations soient positives et satisfaisantes. Si vous n'êtes pas satisfait dans une ou dans toutes ces catégories, un grand changement s'impose. On accuse souvent notre entourage de nos échecs.

12. Êtes-vous prêt à changer des choses pour vivre plus heureux?

    Une réponse affirmative à cette question est indispensable à votre auto-évolution dans le programme santé-vitalité de l'Institut Hippocrate.

changer les convictions nocives

À leur arrivée, les visiteurs de notre centre de santé sont effrayés ou informés. S'ils sont effrayés, c'est souvent parce qu'ils se sentent impuissants et désemparés. Il arrive qu'ils éprouvent des symptômes débilitants causés par une maladie chronique et qu'ils n'aient nulle part où trouver un soulagement, ou bien il se peut qu'on leur ait diagnostiqué une maladie incurable.

S'ils viennent à nous informés et renseignés, ils sont convaincus que la vie présente dans la nourriture peut les aider à retrouver la santé, alors une première étape importante au processus d'auto-guérison a déjà été franchie. Ils ont compris que le bien-être ne dépend pas seulement de ce que l'on mange, mais aussi de nos convictions.

La pensée négative peut être tout aussi néfaste que la dépendance à une drogue. Afin de purifier son corps, il faut d'abord purifier son esprit. L'esprit peut saboter le programme nutritif le plus scientifiquement avancé.

Ce phénomène d'auto-sabotage arrive fréquemment parmi nos visiteurs. Quand bien même ils suivent le régime à la lettre, leur esprit continue à ressasser des pensées négatives. Ils pensent que le régime ne peut pas fonctionner pour eux ou ils sont cyniques quand il s'agit de la validité scientifique du programme. La conséquence directe de cette déconnexion corps-esprit peut être l'interruption des résultats bénéfiques du programme que nous préconisons.

Les capacités régénératrices de notre corps sont étroitement liées à notre état mental. La recherche a prouvé que le trouble émotionnel, le chagrin, la dépression, le regret, le remords et autres émotions négatives nuisent au système immunitaire et amoindrissent la capacité de récupération du corps.

Le fait de changer nos convictions peut avoir un effet important sur nos vies, car la façon dont on croit en soi (et en notre environnement) a le pouvoir de changer notre perception de la réalité. Puisque notre corps reflète nos pensées et nos croyances, quiconque éprouve le désir d'obtenir une santé optimale reconnaît le bénéfice d'un système de croyances productif et positif. Et comme on ne peut mettre un prix sur nos croyances, elles peuvent tout à fait être le moins onéreux des remèdes tout en étant le meilleur allié de notre santé et de notre bien-être.

Une conviction est une simple pensée que l'on tient pour vraie. Cependant, si cette pensée est nocive, elle peut se retourner contre soi. D'un autre côté, la pensée positive sera essentielle au bon déroulement de tout programme diététique ou de santé digne de ce nom, car elle nous permet de faire des progrès et de tenir nos engagements.

Imaginez ce qui se passerait si un funambule ne se sentait plus capable de marcher sur une corde raide. Cette personne resterait paralysée de peur. Sans pensée positive, aucune action n'est possible.

Une étude menée par des psychologues de l'Université de la Colombie-Britannique entre 2003 et 2006 a divisé 220 femmes en 4 groupes pour y conduire des tests de compréhension de lecture et de mathématiques. Avant de faire les tests, deux groupes ont lu un essai qui affirmait que les femmes sont génétiquement inférieures en mathématiques par rapport aux hommes. Les deux autres groupes ont passé les tests sans lire ce texte. Devinez quels groupes ont le mieux réussi ? Les femmes qui n'ont pas été soumises à l'endoctrinement voulant qu'elles soient inférieures ont deux fois mieux réussi que celles qui avaient été « programmées » par la pensée négative à faire de cette prophétie une réalité.

De cette expérience toute simple on peut déduire la formule suivante : avant toute chose, avoir confiance en soi. Tout ce qui vaut la peine commence ainsi.

Lorsque j'étais jeune, les mots « croyance ou conviction » en raison de mon éducation religieuse, étaient synonymes de peur. Chaque fois que j'entendais un tel mot, ma nuque se raidissait et mon système nerveux se crispait. Avec le temps, j'ai compris qu'une conviction n'est pas un ennemi menaçant, mais un allié. Désormais, je considère la croyance comme un recours salvateur, auquel je peux m'accrocher pour calmer mon corps et mon esprit et qui m'aide à m'élever vers un niveau supérieur de paix et de sérénité.

Ce qu'il y a de plus remarquable avec nos convictions, c'est leur aspect cumulatif. Plus l'on s'attarde sur des pensées positives, envisageant qu'elles amèneront des actions positives, plus il devient facile de maintenir cette vision des choses et de mener la vie que l'on désire et d'obtenir le bonheur que l'on mérite.

En travaillant avec des gens malades, je me suis rendu compte que les patients qui se voient en victime ou qui pensent ne pas avoir la maîtrise de leur destin évoluent invariablement d'un problème de santé à un autre jusqu'à ce qu'ils abandonnent et s'éteignent enfin. La maladie peut être un enseignement, une leçon et un guide. La maladie est telle un péage sur une autoroute : c'est le prix à payer pour les erreurs passées. Il est temps de laisser les erreurs au passé et d'embrasser la liberté d'un choix positif.

le pouvoir des convictions négatives

Combien de fois au cours de votre vie avez-vous été témoin de prophéties auto-accomplies ? Durant mon travail de thérapeute, j'ai souvent été amené à rencontrer des patients qui avaient généré leur propre système autodestructeur, accomplissant ainsi leurs propres phobies, produits de leurs croyances nocives. Quand j'entends quelqu'un me dire d'un ton morose que son père est mort à cinquante ans et sa mère à soixante, je l'identifie comme une personne négative, se préparant à subir le même sort. Si on croit mourir jeune, on s'y attend et, finalement, on le crée.

La plupart d'entre nous ont entendu, plus jeunes, que nous sommes limités, soit physiquement, soit mentalement, soit les deux. Nous assimilons ces affirmations destructives qui, souvent, reviennent nous hanter une fois adulte.

Nous avons eu une invitée âgée de dix ans. Elle était atteinte d'une terrible maladie. Sa force et son optimisme étaient incroyables, en particulier en de telles circonstances. Mais le désespoir et le chagrin de ses parents lui pesaient davantage que la maladie elle-même. J'en suis venu à lui parler en tête à tête dans mon bureau, où la fillette s'est confiée avec honnêteté et maturité. Elle a admis que le principal problème n'était pas la maladie mais l'attitude désemparée de ses parents.

Elle savait que l'inquiétude de ses parents était sincère et elle ne voulait pas les décevoir. Contrairement à eux, elle avait foi que la maladie ne l'emporterait peut-être pas et elle était convaincue qu'elle pouvait la vaincre. Néanmoins, le manque de confiance de ses parents en sa survie se révélait être la force qui risquait d'affaiblir sa foi et par là même sa guérison.

En discutant par la suite avec ses parents, j'ai pu les aider à développer une certaine confiance qui les aiderait à supporter leur fille avec le même optimisme et la même conviction dont elle faisait preuve. Ce qu'ils firent, tout à leur honneur, et je suis heureux de pouvoir dire aujourd'hui qu'eux trois sont sur la voie de la guérison.

Les diagnostics médicaux modernes permettent souvent de retourner aux pensées nocives de l'enfance. Parfois, des médecins bien attentionnés décident un peu trop rapidement qu'ils ont fait tout ce qu'ils ont pu pour le patient et ainsi mettent un terme au « traitement », affirmant la situation sans issue. De nombreux patients abandonnent tout espoir à ce stade, ce qui entraîne une détérioration de l'état de santé plus rapide, jusqu'au décès, confirmant ainsi le pronostic du médecin.

Une jeune femme s'est présentée à notre institut il y a quelques années, après que son médecin l'eut condamnée à ne vivre que quelques semaines. Les mots exacts du médecin furent : « Tout ce que nous avons tenté a échoué. Il n'y a plus rien que nous puissions faire, il est évident que vous, vous ne pouvez rien faire non plus. » Quel bonheur que de voir cette jeune femme courageuse rejeter la condamnation à mort de son médecin. Son visage juvénile dévoila toute sa sagesse lorsqu'elle rétorqua : « Je me soignerai toute seule, et rien ne se mettra en travers de mon chemin. » Son espoir et sa foi en elle ne pouvaient être ébranlés par les limites imposées par une autre personne.

« L'attitude de votre médecin est tout aussi importante que les médicaments qu'il vous prescrit », observe Frank Vertosick fils, auteur de *When the Air Hits Your Brain.* Malheureusement, trop de patients se sentent impuissants et ne remettent jamais en question le jugement ou l'opinion négative de leur médecin.

Dans son ouvrage *The Biology of Belief,* le biologiste cellulaire Bruce Lipton expose comment nos pensées positives et négatives influent sur nos cellules et nos gènes. « Quand un parent qualifie son enfant d'idiot, de peu méritant ou de quelque autre trait négatif, explique Lipton, dans l'esprit subconscient de l'enfant, cela se transcrit comme étant un "*fait*". Ces croyances acquises constituent la "*voix centrale*" qui contrôle le destin du système cellulaire du corps. Tandis que le conscient peut avoir une haute estime de soi, l'inconscient, plus puissant, peut simultanément engendrer une attitude destructrice. »

Ce qui résulte de la pensée négative est la peur et ce qui crée la pensée négative est aussi la peur. Le terme « nocebo » en latin signifie « je nuierai ». Nocebo est souvent décrit comme l'antéchrist du placebo. Alors que le placebo semble avoir des effets positifs sur la santé, résultat de ferventes croyances positives, le nocebo a l'effet inverse : il induit la maladie, voire la mort, à partir de croyances négatives, basées sur la peur.

L'idée qu'une poupée vaudou peut causer la mort se trouve être si forte pour ceux qui y croient que le plus souvent la personne « envoutée » meurt de peur. Ces effets psychologiques sont déclenchés par le pouvoir d'une croyance. Un des premiers cas de prophétie auto-accomplie en tant que cas médical apparut dans le texte de Dennis Coon : *Essentials of Psychology : Exploration and Application.*

Une jeune femme terrorisée fut admise dans un hôpital affirmant qu'elle était sur le point de mourir. Aucun test médical ne décela maladie ou infection. Elle admit qu'une sage-femme avait prédit que ses sœurs décéderaient le jour de leur anniversaire, respectivement à seize et vingt et un ans. Les deux sœurs étaient bel et bien mortes ces jours-là. La sage-femme avait également prédit que la troisième sœur subirait le même sort le jour de ses vingt-trois ans. Après une journée à l'hôpital, le jour même de ses vingt-trois ans, la femme fut retrouvée dans son lit d'hôpital, morte de « manière naturelle inexpliquée ».

Des recherches ont prouvé qu'un stress chronique peut faire que les glandes surrénales libèrent un agent chimique appelé cortisol. Le cortisol semble influer sur la quantité des cellules du système immunitaire, les détourne de leur fonction et expose le sujet aux maladies. Une soudaine montée de cette hormone, liée à des croyances effrayantes, peut provoquer commotion et mort.

Attendre la maladie provoque la maladie. Une étude médicale du début des années 1990 a démontré que des femmes qui s'attendent à avoir un jour une attaque cardiaque ont quatre fois plus de risque d'en mourir que des femmes aux conditions de santé similaires qui ne se préparent aucunement à un tel sort. Les conséquences du pessimisme, du cynisme et de la peur peuvent tuer une personne au système immunitaire déjà affaibli. Fort heureusement, le nocebo a un revers.

Nous avons à notre disposition une arme encore plus redoutable qui peut soigner et régénérer notre force de vie, connue sous le nom de placebo, du latin « je plairai ». Un placebo est simplement une croyance ou une attente qui déclenche une synergie aux pouvoirs guérisseurs entre notre esprit et notre système immunitaire.

l'expérience d'un mari inspire la foi

Il y a un an, alors que j'avais cinquante-quatre ans, j'ai remarqué une protubérance dans ma gorge. Inquiète, je suis allée consulter un des meilleurs oncologistes de Tel Aviv. Il diagnostiqua un lymphome, ce qui me surprit et m'effraya. (Un lymphome est une tumeur composée de tissu lymphatique.)

Mon mari, végétarien depuis plusieurs dizaines d'années et qui pratique le programme de l'Institut Hippocrate, y vit l'occasion parfaite de m'initier à ce nouveau mode de vie avant de tenter des procédés médicaux plus radicaux. J'ai alors suivi son exemple et commencé à croire que cela fonctionnerait.

Huit semaines après avoir appris ces nouvelles horrifiantes, j'ai pris un second rendez-vous pour une tomodensitométrie. Le médecin m'a demandé ce que j'avais fait. Le lymphome avait complètement disparu.

Mon mari et moi étions tels deux enfants dans une cour de récréation, tellement nous étions heureux. Cela fait désormais plus d'un an que j'ai commencé le programme. Je continue toujours et ma toute dernière tomodensitométrie a révélé que le lymphome a complètement disparu. Je pense que chacun devrait donner sa chance à la nature, à la foi, aux pensées positives et à la vie.

JO OLINKY
ISRAËL

le pouvoir supérieur de la pensée positive

Une jeune femme qui avait participé au programme de l'Institut Hippocrate m'a raconté ce qui s'était passé après qu'elle eut annoncé avoir un cancer à sa paroisse. En l'espace de quelques semaines, 243 paroissiens l'avaient contactée pour lui dire à quel point ils étaient heureux de l'avoir connue. En gros, ils l'enterraient déjà. Imaginez l'impact que cela a eu sur cette jeune femme, tant de gens lui souhaitant une morte rapide.

Fort heureusement, cette jeune femme aussi mature qu'intelligente se rendit compte à quel point il était contre-productif de rester en relation avec des personnes dont l'état de conscience était aussi nébuleux et qui avaient si peu d'espoir ou de foi en sa capacité de se soigner. Elle les ignora et se tourna vers son propre système de pensée positive, empruntant le chemin de la guérison.

Quand les médecins du General Hospital of Massachusetts ont annoncé à la fondatrice de l'Institut Hippocrate, Ann Wigmore, qu'elle ne survivrait pas à son cancer du colon, elle a choisi de ne rejeter ce verdict. Elle commença à suivre les principes qui allaient devenir le programme de santé et vitalité de l'Institut Hippocrate. Elle se régénéra elle-même jusqu'à guérison complète. Son acte de courage a été depuis lors imité des centaines de milliers de fois par des personnes également condamnées par la médecine.

« Dans une large mesure, l'histoire de la médecine se résume à l'histoire de l'effet placebo », écrit le professeur Herbert Benson, de l'École de Médecine de Harvard, dans son ouvrage *Timeless Healing*. Malgré les traditions qu'on honore actuellement, Benson affirme que « les médecins ne comprennent pas l'effet placebo », et il pense que celui-ci est toujours considéré comme « non scientifique ou scientifiquement dévié ».

La santé est toujours considérée aujourd'hui par nombre de médecins comme un phénomène purement biologique. Mais ce point de vue étriqué est vite désamorcé par les découvertes cliniques issues de la psychoneuro-immunologie, branche de la médecine qui traite de l'influence de l'état émotionnel sur les fonctions immunitaires, en particulier son effet sur le déclenchement et la progression de la maladie.

Pensez à ce qu'implique l'étude suivante :

- En mesurant l'activité cérébrale de sujets sous traitement placebo, on remarque un changement distinctif dans la partie du cerveau qui régule le comportement et traite l'information. Andrew Leuchter, auteur de l'étude et vice-président du département de psychiatrie et des sciences bio-comportementales à l'École de Médecine David Geffen de l'UCLA, a conclu que les patients qui retrouvent la santé en utilisant des placebos sont ceux qui sont remplis d'espoir, d'attentes de guérison et qui reçoivent des encouragements. La foi ouvre des passages neurologiques dans notre cerveau et qui influent sur le système immunitaire.

- Des tomodensitométries détaillées de cerveaux de patients atteints de la maladie de Parkinson (passées à l'École de Médecine de l'Université de Turin en Italie) révèlent qu'un placebo pouvait faire sécréter de la dopamine dans le cerveau, allégeant les symptômes. « La recherche nous fournit de plus en plus de preuves sur les bases physiologiques de l'effet placebo », commente le professeur Jon Stoessl, chercheur en médecine à l'Université de la Colombie-Britannique, qui a conduit une étude similaire menant aux mêmes résultats.
- Une étude publiée dans *Proceedings of the National Academy of Sciences* en 2005 démontre que la pensée positive peut être aussi efficace qu'une injection de morphine pour réduire la douleur. Chacun des dix volontaires soumis à l'expérience, dont l'activité cérébrale était contrôlée par des appareils à imagerie par résonance magnétique (IRM), ont constaté la réduction de la douleur éprouvée de plus de 28 % en moyenne, résultat comparable aux effets d'une dose de morphine, simplement en croyant que leur degré de douleur serait moindre. « La douleur doit être traitée avec plus que de simples cachets, en conclut Robert Coghill de l'Université de Wake Forest. Le cerveau sait interpréter la douleur et nous nous devons d'exploiter cette capacité. »

Conséquence directe de ces études sur le placebo, une notion, qui autrefois aurait été considérée comme une hérésie, germe dans certains milieux médicaux: les patients n'ont peut-être pas besoin de médicaments, après tout. La revue scientifique *Nature* a abordé le sujet en 2004 avec une étude portée sur des cardiaques dont l'état s'était amélioré en utilisant des placebos, dont le prix, bien sûr, est infime si on le compare aux coûts des médicaments pour problèmes cardiaques. En décembre 2005, un article sur les placebos paru dans *Christian Science Monitor* cite Ted Kaptchuk, professeur à l'École de Médecine d'Harvard, qui admettait que « la plupart des médications administrées ne font pas beaucoup plus que des placebos ».

Bruce Lipton, biologiste cellulaire et ancien professeur de l'École de Médecine de l'Université du Wisconsin, expose une perspective émergente révolutionnaire sur le rôle de l'esprit et de la croyance sur la guérison du corps : « Lorsque nous changeons notre perception ou nos croyances, nous envoyons un message complètement différent à nos cellules qui se

mon système de croyance m'a soutenue

Il y a 29 ans, j'ai dû faire face à un cancer du sein. Les possibilités médicales de l'époque étaient conventionnelles. Cependant, mon système de croyances contredisait les propositions du médecin. J'avais entendu parler du programme de l'Institut Hippocrate et je savais qu'il avait aidé des gens à se soigner eux-même. Cette solution nous plaisait davantage, à mon mari et à moi. Nous avons donc pris l'avion pour nous envoler vers la meilleure des expériences de notre vie.

Après avoir terminé le programme, j'ai continué à suivre le régime et les effets bénéfiques se sont multipliés. Mes enfants et mon mari avaient du mal à se faire à la nourriture crue, alors je leur préparais de la nourriture soi-disant normale. Mon groupe de soutien est devenu celui de l'Institut Hippocrate et chaque fois que j'ai eu besoin de me ressourcer, je suis revenue participer au programme à nouveau pour une courte période.

Au cours des années, les médecins considéraient mon cas avec perplexité. Pas un seul n'a voulu savoir pourquoi mon cancer s'était résorbé. Récemment, un docteur de la Clinique Mayo a finalement prononcé ces paroles que j'attends depuis bientôt trente ans: « J'imagine que c'est votre style de vie qui a soigné votre cancer. » C'est plus qu'évident pour moi, mais c'est déconcertant que ces personnes responsables de ma santé refusent de comprendre le processus de guérison naturelle.

BETTY McCLELLAN
HOUSTON, TEXAS

reprogramment, observe Lipton. La nouvelle biologie révèle que l'on peut voir des rémissions spontanées ou guérir de blessures jugées permanentes. »

Le professeur Lipton en a conclu que la vie d'une cellule est régie par son environnement physique et énergétique et non par ses gènes. Il affirme que nos gènes sont de simples schémas moléculaires servant à la construction des cellules, des tissus et des organes. Ce point de vue contredit le déterminisme génétique, hypothèse largement acceptée et appliquée dans le monde de la médecine occidentale et qui veut que les gènes contrôlent la vie et la destinée. Selon ses recherches en biologie cellulaire, Lipton a développé la théorie suivante: la pensée positive a un impact profond et positif sur le comportement et sur les gènes, mais uniquement s'ils sont en harmonie avec le subconscient. Il a de même conclu que les pensées négatives ont un pouvoir tout aussi puissant mais inverse.

Comment alors reprogrammer notre subconscient à soigner les cellules? Lipton présente deux possibilités: soit prendre conscience de son conditionnement négatif et pratiquer « un exercice d'attention », à l'instar du Bouddhisme. Soit mettre un terme aux croyances freinantes et aux comportements d'auto-sabotage en utilisant de nouvelles « énergies ». Il cite par ailleurs trois programmes efficaces pour reprogrammer rapidement le subconscient: *Body talk* (le langage du corps), *Holographic Repatterning* (la restructuration du système holographique) et *Psych-K* (déprogrammation mémorielle).

Puisque notre esprit est un élément clé dans la quête de la bonne santé, s'entraîner à éviter les pensées négatives et autodestructrices est essentiel. Un reconditionnement mental qui aide à atteindre nos objectifs de santé est expliqué dans les chapitres 3 et 4, où j'approfondis le lien entre l'esprit et le système immunitaire. On y trouve également toute une gamme de stratégies de désintoxication et de rajeunissement qui reposent sur la force de vie d'une nourriture pure et vivante.

Il n'y a aucune raison valable de retarder le moment où l'on commencera à protéger sa santé. Il n'y a pas de meilleur moment que maintenant. Il n'y a que le présent, et c'est seulement maintenant que l'on peut préparer l'avenir.

huit croyances qui vous seront utiles

Pour passer de la maladie (ou du stade où l'on génère des pensées malsaines) au chemin de la guérison, il faut adopter une croyance positive. Se soigner nécessite une résistance mentale et une détermination inébranlable de ne pas rester coincé dans un schéma de pensées négatives destructrices. Nos pensées créent notre réalité, ou notre expérience de la réalité. Après avoir travaillé des années avec des personnes au bord du désespoir, nous avons conclu que l'élément premier de la guérison est la responsabilisation. Les pensées positives permettent d'avancer et de puiser à même nos ressources intérieures, afin de se créer un avenir meilleur.

Comme la guérison commence par les croyances, en voici huit indispensables, qui sont devenues la clé de voûte du programme de l'Institut Hippocrate.

croyance 1 : Nous sommes des cellules solaires. Le soleil émet un large spectre de nutriments nécessaires à notre santé. Directement ou indirectement, le soleil nous donne des vitamines, des minéraux, des protéines, des glucides, de l'oxygène, de la chlorophylle, des composés phytochimiques, des enzymes et des hormones, autant d'éléments bons pour la santé.

croyance 2: Les trois aliments essentiels à une bonne santé sont les germinations, les végétaux marins et l'algue d'eau douce. C'est la nourriture la plus digeste. Elle contient une forte teneur en énergie solaire. Les éléments de base pour une bonne santé s'y trouvent, et en quantité équilibrée.

croyance 3: Un régime riche en chlorophylle envoie un flux d'énergie continuel dans notre sang, renforçant notre système immunitaire et aidant les globules rouges à transporter l'oxygène. La chlorophylle des plantes et l'hémoglobine d'un globule rouge sont virtuellement identiques dans leur structure, ce qui rend cette transfusion possible.

croyance 4: Dans la nutrition, les grands oubliés et les grands sous-estimés sont les éléments phytochimiques, l'oxygène, les enzymes, les minéraux et les hormones. Les nutritionnistes commencent à comprendre l'importance de ces facteurs, qui sont la ligne de conduite de notre programme d'énergie vitale.

croyance 5: Une des principales causes de décès dans le cas des maladies dégénératives est l'excès de protéines dans notre alimentation. De nombreuses formes de cancer ainsi que les maladies cardiaques, le diabète et les dysfonctions du foie et des reins sont liés à cette surconsommation de protéines. Le lait maternel parvient à subvenir aux besoins d'un bébé en pleine croissance et ne contient que trois pour cent de protéines.

croyance 6: L'excès de gras amoindrit la capacité du sang à transporter l'oxygène aux cellules. Trop souvent, on oublie que l'huile est une forme de gras liquide.

croyance 7: La plupart des produits disponibles dans les magasins de nourriture biologique ne promeuvent pas la santé. Sont inclus de nombreux suppléments et des mixtures à base de plantes. Celles-ci ont soi-disant des vertus thérapeutiques, mais en réalité, elles contiennent des éléments chimiques synthétiques. L'Institut de santé Hippocrate ne recommande que 10 % des produits vendus en magasin de nourriture biologique.

croyance 8: La cuisson tue toute forme de vie présente dans la nourriture. Le système immunitaire réagit immédiatement à cette forme de nourriture sans vie en sécrétant spontanément et rapidement des globules blancs, comme si du poison ou une infection avait pénétré le système.

Il se peut que vous soyez quelque peu réticent à accepter ces huit croyances qui sont la base des principes diététiques de l'Institut de santé

Hippocrate. Mais vous vous rendrez compte que chacune de ces croyances s'appuie sur des preuves scientifiques relatées tout au long de ce livre. Une fois que vous vous serez imprégné de ces croyances, que vous aurez compris leur logique et que vous en ressentirez les effets, vous aurez alors franchi une importante étape.

les résultats appuient les croyances

Je suis née en 1942 avec une malformation de la hanche gauche. En grandissant, cela a causé d'autres déformations des jambes, du dos et du cou. Par conséquent, j'avais toujours mal. Les médecins allopathiques ne pouvaient pas m'aider. D'ailleurs, ils pensaient que viendrait le moment où j'aurais besoin d'un fauteuil roulant. Il y a un an, je suis tombée sur un article à propos de l'Institut de santé Hippocrate. J'ai décidé de suivre leur programme.

Cette visite fut extraordinaire ! Après tant d'années de frustration, je ne pouvais croire ce qui m'arrivait. Après seulement 3 jours, la malformation de ma hanche, là depuis 62 ans, a commencé à réduire. Voyant cela, j'ai commencé à croire au programme, en particulier à la thérapie à base de jus d'herbe de blé. Je mettais des aimants sur les parties les plus douloureuses de mon corps et je faisais trois différents types d'exercice en piscine. (Être dans l'eau est un défi émotionnel pour moi, vu que je me suis noyée et qu'on m'a déclarée cliniquement morte quand j'avais cinq ans ! J'ai été ramenée à la vie, mais j'en ai gardé une terrible phobie de l'eau.)

Moins d'un mois après avoir commencé le programme, la douleur dans mes jambes avait disparu. Quelques semaines plus tard, tout en suivant le régime de nourriture crue, je n'éprouvais plus de douleur au dos, à la hanche et au cou. Je sais désormais que jamais je n'aurai besoin de fauteuil roulant. Je suis même capable de jouer avec mes petits-enfants, de faire du vélo et de mener une vie active et merveilleuse.

FLORENCE GAUDETTE
QUÉBEC, CANADA

3

se protéger des effets nuisibles des produits chimiques

Concernant les maladies, venir en aide ou, du moins, ne pas nuire

HIPPOCRATE

Nous les humains, sommes devenus l'espèce la plus contaminée de la planète. Comme nous prenons du poids, l'accumulation de substances chimiques synthétiques s'accroît simultanément. Cette toxicité engendre une réaction en chaîne qui résulte en un taux plus élevé de maladies et de contagions.

Nos tissus adipeux sont comme des éponges, et tout au long d'une vie, ils absorbent et emmagasinent des substances chimiques synthétiques, les mêmes qui ne sont pas complètement évacuées par notre corps, celles-là mêmes que nous ingérons par notre nourriture ou inhalons dans l'air, en avalant des médicaments ou autres produits de consommation. Depuis la Deuxième Guerre mondiale, plus de 75 000 produits chimiques synthétiques ont été imposés aux consommateurs, et près de 2000 composantes chimiques nouvelles sont inventées et ajoutées chaque année. En se basant sur les résultats de recherches effectuées par des milliers de chercheurs de la *U.S. Centers for Disease Control and Prevention*, on peut déclarer avec certitude que tout individu, dans notre monde industrialisé, porte un fardeau de centaines, si ce n'est de milliers, de ces résidus chimiques qui persistent dans notre environnement.

Ce n'est nullement une coïncidence si, pendant que cette soupe toxique « invisible » inonde notre vie, le nombre de cancer explose. L'incidence du mélanome de la peau s'est accrue de 690 %, le cancer des poumons et des bronches, chez les femmes, a évolué de 685 %. Le cancer de la prostate a progressé de 286 %, le cancer de la glande thyroïde s'est multiplié par 258 %, celui du foie a évolué de 182 %. Les cancers du cerveau et systèmes nerveux ont gonflé de 136 %. D'autres catégories de manifestation anormales montrent des proliférations identiques ; l'autisme a décuplé depuis les années 1980. Les malformations à la naissance chez les enfants mâles ont doublé pendant cette même période et l'infertilité s'est accrue pour atteindre 12 % des couples en âge de procréer.

Certains hommes de science ont déclaré que la cigarette et l'alcool sont les principaux agents responsables de la prolifération du cancer. Mais ce genre de raisonnement s'écroule lorsque nous considérons qu'une part plus élevée de ces cancers et autres problèmes de santé se retrouvent chez les enfants, que l'on ne peut certainement pas suspecter d'abus de tabac ou d'alcool. Ce que les enfants consomment plus que les adultes, en proportion avec leurs poids, sont la nourriture, l'eau et l'air.

Et ce n'est pas tout ! Pendant que les enfants sont encore dans le ventre de leur mère, ils sont exposés au risque des agents chimiques synthétiques qui menacent le corps de leur mère ; substances dont la plupart peuvent entraver lourdement le développement normal d'un enfant. L'Environmental Working Group, un organisme de recherche scientifique, a testé en 2005 le sang de cordons ombilicaux provenant de divers hôpitaux aux États-Unis et a découvert une contamination par 287 agents toxiques chimiques différents. Au moins 75 de ces substances sont considérées cancérigènes.

À l'Institut de santé Hippocrate, nous avons été témoins de l'augmentation des cas de cancers et de leur sévérité. Il y a seulement quelques décennies, il était très rare de voir un enfant souffrant d'un cancer du cerveau ou de troubles neurologiques. On voit de tels cas à une régularité alarmante aujourd'hui.

Dans les débuts de l'Institut, il était assez courant que des personnes âgées qui, à cause de comportements irresponsables de toute une vie, avaient naïvement détruit leur système immunitaire. À cette époque, il fallait plusieurs décennies avant que des maladies auto-immunes, des cancers et des affections dégénératives ne soient déclarés. Aujourd'hui, ces maladies surgissent pour détruire le système immunitaire et la santé peu d'années après que la personne eut été exposée aux produits chimiques qui auront déclenché les changements cellulaires.

Ce ne sont pas uniquement les produits chimiques toxiques qui détruisent notre corps et notre santé, bien que certains, comme le pesticide

DDT (qu'on retrouve chez 99 % des humains dans le monde), soient virtuellement indestructibles et posent un risque à vie pour toutes les créatures vivantes. Une menace encore plus sévère vient des mélanges de ces produits chimiques, plus spécialement des assemblages dans lesquels, à faible dose, la synergie de deux produits ou plus, produit des effets toxiques encore plus virulents qu'un seul à la fois. Le foie et les reins, nos premières lignes de défense contre les produits chimiques toxiques, sont mal équipés pour faire face à cet amalgame de substances contaminantes.

Quand certains de ces produits chimiques se mélangent, ils créent de nouveaux composés qui perpétuent une chaîne continue de nouvelles réactions que la nature ne peut pas aisément contrôler. Aussi, nos organismes métabolisent la plupart de ces produits chimiques synthétiques en nouveaux composés qui nous transforment, à vrai dire, en objets d'expérimentation et pour lesquels il n'existe pas de manuel de l'usager. Notre survie dépend de l'état de santé de notre système immunitaire et de notre capacité à le désintoxiquer régulièrement.

À l'Institut Hippocrate, nous avons découvert l'effet synergique des médicaments d'ordonnance qui serait à la base des problèmes auxquels nos hôtes font face avant leur arrivée. Plusieurs personnes consomment des médicaments dans le but de contrecarrer des réactions indésirables causées par d'autres médicaments, et ces produits chimiques s'amalgament avec les centaines d'autres produits chimiques que nos corps attirent, ce qui crée encore plus de combinaisons dangereuses. Encourager nos hôtes à cesser de prendre ces produits toxiques requiert certains efforts en vue de changer leur système de croyance, étant donné que plusieurs ne sont pas prêts à abandonner leur dépendance aux médicaments et aux médecins.

l'exposition aux produits chimiques nécessite une désintoxication

Des études menées au cours des cinq dernières années par la U.S. Geological Survey ainsi que par des organismes européens de l'environnement ont démontré, dans tous les pays industrialisés, une croissance des niveaux de produits chimiques synthétiques dans les rivières, marais, lacs et autres cours d'eau. Ces produits comprennent des médicaments, plus spécialement le Prozac et le Ritalin, en plus d'une importante variété de déchets provenant des produits d'usage personnel et autres commodités de la vie moderne.

Comme l'a décrit *The Hundred-Year Lie: How Food and Medicine Are Destroying Your Health* de Randall Fitzgerald, ces produits chimiques excrétés par notre corps, ou déversés directement dans les égouts, s'échappent dans l'environnement sans être traités par les usines de traitement des eaux usées, lesquelles usines n'ont pas été conçues pour éliminer des produits synthétiques fabriqués en laboratoire et virtuellement indestructibles. Une fois présents dans les eaux, ces produits créent des anomalies génétiques et reproductives chez les poissons et autres populations aquatiques. Les points de traitement d'eaux des villes, qui aussi ne parviennent pas à éliminer la plupart de ces produits chimiques, nous renvoient plutôt cette eau contaminée que la plupart des habitants de cette planète boiront, utiliseront dans la préparation des repas et dans laquelle on se baignera. La science médicale ne fait que commencer à étudier les effets de ces produits chimiques sur la santé humaine.

Étant donné cette croissance incontrôlée de toxines dans l'environnement et dans nos propres organismes, il ne faut pas s'étonner du fait que nous sommes l'une des espèces les plus toxiques de cette planète. Ce ne sont ici que quelques exemples démontrant à quel point nous sommes tous devenus des cobayes humains.

des résidus de pesticides dangereux dans la nourriture

L'implantation de poisons dans notre nourriture remonte à l'après-guerre, quand l'industrie pétrochimique a créé des pesticides pour tuer les insectes, des fongicides pour protéger les plantes de champignons envahisseurs, et des herbicides pour empêcher les herbes sauvages de se mélanger aux récoltes. Depuis cette époque, les niveaux élevés de ces contaminants présents dans nos fruits et légumes ont suscité suffisamment d'inquiétudes pour donner naissance à l'industrie des produits alimentaires biologiques. Si vous ne mangez pas régulièrement d'aliments biologiques, les récentes révélations en rapport avec l'ampleur des niveaux dangereux de poisons contenus dans les fruits et légumes devraient vous aider à reconsidérer vos habitudes alimentaires.

Un sondage mené en 1997 par le département américain de l'Agriculture a prouvé que 72 % de tous les fruits et légumes produits aux États-Unis contiennent des niveaux de pesticides détectables, soit un total de 92 différents types de pesticides, y compris le DDT, un carcinogène dont l'utilisation est bannie aux États-Unis depuis 1972. En 2006, un sondage sur les produits alimentaires vendus en Grande-Bretagne, mené par le Pesticide Action Network, a décelé des niveaux de pesticides nocifs entre 100 et 1600 % au-delà des limites nationales et internationales de sécurité. On sait maintenant que nombre de ces toxines sont à la base de problèmes du système nerveux et d'autres problèmes de santé.

On a aussi constaté que la stérilité chez les hommes est liée à l'exposition aux pesticides. Une étude publiée dans le numéro de janvier 2006 du journal scientifique *Epidemiology* mentionne qu'on a trouvé le pesticide chlorpysrifos dans le sang de 90 % des 268 hommes qui recevaient un traitement pour un faible taux de spermatozoïdes. Ce pesticide est couramment utilisé sur les terrains de golf et sur une variété de produits alimentaires et de cultures fourragères.

menace dans les contenants

Nous affrontons le composé chimique synthétique bisphénol A (BPA) partout dans nos vies. Il est présent dans les contenants en plastique, les biberons, les conduites d'eau, les dispositifs médicaux ainsi que les résines anticorrosives revêtant les conserves d'aliments et de boissons.

Une étude publiée dans la revue médicale *Endocrinology* à la fin de 2005 a révélé que le BPA a un effet toxique sur les tissus cérébraux humains. Le BPA perturbe d'importants effets de l'œstrogène dans le développement du cerveau des fœtus et des enfants, ce qui, à son tour, peut affecter le développement sexuel et les fonctions reproductives. Des études antérieures ont montré que le BPA augmente la croissance des cellules du cancer du sein.

Frederick von Staal, professeur de biologie à l'Université du Missouri, a participé à des dizaines d'études sur le BPA. Il conclut qu'il y a de plus en plus de preuves que le BPA peut être nocif pour la santé même à de très faibles doses. Parmi les effets qu'il a identifiés on retrouve la modification du taux d'hormones, la manière dont le cerveau, la thyroïde et le pancréas fonctionnent, une prédisposition à l'obésité, le diabète de type 2 et l'hypertension.

des toxines dans les boissons gazeuses

Un rapport publié en 2006 par la Food Agency Standards décrit les résultats des tests effectués sur 230 marques de boissons gazeuses vendues en Grande-Bretagne et en France et ont décelé des concentrations de benzène huit fois plus élevé que le niveau admissible dans l'eau potable. Le benzène est produit à partir de composés pétrochimiques et est utilisé dans l'essence comme agent antidétonant pour moteur.

La toxicité du benzène a été liée à la leucémie et autres cancers du sang. Certains scientifiques croient que le benzène trouvé dans les boissons gazeuses peut être produit par la réaction chimique de deux ingrédients utilisés dans la fabrication de boissons gazeuses, soit le benzoate de sodium (un agent de conservation) et l'acide ascorbique.

l'empoisonnement par le mercure se répand au-delà du poisson

Nous avons entendu que des concentrations élevées de mercure contaminent certains types de poissons de l'océan, comme le thon et l'espadon, ce qui mène à des avis de consommation pour les femmes enceintes et les enfants. Les préoccupations ont depuis évolué vers un type de contamination par le mercure qui n'est pas si facilement évité.

La combustion du charbon des centrales électriques, les usines de traitement des eaux usées et les incinérateurs de déchets rejettent dans l'atmosphère des tonnes de mercure. Cette pollution affecte la reproduction et le comportement autant des poissons d'eau douce que de la faune. Un rapport publié en 2006 par la National Wildlife Federation des États-Unis a conclu que tous les aspects de notre chaîne alimentaire et de l'écosystème ont été contaminés, que ce soit l'océan, la forêt, les eaux côtières ou même les zones humides. La toxicité du mercure s'accumule dans la chaîne alimentaire et les humains sont au sommet de cette chaîne.

le téflon nous pollue tous

Parmi les 300 cordons ombilicaux de nouveau-nés testés par des chercheurs de l'hôpital Johns Hopkins de Baltimore, 298 contenaient un produit chimique, probablement cancérigène, qui entre dans la fabrication du revêtement antiadhésif des ustensiles de cuisine (le téflon). Lorsque les résultats de l'étude ont été publiés en février 2006, Frank Witter, directeur médical de l'obstétrique à la faculté de médecine Johns Hopkins qui a participé à la recherche, a déclaré : « Comment s'est-il rendu dans le circuit sanguin des mères et des nourrissons reste un mystère ».

Les études précédentes ont détecté un composé chimique, appelé acide perfluorooctanoïque (APFO), dans le corps de la plupart des adultes des pays industrialisés. Il a même été détecté dans la chair et le sang des ours polaires de l'Arctique. Les scientifiques spéculent qu'il est libéré au cours du processus de fabrication et que les molécules attachées à des particules de poussière migrent dans l'air et l'eau jusqu'à ce qu'elles soient absorbées par n'importe quelle forme de vie. Il peut également pénétrer dans le corps par contact avec de nombreux produits de consommation, tels que les sacs de popcorn micro-ondes qui en contiennent. Alors que DuPont, le producteur exclusif nord-américain de l'APFO, continue de maintenir que le produit chimique ne présente aucun danger pour la santé humaine, les études indiquant que l'APFO peut modifier les niveaux d'hormones humaines et provoquer des malformations à la naissance s'accumulent.

Au début du mois de février 2006, le Conseil consultatif scientifique de la US Environmental Protection Agency a déclaré à l'unanimité que l'APFO devrait être qualifié de « probablement cancérogène ». L'EPA a exhorté DuPont à éliminer ce produit chimique de son processus de production d'ici l'an 2015, ce qui signifie que de nombreuses années de production de l'APFO et d'expérimentation sur nous et nos enfants sont encore à venir.

des produits chimiques dans les aliments

Le groupe environnemental européen WWF (auparavant connu sous World Wildlife Fund) a testé 27 aliments couramment vendus dans les supermarchés dans 7 pays de l'Union européenne. Il a découvert que chaque article était contaminé par des composés chimiques de produits de consommation normaux. Cette étude de 2006 sur la viande, le poisson, le pain, l'huile d'olive et des produits laitiers a examiné des composés chimiques synthétiques tels que les BPC, les retardateurs de flammes bromés, les composés chimiques perfluorés, les phtalates, les muscs artificiels et les pesticides. Tous les échantillons de denrées alimentaires contenaient certains ou la plupart de ces composés chimiques. « Nous sommes bien loin de connaître les effets à long terme de l'exposition à de multiples contaminants chimiques », a fait remarquer Paul King, directeur de WWF-UK. Sur une longue période, ce que nous mangeons contribue de manière significative à l'accumulation des substances chimiques dans notre organisme.

des composés synthétiques peuvent provoquer des troubles au cerveau

Selon certaines estimations, un enfant sur six à travers le monde souffre d'une déficience comme l'autisme, la paralysie cérébrale ou un trouble déficitaire de l'attention. Les principaux coupables, selon les chercheurs de la School of Public Health de l'Université de Harvard, sont 202 composés chimiques synthétiques qui peuvent être nocifs pour les humains, même à de faibles niveaux d'exposition. Ces produits chimiques peuvent être trouvés dans plusieurs produits ménagers, allant du styrène dans les plastiques, à l'aluminium dans les cannettes de soda et à l'acétone dans le dissolvant à ongles. Plus tard dans la vie, cette exposition prolongée aux produits chimiques peut déclencher la maladie de Parkinson et d'autres troubles neurologiques.

le dommage chimique peut être héréditaire

On a découvert, et cela est inquiétant, que les influences environnementales, et particulièrement le dommage chimique, peuvent être transmis à nos enfants et petits-enfants par une modification de leurs gènes. Auparavant, on pensait que les parents ne pouvaient transmettre les problèmes de santé potentiels à leurs rejetons en conséquence de mutations génétiques. Cette dernière recherche, menée par des biologistes de l'Université de l'État de Washington en 2005, démontra qu'une femme enceinte, exposée à un pesticide ou à n'importe quelle autre toxine chimique, peut transmettre le dommage ou la maladie causés par la toxine à ses enfants, petits-enfants et tous leurs descendants, sans aucun changement dans son propre code génétique. Plutôt qu'une modification du code ADN, c'est une modification chimique de ce dernier qui peut être héritée, un processus qu'on a étiqueté « changement épigénétique ». Les implications de cette découverte sont énormes pour la santé publique. Dans l'année suivant la publication de cette découverte, une autre équipe de chercheurs de l'Université Vanderbilt a découvert qu'un changement dans l'expression d'un gène, qui pourrait être causé par l'exposition de la mère à une toxine chimique synthétique, peut être le déclencheur environnemental causant le développement de l'autisme chez l'enfant. Beaucoup plus de choses concernant la santé des futures générations ont été programmés dans le fœtus humain, résultats que les scientifiques n'ont jamais pensés possible auparavant.

suppression des toxines dégradant la force de vie

Nous demandons à chaque invité venant à l'Institut Hippocrate d'arriver sans produits chimiques synthétiques en leur possession, particulièrement dans leurs produits de soin personnel. La première étape dans le processus de guérison est d'enlever le plus de toxines possibles de leur corps, pour permettre aux organes et au système immunitaire de fonctionner plus efficacement. Ces toxines sont souvent ancrées dans la structure cellulaire du corps. Nous devons donc reconstruire le corps pour introduire des cellules saines pour régénérer la santé et cela suppose, tout d'abord, d'initier un traitement de détoxification.

Chacun de nous devrait considérer la détoxification comme un processus pour maintenir la santé. Un jeûne au jus, à raison d'un jour par semaine, serait utile. Les exercices physiques, l'irrigation du côlon et manger de la nourriture saine, naturelle et biologique aident également. Avoir une stratégie de détoxification pour vous et ceux que vous aimez est un mécanisme

bénéfices inattendus générés par la détoxification

Ayant été une gymnaste olympique et une sportive d'occasion, j'ai toujours été consciente de mon corps et de ma santé en général. Ces vingt dernières années, j'ai souvent choisi de passer mes vacances dans des spas. L'Institut Hippocrate se révèle être bien plus que cela. Mon expérience à cet institut de guérison unique a surpassé toutes mes attentes.

Mon but principal en participant à ce programme était d'apprendre à détoxifier mon corps en profondeur et purifier mon esprit, en plus de transformer ma qualité de vie. Au début, j'ai trouvé cela très lourd, et les changements de style de vie étaient un défi. Mais quand je me suis complètement immergée dans les thérapies d'herbe de blé et de jus, de nourriture vivante et biologique, d'irrigation du côlon, de sauna à l'infrarouge lointain, d'exercices physiques et autres thérapies de détoxification, tout est devenu beaucoup plus facile.

Au bout de trois semaines, je me suis sentie énergisée, plus forte et transformée. Depuis, ma vue s'est améliorée, et il m'est beaucoup plus facile de maintenir mon poids idéal. Ma participation au programme de l'Institut Hippocrate a été l'une des expériences les plus gratifiantes de ma vie, autant que ma participation en tant que gymnaste à l'Olympiade XIV de Londres en 1948.

ROSE VOISK
NEW YORK

de survie qui peut aider à maintenir une bonne santé et peut-être même prévenir une mort prématurée.

Chacun des aspects du programme de détoxification est important. Si vous êtes constipé, l'irrigation du côlon devrait être votre première étape. Si vous avez une mauvaise digestion ou que vous avez un rhume, jeûner serait probablement l'étape la plus importante. Les exercices générant de la sueur peuvent évacuer certaines toxines de manière efficace.

En ce qui concerne les suppléments, la chlorelle est en tête de liste. C'est l'algue verte la plus efficace pour enlever les métaux lourds et les éléments radioactifs du corps, parce que son complexe minéral magnétise les toxines et agit comme une éponge pour les absorber. En Russie, ma femme et moi avons utilisé un mélange de chlorelle et de chlorophylle pour aider des personnes à se débarrasser de la radioactivité à laquelle elles avaient été exposées pendant le désastre de Chernobyl. Les chercheurs scientifiques russes nous ont avoué que ce fut la détoxification la plus efficace qu'ils aient expérimentée.

Après la chlorelle, sur la liste des détoxifiants efficaces vient le capsicum, ou extrait de poivre de Cayenne, qui améliore la circulation et réchauffe le corps, nous permettant de transpirer. Le capsicum influence positivement la santé cardiovasculaire.

L'ail est le prochain détoxifiant sur la liste, étant le plus efficace pour tuer les microbes et les éliminer. Il aide aussi à débarrasser le corps de moisissures et de champignons. L'argile verte comestible peut débarrasser le corps de certains poisons. Il est tout aussi important de consommer de grandes quantités de légumes crucifères biologiques, parce que le soufre qu'ils contiennent peut attirer et enlever les poisons et mutagènes du système.

le rôle du jeûne

De tout temps, le jeûne a été considéré par de nombreuses cultures comme une pratique importante permettant d'éliminer du corps les toxines. En effet, de nombreux personnages historiques de la Bible jeûnaient régulièrement. Plus récemment, Gandhi, Martin Luther King et mère Teresa faisaient partie de ceux qui défendaient cette pratique thérapeutique.

Il existe deux écoles de pensée concernant l'abstinence. L'une des deux déclare que seul vaut le jeûne hydrique (consommation d'eau exclusivement), alors que l'autre considère que le jeûne peut et doit, pour de meilleurs résultats, comporter des jus de plantes biologiques. Chez Hippocrate, nous préconisons cette dernière.

Nous avons découvert que même si boire de l'eau peut en soit accélérer grandement l'élimination de toxines dans le corps, un jeûne hydrique, peut entraîner un stress des organes d'élimination. Ainsi, non seulement un jeûne à base de jus pourra-t-il être tout aussi efficace qu'avec de l'eau, mais, en plus, il nourrira et renforcera le corps sans l'épuiser et l'affaiblir.

Les jus de légumes et d'herbes de blé sont les nourritures accompagnant le jeûne que l'Institut Hippocrate a choisi. En effet, ces jus vitaux offrent aux corps toutes les protéines nécessaires aidant à la régulation de la glycémie, et fournissent des enzymes qui provoquent l'émulsification des matières dans les organes du corps. Ils fournissent également de l'oxygène qui agit comme antiseptique et qui régule le métabolisme. Ce jeûne au jus de légumes verts permet une plus grande détoxification, d'une façon moins inconfortable qu'avec de l'eau seule.

TABLEAU 1: *un programme de jeûne simple*

MOMENT DE LA JOURNÉE	CHOIX DE JUS
Avant le petit-déjeuner	60 ml (1/4 tasse) de jus d'herbes de blé
Petit-déjeuner	500 ml (2 tasses) de jus de légumes verts ou de jus composé de légumes, tels que céleri, concombre, courge d'été, persil, cresson et germinations (tournesol, haricot mungo, petits pois, trèfle ou fenugrec)
Déjeuner	500 ml (2 tasses) de jus de germinations, de jus de légumes verts ou d'une combinaison de jus de légumes verts, de jus de fruits ou d'eau
Avant le coucher	60 ml (1/4 tasse) de jus d'herbes de blé
Collations	500 ml (2 tasses) de jus de légumes verts, de jus de fruits extrêmement dilué (pour les personnes sans problème de sucre dans le sang), ou de l'eau citronnée sucrée au stevia

Si jeûner peut être bénéfique à tout le monde, il existe toutefois quelques exceptions. Il ne faut pas jeûner si l'on souffre de problèmes de diabète, si l'on est décharné, si l'on se sent faible ou affaibli pour quelque raison que ce soit (y compris la faiblesse émotionnelle). Ainsi, si vous envisagez de jeûner, vous devez d'abord consulter un professionnel de la santé, tel un naturopathe, qui ait l'esprit ouvert quant à cette pratique et qui soit qualifié pour vous conseiller.

Nous recommandons un jeûne de vingt-quatre heures une fois par semaine. Le tableau 1 donne un exemple d'un bon programme de jeûne. Notez que toute l'eau doit être purifiée, soit par organisation moléculaire ou par distillation, et que toute nourriture que vous utilisez pour la confection des jus doit être issue de l'agriculture biologique. Le jus d'herbe de blé accélère la détoxification et, en plus, c'est le meilleur purificateur et fortifiant sanguin qui n'ait jamais été. En effet, il est riche en chlorophylle, en acides aminés essentiels, en vitamines A et C, en soufre, en phosphore ainsi qu'en minéraux tels que le calcium, le fer et le zinc.

le rôle de l'irrigation du côlon

Notre gros intestin est le canal qui permet d'éliminer les déchets solides. Après des années d'exposition aux produits chimiques et de digestions d'aliments pauvres en enzymes et de qualité douteuse, le côlon s'affaiblit et l'accumulation de déchets sur ses parois provoque la croissance de bactéries néfastes se nourrissant de ces déchets stagnants. Cela porte atteinte à la santé du côlon et crée des symptômes physique de toxicité.

Notre programme de nettoyage du côlon comprend des lavements et des traitements d'irrigation du côlon suivis d'implants à l'herbe de blé ou aux algues. Au cours des dizaines d'années de recherche chez Hippocrate, nous avons découvert que cette pratique permettait de rétablir l'équilibre des électrolytes et des minéraux dans le côlon, tout en permettant l'élimination des toxines.

Le lavement du côlon avec de l'eau est une procédure qui provient de temps anciens, et certains hôpitaux occidentaux ont continué à la pratiquer encore jusque dans les années 1940. En effet, de nombreux médecins âgés m'ont raconté des histoires confirmant les grands bienfaits de cette pratique sur la santé de leurs patients. Ils ont aussi raconté comment il était même arrivé qu'elle ait permis d'éliminer le besoin de recourir à des procédures médicales radicales ou à des interventions chirurgicales.

Les traitements modernes du côlon ont évolué et sont maintenant des procédures douces et confortables qui se sont avérées simple, sûres et efficaces pour dégager et dissoudre les impuretés présentes sur les parois du côlon. S'ils ne sont pas régulièrement éliminés, ces déchets se putréfient à cause de l'activité bactérienne et rendent le côlon paresseux et toxique.

le rôle du drainage lymphatique

Cette technique de massage corporel aide à la circulation de la lymphe sur le trajet des glandes qui lui sont propres. L'objectif est de réduire la congestion et la rétention de déchets et de fortifier le système immunitaire.

Une déficience du système lymphatique peut être due à une infection, un mauvais régime alimentaire, le stress, une respiration superficielle ou un manque d'exercice physique. Notre expérience en la matière nous a prouvé que le drainage lymphatique était un moyen efficace de prévenir les maladies et troubles liés au système lymphatique. De plus, il s'agit d'un traitement bénéfique ou d'une thérapie annexe pour les maladies agressant le système de défenses de notre corps.

En 1981 chez Hippocrate, lors d'une étude que nous avons conduite dans le cadre d'un programme interne, nous avons procédé à des massages sur 78 personnes, deux fois par semaine, pendant un mois. Nous avons ensuite comparé leur niveau d'enzymes dans le foie et dans la vésicule biliaire à celui de 78 autres personnes n'ayant pas été massées pendant la même période. Les personnes ayant reçu les massages détoxifiants ont montré une amélioration de 35 % de la régulation enzymatique. Cette découverte est importante car lorsque des personnes ont des toxines dans leur système, les analyses sanguines révèlent leurs effets sur le niveau d'enzymes dans le foie et dans la vésicule biliaire. Cela prouve donc que le massage thérapeutique aide à la régulation des enzymes pour atteindre un niveau plus sain, permettant ainsi au corps de se débarrasser de ses toxines.

Lors d'une deuxième étude conduite en 1982 dans le cadre d'un programme interne, nous avons placé 90 sujets sous suppléments d'enzymes digestifs. Nous avons ainsi découvert une corrélation entre la consommation de ces suppléments d'enzymes et la réduction du cholestérol. Par ailleurs, lorsque nous avons augmenté la quantité d'enzymes ingérés, nous avons constaté une réduction importante des polluants particulaires présents dans le gras corporel.

le rôle de l'exercice physique

Pratiquer une activité physique vigoureuse est l'un des meilleurs moyens qu'a le corps pour combattre la toxicité environnementale. En effet, lorsque nous faisons de l'exercice, nos systèmes lymphatiques et respiratoires, dont les poumons et la peau (le plus grand organe de notre corps), élimine certaines des toxines chimiques que nous absorbons chaque jour et que notre corps emmagasine.

Ainsi, lorsque nous sommes inactifs par léthargie, obésité, dépression ou simplement par habitude, les produits chimiques s'accumulent dans nos cellules. De nos jours, tant les enfants que les adultes sont sensiblement moins actifs physiquement que la génération précédente. De plus, nous sommes dix fois plus exposés aux toxiques chimiques synthétiques.

Notre sang apporte à chacune des cellules de notre corps des nutriments qui sont extraits de notre nourriture. Or, l'exercice physique facilite le transit de ces nutriments tout en générant d'énormes quantités d'oxygène dans notre sang. Ainsi, ce sang très riche en oxygène aide-t-il notre corps à brûler plus aisément ces nutriments qui constitue notre carburant. En clair, on peut dire que l'exercice physique nourrit nos cellules.

Parallèlement, notre circulation sanguine agit comme un service sanitaire, en nettoyant notre système de tout déchet restant une fois notre carburant alimentaire brûlé. L'exercice physique vigoureux permet à la circulation sanguine de remplir ce rôle de façon plus efficace. Enfin, un flux sanguin libre permet de garder ouvertes nos veines et nos artères, empêchant ainsi l'accumulation de cholestérol.

le rôle du sauna à infrarouges étendus

Les saunas à infrarouges étendus sont récemment devenus une composante importante de notre programme de détoxification ; ces saunas produisent une énergie sensiblement plus importante que la grande chaleur des saunas conventionnels. Cette énergie pénètre en toute sécurité jusqu'à plus de sept centimètres à l'intérieur de nos tissus et aide à l'élimination de toxines que les saunas traditionnels ne peuvent atteindre et excréter.

Le journaliste d'investigation Randall Fitzgerald, auteur de *The Hundred-Year Lie,* a été notre invité pendant trois semaines, fin 2005. Il a suivi notre programme de détoxification, à titre d'expérimentation personnelle, pour vérifier à quelle vitesse et jusqu'à quel point les produits chimiques synthétiques pouvaient être élimés de son corps. Un prise de sang a été pratiquée puis envoyée dans un laboratoire à Dallas au Texas. Les résultats ont montré que son corps contenait, comme nous tous, la quantité habituelle de centaines de produits chimiques, toutefois, il présentait également un taux particulièrement élevé de DDE (un métabolique du DDT) et du mirex, un pesticide anti-fourmi.

la purge des toxines revigore la santé

Pendant plusieurs années, je souffrais de candidose sans le savoir, en en reconnaissant vaguement les symptômes. J'avais des éruptions partout sur les mains, les bras et les jambes. Mon ventre était tellement distendu que je paraissais en septième mois de grossesse. Je prenais des médicaments pour les symptômes d'asthme, tandis que les champignons se sont propagés dans mes poumons, provoquant des problèmes respiratoires.

En compromettant mon système immunitaire, la candidose m'a rendue vulnérable à une foule d'autres problèmes, y compris la polio-myélite et la leucémie. Mes recherches soutenues m'ont conduite au programme de l'Institut Hippocrate. J'ai passé trois semaines en cure intensive de désintoxication. Après cette période, mes éruptions ont disparu progressivement et mon ventre s'est dégonflé au quart de sa taille pléthorique. J'ai commencé à me sentir soulagée d'un grand poids. On m'a dit que cela était le résultat des toxines éliminées de mon corps. Mes cheveux blancs ont même retrouvé leur couleur brune naturelle. J'ai enfin retrouvé la bonne santé et je continue à adhérer à ce remarquable programme.

PATRICIA WILLIAMS
WEST PALM BEACH, FLORIDE

Fitzgerald a suivi le même programme de désintoxication que tous nos invités, c'est-à-dire boire du jus d'herbe de blé, manger des aliments vivants crus, jeûner un jour par semaine et purger le côlon hebdomadairement. Il effectuait un exercice cardiovasculaire au quotidien suivi par quinze minutes dans le sauna à infrarouges étendus. Il a également pris des suppléments de chlorelle contenant une algue d'eau douce qui aide à l'élimination des produits chimiques de l'organisme.

Après trois semaines, le même laboratoire retesta son sang. Tant le laboratoire et Fitzgerald furent épatés par les résultats. John Laseter, chef toxicologue et directeur du laboratoire, a indiqué que les niveaux de DDE et de mirex dans le corps de Fitzgerald ont été réduits de deux tiers. Les niveaux d'autres toxines chimiques ont également chuté de façon spectaculaire, ce qui signifie que le gras et les organes de son corps se sont débarrassés des toxines qui auraient normalement pu prendre beaucoup plus de temps à excréter, si excrétion possible.

Éliminer les toxines par la transpiration a une riche tradition historique. Les gens ont compris depuis longtemps les avantages de la détoxification de l'organisme, que ce soit dans les huttes de sudation dans les cultures amérindiennes, les saunas popularisés dans les cultures des pays nordiques ou les bains de vapeur turcs. La médecine occidentale moderne commence enfin à accepter l'idée que l'hyperthermie peut stimuler le système immunitaire, car il désintoxique le corps.

le rôle de l'eau pure

À l'instar de la batterie de votre voiture, vos cellules sont responsables de vous charger d'énergie et de vitalité. Lorsque vous vous sentez atone, vous souffrez d'un manque d'énergie vitale tout comme une voiture en panne. Étant donné que chaque corps est en soit un véhicule rechargeable, il peut être revigoré pour fonctionner harmonieusement et efficacement. Il lui faut juste le bon carburant et un entretien constant. Le deuxième élément le plus important à la vie, après l'oxygène, est l'eau pure.

L'eau est le principal conducteur du courant électrique du corps et nos cellules requièrent de l'eau pure sur une base régulière. L'eau contaminée avec des impuretés et des produits chimiques biologiquement incompatibles empêche l'interaction constructive des systèmes corporels et favorise l'activité causant le cancer.

L'eau pure est une autoroute sans restriction sur laquelle toutes les activités intercellulaires se déplacent librement. Cette libre circulation permet au système des méridiens, le circuit électrique du corps, de rester en pleine charge et dynamisé en tout temps et de créer un puissant bouclier

une désintoxication pour soulager l'asthme

Ma santé s'est graduellement dégradée en deux années et demie. J'avais une pression artérielle élevée et un taux élevé de cholestérol et je prenais des médicaments contre l'asthme depuis son diagnostic de 1990. La toux associée à mon asthme a toujours été très embarrassante pour moi, mais ma plus grande crainte était qu'un jour mon asthme devienne grave au point d'être branchée à une bonbonne d'oxygène comme l'avait été ma mère.

J'avais déjà consulté plus de dix médecins pour demander un remède à la douleur persistante au cou, aux épaules, aux genoux et aux pieds. Chaque médecin a posé un diagnostic différent pour ces douleurs articulaires chroniques. J'avais entendu tellement d'opinions contradictoires que j'étais devenue confuse et dépassée puis déprimée.

Quelqu'un avait offert à mon mari l'ouvrage *The China Study* de T. Colin Campbell et ce livre a éveillé mon intérêt. J'ai essayé de suivre le plan décrit dans le livre durant trois mois environ, ce qui contribua à alléger la douleur chronique mais qui n'a eu aucun effet sur mon asthme. J'ai par la suite connu le programme de l'Institut Hippocrate et j'ai décidé de l'essayer.

Quand je suis arrivée, j'ai été surprise par la façon dont j'ai aisément adopté le programme. J'ai tout de suite su que j'étais à ma place. Après trois semaines de désintoxication et un régime d'aliments vivants, j'ai perdu dix-neuf livres et ma tension artérielle est revenue à la normale sans médicaments. Mon taux de cholestérol est passé de 256 à 192 ! Sept mois plus tard, je continue à me passer des médicaments contre l'asthme, comme de tout autre médicament d'ordonnance. Je suis heureuse, mon niveau d'énergie est élevé et je passe mes jours et nuits sans douleur.

VICKY ANTHONY
CAROLINE DU SUD

protecteur qui empêche les radicaux libres (des atomes réactifs qui sont produits dans l'organisme et qui peuvent endommager les cellules, les protéines et l'ADN en modifiant leur structure chimique) de détruire les cellules saines. Les radicaux libres nocifs sont la cause de la maladie, du vieillissement prématuré et de tous les fléaux internes du corps.

Le processus métabolique naturel du corps, y compris la digestion et l'élimination, génère des sous-produits toxiques. Parce que la production de ces sous-produits est une fonction tout à fait normale, elle a lieu même pour ceux qui suivent le programme vitalité de l'Institut Hippocrate. L'exercice favorise la transpiration et le flux sanguin, ce qui contribue à nettoyer le système respiratoire et circulatoire des particules qui étouffent le fonctionnement électrique du système. L'élimination des substances toxiques de l'organisme permet une meilleure absorption des éléments nutritifs et accélère toutes les fonctions saines de l'organisme.

Les hormones, messagers chimiques du corps, s'épanouissent dans un environnement sanguin propre parce que la communication entre les cellules, les tissus et les organes nécessite une propreté constante des vaisseaux. Plusieurs types de troubles du cerveau et des dysfonctionnements du corps se produisent en raison d'un déséquilibre hormonal souvent causé par l'absence de communications intercellulaires. Le dysfonctionnement thyroïdien, qui se répand de plus en plus dans le monde entier à un rythme alarmant, a un impact profond sur notre cerveau et notre métabolisme. L'hypophyse, au centre du cerveau, est vraisemblablement dysfonctionnelle chez de nombreuses personnes. Cette base productrice d'hormones active les autres glandes. Ainsi, si elle produit peu ou trop d'hormones, le fonctionnement de toutes les autres glandes et de leurs connexions anatomiques est perturbé et se dégénère, parfois de façon permanente. La charge électrochimique, fondement de la vie fonctionnelle, doit être constamment renouvelée par l'absorption d'eau pure en abondance. Autrement notre santé, nos émotions, nos pensées, notre esprit, notre tranquillité, notre fonctionnement et nos mouvements en souffriraient.

Voici trois conseils pour maintenir l'eau qui entre dans votre corps pure :

1. Ne pas boire l'eau du robinet fournie par les gouvernements locaux. Non seulement elle contient des concentrations nocives de chlore et de fluor, elle est aussi contaminée avec un large éventail de toxines chimiques synthétiques que les usines de filtration ne peuvent éliminer.
2. Ne plus boire de l'eau embouteillée. De nombreuses marques, telles Aquafina et Dasani, les deux marques les plus vendues aux États-Unis, ne sont que de l'eau du robinet grossièrement filtrée.
3. Achetez vos propres filtres au charbon de haute qualité et utilisez-les pour toute l'eau que vous consommez.

le rôle du jus d'herbe de blé

Des études ont montré que le jus d'herbe de blé est constitué de chlorophylle presque à l'état pur, et la chlorophylle fonctionne de la même manière que les globules rouges, aidant ainsi à nettoyer nos artères. Les substances nutritives et l'oxygène que la chlorophylle contient naturellement aident à éliminer les toxines du corps humain tout en stimulant la moelle épinière à produire de nouvelles cellules.

Le jus d'herbe de blé est ce qui aura permis au Programme de l'Institut Hippocrate d'être si efficace pour la régénération du corps humain. Les aliments contenant un taux de chlorophylle le plus élevé contiennent aussi un taux important de phytochimiques, qui aident à protéger de la maladie. De tous ces aliments, le germe d'herbe de blé contient le plus haut taux, tant de chlorophylle que de phytochimiques.

Deux scientifiques du Département de physiologie de l'Université de Liverpool ont provoqué de l'anémie chez deux groupes de lapins et ont ensuite testé la capacité de la chlorophylle à régénérer leur sang. Le premier groupe a reçu la chlorophylle dans son régime quotidien, tandis que le second groupe n'en recevait pas. Les animaux du premier groupe ont pu convertir la chlorophylle en de nouvelles cellules sanguines et maîtriser leur anémie, alors que le second groupe est resté dans un état d'anémie sévère.

Une détoxification totale du corps peut prendre jusqu'à sept ans, le même laps de temps qu'il faut pour remplacer toutes les cellules du corps. Plus de la moitié des déchets accumulés sera libérée dans les premiers sept jours d'un programme de détoxification, mais la guérison et le rétablissement complets du corps peuvent comporter plusieurs stages, comme indiqué au tableau 2.

À mesure que les diverses couches d'éléments contaminés sont enlevées, l'évacuation des toxines affectera votre état de santé. Mais avec le temps, votre santé générale et vos sentiments de mieux-être s'amélioreront manifestement. En raison de l'intelligence cellulaire du corps, chaque partie est affectée par l'ensemble. Quand une partie se renouvelle, le corps tout entier bénéficie d'une plus grande harmonie et d'une meilleure intégration.

TABLEAU 2: *étapes de détoxification*

NOMBRE D'ANNÉES SUIVANT LA DÉTOXIFICATION	RÉSULTATS
Jusqu'à 1½ an	Nettoyage du tube digestif avec élimination de dépôts graisseux et de calcifications
1½ à 2 ans	Nettoyage des tissus profonds et des articulations
2 à 5 ans	Nettoyage de l'ossature et du cartilage. Nettoyage plus en profondeur des articulations
5½ à 6 ans	Repositionnement et régénération des organes
6 à 7 ans	Nettoyage du tissu cérébral et neurologique

4

le don de la nature à notre santé

La force de guérison naturelle au sein de chacun d'entre nous est la plus grande force pour retrouver la santé.

HIPPOCRATE

Nous possédons tous en nous un extraordinaire mécanisme d'auto-guérison. C'est cette communauté de cellules hautement spécialisées, que nous appelons notre système immunitaire, qui peut être régénérée au besoin à l'aide de la nature.

Lorsqu'elle fonctionne bien, cette clinique est constituée de plus de deux milliards de défenseurs capables d'identifier et d'éliminer les envahisseurs qui menacent notre santé et notre vie. Les cellules T, les cellules H et les leucocytes (globules blancs), qui constituent les éléments essentiels de ce système, jouent des rôles uniques supportés par notre nutrition et la désintoxication continue du corps.

Un enfant de cinq ans qui entre à la maison couvert de saleté après avoir joué à l'extérieur est attaqué par des milliers de virus, bactéries, protozoaires, champignons et autres microbes. Les cellules de la peau, son armure, captent un grand nombre de ces microbes qui sont par la suite expulsés, par ses cellules, lors du processus d'excrétion normale. Les yeux de l'enfant sont naturellement nettoyés grâce au clignotement continu des paupières et du liquide antiseptique des conduits lacrymaux. Pendant ce temps, les mucus dans les narines de l'enfant interceptent les particules toxiques en suspension dans l'air. Les acides présents dans l'estomac et les cellules du système immunitaire dans le tractus intestinal attaquent les microbes présents dans les aliments que l'enfant a ingérés. Le système immunitaire identifie et détruit aussi les cellules mutantes qui pourraient provoquer le cancer.

Quand le corps détecte les envahisseurs, les cellules immunitaires génèrent des substances chimiques appelées interféron et interleukine, ce qui mobilise de nombreux autres guerriers du système immunitaire qui jouent divers rôles. Les protéines appelées immunoglobulines sont envoyées en éclaireurs. Si ces immunoglobulines déterminent que le corps est pris d'assaut par des cancers, virus, microbes ou autres, le corps active les cellules T et autres « cellules tueuses » pour qu'elles deviennent les soldats qui détruiront ces visiteurs indésirables.

Jamais dans l'histoire de l'humanité nos systèmes immunitaires n'ont été soumis à une telle attaque systématique et soutenue. Les toxines chimiques synthétiques qui se propagent dans l'air, l'eau, la nourriture, les médicaments et les produits de consommation constituent la nouvelle menace qui s'ajoute aux microbes que nous avons toujours affrontés. Maintenant, des centaines de milliers de toxines affaiblissent notre immunité et causent des maladies. Ajoutez des idées noires à ce ragoût nuisible et nous avons tous les ingrédients pour l'effondrement du système immunitaire.

Imaginez l'effet si nous devions travailler sans arrêt vingt-quatre heures par jour, sept jours par semaine. C'est ce que le stress de la vie moderne exerce sur notre système immunitaire. La tension conduit souvent à l'épuisement, aux maladies et au vieillissement prématuré.

L'un des symptômes de l'épuisement et de la vulnérabilité accrue à la maladie de ce système immunitaire peut être constaté par le nombre de personnes qui sont, sans le savoir, infectées par le *Candida albicans*, un champignon de type levure qui se trouve naturellement presque partout dans notre environnement. Dès que ce champignon envahit le corps humain, les cellules deviennent désoxygénées.

Dans le cas de candidose chronique, la levure envahit les organes, tels que les poumons et le foie, générant ainsi de plus graves problèmes de santé. Il s'agit d'un microbe opportuniste qui profite de l'affaiblissement du système immunitaire. Par conséquent, quand une personne est affligée par un cancer, un diabète, des maladies cardiovasculaires ou d'autres problèmes de santé, le *Candida albicans* peut également être présent, posant des obstacles supplémentaires à la récupération du corps.

Le *Candida* est étroitement lié à l'hypoglycémie et au diabète. En fait, cette levure se nourrit du sang qu'elle soutire. Si vous souffrez des symptômes de l'hypoglycémie, il est important de savoir que votre sensibilité à la candidose est grandement accrue. Certains symptômes d'une *Candida* modérée incluent les démangeaisons du nez et des yeux, l'écoulement nasal, la congestion de la gorge, la fatigue et un état d'esprit confus.

Plusieurs médicaments d'ordonnance sont couramment présentés comme des remèdes contre le *Candida*, mais nous avons observé qu'ils affaiblissent davantage le système immunitaire. Sans aucun doute, la pire solution offerte aux malades reste la consommation d'une plus grande quantité de produits animaux. Selon nos observations, recherches et découvertes, cette approche perpétue et aggrave tout simplement le problème. Imaginez l'intérieur du corps une fois infecté par le *Candida* : il devient comme une grotte humide et moisie. Voilà le tableau assez exact de ce qui se passe à l'intérieur.

Si votre régime alimentaire est déficient en enzymes et que vos tissus manquent d'oxygène, vous avez créé inconsciemment un environnement idéal qui invite ce champignon à prospérer. Le moyen le plus efficace pour nettoyer et rajeunir les zones internes affectées est d'exposer le corps à diverses formes de lumière solaire et à l'air. Cela signifie de suivre une diète composée de légumes crus et non transformés ainsi que de germinations, de céréales, de noix et de légumineuses qui permettent le transfert de l'énergie de la lumière solaire, la force de la vie, pour assainir notre environnement cellulaire. Combinez cela avec un programme d'exercice régulier, de préférence à l'extérieur, et le problème du *Candida* sera atténué.

La capacité de notre alimentation de stimuler notre système immunitaire est directement proportionnelle à la qualité du sol dans lequel les aliments ont été cultivés. Les sols déficients en matières organiques et en minéraux, mais saturés en engrais et en pesticides synthétiques, fourniront des aliments qui ne contiennent pas les matières premières nécessaires à notre système de défense pour se réapprovisionner et se reconstruire.

Selon mon expérience, les gens meurent rarement d'une maladie diagnostiquée. Lorsqu'ils sont très malades, ils se déshydratent et souffrent de manque de sommeil. Ces deux conditions peuvent affaiblir encore plus le système immunitaire et déclencher une réaction en chaîne qui souvent précipite la mort.

Notre modèle de bien-être chez Hippocrate, pour régénérer le système immunitaire, repose sur une approche holiste intégrale. Nous utilisons une combinaison de désintoxication, d'aliments vivants et crus pleins de vitalité, des suppléments alimentaires spécialement sélectionnés, un équilibre entre le repos et l'exercice ainsi que des doses généreuses de pensées positives pour créer une synergie qui permet au corps de se guérir.

le rôle de la nutrition

Lorsque nous mangeons des aliments cuits, notre système immunitaire réagit comme si nous avions été contaminés par une armée d'envahisseurs toxiques. Les globules blancs se mobilisent en grand nombre et entrent en action pour anéantir cette armée étrangère : plus nous mangeons d'aliments cuits, plus notre système immunitaire est en perpétuelle activité frénétique. Cela épuise l'énergie et diminue la capacité du corps de se maintenir en santé et de lutter contre certains des plus dangereux microbes et toxines chimiques.

Les découvertes sur « l'effet inhibitoire » des aliments cuits sur le système immunitaire, en particulier la viande, remontent à 1930 lors du premier Congrès international de microbiologie à Paris. Paul Kouchakoff, médecin suisse, publia sa découverte à l'effet que manger des aliments cuits cause la leucocytose, une élévation du nombre des globules blancs dans le sang, contrairement à la consommation d'aliments crus.

Lors de son séjour à l'Université de chimie clinique en Suisse, le docteur Kouchakoff effectua 300 expériences sur le nombre des globules blancs et sa relation avec la consommation d'aliments crus ou cuits. Il conclut que le corps humain réagit à tous les aliments modifiés par des températures élevées. Auparavant, la science médicale considérait cette chaleur comme un phénomène physiologique naturel. Il a en outre observé que la viande, préparée ou transformée, agit violemment sur le système immunitaire humain lorsqu'elle est cuite ou fumée. En effet, elle mobilise les globules blancs en nombre comparable à celui du corps, lorsqu'il est empoisonné par des produits chimiques ou des agents pathogènes.

Une étude interne que nous avons menée à notre institut entre 1982 et 1983 a confirmé ces conclusions et a établi un lien direct entre une alimentation crue végétalienne, la récupération du système immunitaire et la guérison de graves maladies. Deux cent soixante-quinze personnes ont participé à notre étude et nous avions mesuré l'efficacité de leur système immunitaire sur la base du pourcentage d'aliments cuits qu'elles consommaient.

Nous avons constaté que lorsque les aliments cuits composent de 25 à 30 % de l'alimentation d'une personne (sur la base du poids total des aliments consommés), l'immunité de la personne est réduite de 17,6 %. Toute quantité d'aliments cuits au-delà de ce pourcentage conduit à un affaiblissement de 48 % des cellules du système immunitaire. En résultat de ces découvertes, nous conseillons aux personnes gravement malades de suivre un régime totalement végétalien cru durant deux ans afin que leur système immunitaire se consacre exclusivement à la lutte contre la maladie.

Nous avons constaté que les personnes qui suivent pendant deux ans un régime totalement végétalien cru voient leur système immunitaire rétabli et le bien-être prendre place. C'est notre vitalité naturelle en action : elle fait le travail que la nature est censée faire.

De nombreuses études de la science médicale ont confirmé nos observations sur les résultats positifs de la nourriture crue sur l'immunité. Une étude allemande de 1990, par exemple, décrit comment les aliments crus ont une influence positive sur la santé du système immunitaire. Ces effets comprennent les antibiotiques, antiallergiques, anti-inflammatoires et les mesures de protection des tumeurs.

À la Health and Science University de l'Oregon, les chercheurs ont évalué le système immunitaire de 42 singes adultes pendant une période de 42 mois. La moitié a été nourrie avec une alimentation nutritive réduite en calories et l'autre moitié avec le régime alimentaire traditionnel des singes. Ceux nourris avec des aliments nutritifs réduits en calories ont obtenu un bien meilleur fonctionnement des cellules T. Cette étude a paru dans la publication de décembre 2006 de la revue *Proceedings of the National Academies of Science.*

Plus de 70 études sur les humains ont trouvé que la bêta-carotène, qui est abondante dans les germinations, par exemple de luzerne et de tournesol, peut agir comme antioxydant pour neutraliser les radicaux libres qui endommagent les cellules et contribuent au cancer. Ce nutriment renforce directement le système immunitaire d'une façon qui protège contre les tumeurs, en particulier le cancer du poumon et le mélanome.

les nombreux rôles de l'herbe de blé

Le jus d'herbe de blé contient l'une des concentrations les plus élevées de la nature en chlorophylle qui est un élément fondamental de la vitalité. Une série d'expériences de laboratoire et des rapports s'étalant sur sept décennies ont identifié la chlorophylle comme un tonique thérapeutique pour une gamme variée de maladies. Voici quelques-unes de ces découvertes :

- Un article du *Journal of Biological Chemistry* fait l'éloge des qualités thérapeutique de la chlorophylle pour le traitement de l'anémie, de la tuberculose, de l'artériosclérose et d'autres troubles. Une autre étude figurant dans cette même revue scientifique ainsi qu'une deuxième étude dans l'*American Journal of Surgery* montrent l'efficacité de la chlorophylle comme stimulateur de la croissance des tissus et comme guérisseur pour de nombreux types d'ulcères.

- Une étude parue dans la *Gastroentrology* conclut que la chlorophylle est efficace à la fois contre les ulcères et les troubles du côlon. Dans cette expérience, 79 patients souffrant d'ulcère gastrique ont été traités avec la chlorophylle et 58 ont eu une guérison complète en deux à sept semaines à partir début de son utilisation. Il n'y a eu de récurrence des symptômes chez aucun de ces patients.
- Il a été établi que la chlorophylle inhibe la putréfaction des protéines par des bactéries communément trouvées dans les côlons des carnivores.
- Au moins quatre études réalisées dans les années 1950 ont montré que des aliments riches en chlorophylle (comme le chou frisé) ont permis à des animaux de laboratoire de survivre au cours d'intense radiothérapie.

le rôle des nutraceutiques

Les suppléments nutritionnels ont un rôle à jouer dans le maintien de la bonne santé de notre système immunitaire. Toutefois, au moins 90 % des nutraceutiques vendus, plutôt que d'être directement extraits de sources végétales, sont fabriqués par des sociétés pharmaceutiques qui mélangent des produits pétrochimiques avec d'autres produits chimiques synthétiques.

Nous vous recommandons d'utiliser seulement les nutraceutiques qui sont des suppléments nutritionnels entiers directement produits des herbes, des enzymes et de leurs dérivés. Ils contiennent tous les constituants du cofacteur, la combinaison de nutriments qui produisent un effet synergique que les produits chimiques synthétiques ne peuvent pas dupliquer.

Au cours d'un processus interne d'évaluation des programmes de l'Institut Hippocrate qui a duré deux ans, nous avons testé l'efficacité des nutraceutiques pour le fonctionnement du système immunitaire et la guérison. Nous avions séparé 284 personnes en 2 groupes basés sur la robustesse ou la faiblesse relative des cellules de leur système immunitaire. Les analyses sanguines ont déterminé la physiologie de chaque individu selon le nombre de globules blancs (leucocytes), de cellules T, de cellules H et de nombreux autres paramètres. Les participants à l'étude étaient des deux sexes et représentaient un large éventail d'âges, de professions, de niveaux d'activité physique et d'origines ethniques.

Ceux qui ont fait preuve de force immunitaire modérée ont été placés dans le groupe « sain » qui comprenait également des personnes présentant une bonne résistance immunitaire et une excellente santé. Le groupe « malade » incluait ceux dont les résultats des tests sanguins étaient modérément faibles et ceux qui avaient une fonction immunitaire minimale. Chaque participant a suivi un programme individuel prescrit de nutraceutiques.

régénération de l'ensemble d'un système immunitaire

En 1998, j'ai eu une luxation des vertèbres de la colonne vertébrale en soulevant une boîte lourde. Quelques mois après le traumatisme, on a diagnostiqué de la fibromyalgie et le syndrome de la fatigue chronique. J'ai dû prendre un congé d'invalidité de mon poste de comptable agréée et vérificatrice des comptes pour un cabinet comptable international. Moins d'un an après la blessure, mon système immunitaire s'est effondré complètement.

Il a fallu que je combatte constamment des infections et des rhumes. Les levures ont envahi tout mon corps. La douleur et l'insomnie sont devenues mes constants compagnons et mon système digestif s'est bloqué. Je suis devenue énorme et j'ai gagné 45 kilos en une année seulement. Mon immunologiste a diagnostiqué une déficience des cellules T de mon système immunitaire et m'a expliqué que je vivais comme une personne à un stade avancé du sida mais sans être porteuse du virus.

J'ai suivi des traitements de gammaglobuline, mais ils n'ont pas donné grand-chose pour stimuler mon système immunitaire. Chaque année, j'éprouvais de plus en plus de problèmes de santé : syndrome du côlon irritable, lipomes gras, hypercholestérolémie, hypoglycémie, déséquilibre hormonal, infections chroniques des sinus et intolérances aux produits chimiques.

Au cours de l'été 2004, un spécialiste de la médecine naturelle m'a suggéré un régime basé sur des aliments vivants qui alcalisent le corps. Un changement radical a commencé à s'instaurer. Les premiers mois alors que mon corps a commencé à se désintoxiquer, je me suis sentie plus mal, avec une augmentation de la fatigue. Mais après trois ou quatre mois d'alcalinisation de mon corps, j'ai commencé à sentir une nette amélioration. Ma tension artérielle est devenue normale et, un à la fois, mes symptômes ont commencé à disparaître.

Après environ six mois, j'ai pu marcher sans l'aide d'une canne. Au mois de mai 2006, j'ai participé au programme de l'Institut Hippocrate pendant trois semaines. Ma santé continue de s'améliorer. En fait, j'ai commencé des exercices de musculation et cardiovasculaires. Comme les mois ont passé, j'ai continué à renforcer mon corps par le biais d'aliments crus et d'exercice. Mon mari, Pierre, et moi profitons maintenant pleinement de cette nouvelle vie que nous avons ensemble.

DENISE SASIAIN
MIAMI, FLORIDE

Cette étude de 1994 a révélé que consommer des suppléments qui reconstituent le système immunitaire entraînait une augmentation moyenne de 26 % dans l'efficacité du système immunitaire chez le groupe « malade ». Ce niveau de réalisation nutritionnel peut souvent faire la différence entre la vie et la mort.

Chez le groupe « sain », un progrès du système immunitaire a également été constaté, mais il était en moyenne plus modeste, soit 7 %. Bien que ce pourcentage semble minime, il est tout de même critique pour les individus qui dépensent de grandes quantités d'énergie dans leur vie quotidienne, comme les athlètes, les femmes enceintes et les personnes qui voyagent beaucoup.

Les deux groupes ont signalé une augmentation d'endurance, de force et de la condition physique générale. L'étude a également déterminé que la plupart des participants dans les deux groupes devaient consommer des suppléments nutraceutiques pour environ deux ans, afin de régénérer l'équilibre des cellules de leur système immunitaire et optimiser son fonctionnement. La plupart des participants continuent à prendre ces suppléments pour prévenir le vieillissement et la maladie prématurés.

L'un des aliments les plus puissants est l'algue verte et bleu-verte, un organisme vivant unicellulaire, riche en chlorophylle qui favorise la construction et la fortification de cellules immunitaires. Une équipe de chercheurs médicaux de l'hôpital Royal Victoria à Montréal a examiné la façon dont la marque de produits « Super Blue-Green Algae » renforce le système immunitaire humain. À la suite de leur étude à double insu sur une cinquantaine de personnes en 1998, ils ont constaté qu'après avoir consommé 1,5 gramme de cette algue NK (*natural killer*), l'activité des cellules du système immunitaire a augmenté de manière significative pour les participants à l'étude. Les cellules du système immunitaire ont été stimulées par les algues pour passer du circuit sanguin vers les tissus de l'organisme et les débarrasser des cellules malades et des toxines envahissantes. D'autres études de ce stimulateur du système immunitaire ont conclu qu'il était efficace pour réduire le cholestérol.

Les algues bleu-vertes furent les premiers organismes vivants sur la planète à générer de l'oxygène pour procréer tous les autres organismes vivants. Elles sont vraiment une nutrition de base qui est bénéfique au corps humain au niveau de la cellule et de l'ADN. Nous les offrons maintenant régulièrement à tous nos invités en supplément et sous forme liquide. Ces aliments extraordinaires nourrissent le cerveau comme pas un et aident à reconstruire sa structure et à prévenir les troubles de l'attention et la perte de mémoire.

Ce qui suit est une liste et une brève discussion sur les nutraceutiques les plus souvent utilisés pour améliorer la santé et promouvoir la guérison :

Les algues vertes et bleu-vertes. Un aliment de base du Programme d'Hippocrate. Ces organismes vivants unicellulaires riches en chlorophylle sont complets en protéines et aident à maintenir et renforcer les globules rouges du sang et les organes. Elles favorisent également la construction et la fortification des cellules d'ADN.

Pollens de fleurs. Souvent utilisés pour soulager les allergies aéroportées, les pollens de fleurs sont aussi une source de vitamines et de minéraux et une gamme complète de protéines qui facilitent la construction musculaire, les cellules cérébrales et les tissus.

Les aliments cultivés et les suppléments alimentaires entiers. Extraits d'aliments entiers ou cultivés, ces suppléments nutritifs spécifiques contiennent les cofacteurs qui facilitent l'absorption, améliorant ainsi leur efficacité.

Les minéraux ioniques liquides. La plupart des suppléments minéraux ne peuvent pas être facilement digérés et, plutôt que de remplir les besoins de l'organisme en minéraux, ils diluent les substances minérales causant une déficience alarmante. Cela est généralement causé par des suppléments qui ont une grande structure moléculaire. La petite structure des minéraux ioniques rend ces nutriments vitaux faciles à digérer et à assimiler. Le manque de minéraux provoque des symptômes plus rapidement que toute autre déficience nutritionnelle.

Les suppléments de végétaux marins. Les végétaux marins sont riches en protéines et en chlorophylle et renferment des quantités exceptionnelles de minéraux et d'oligo-éléments. Ils aident à bâtir des cellules saines et favorisent le développement glandulaire.

le rôle du sommeil et du repos

Le sommeil régulier et réparateur est l'une des façons les plus importantes, mais souvent négligée, pour le système immunitaire de se regénérer. Le sommeil rétablit, renouvelle et protège chaque cellule.

Avez-vous jamais remarqué, lorsque vous avez un rhume assez sérieux ou la grippe, comment vous coucher et obtenir beaucoup de sommeil aide votre corps à se rétablir plus rapidement ? De même, si vous avez une maladie grave et êtes incapable de dormir plus de quelques heures à la fois, la guérison semble plus lente et la fatigue qui s'ensuit semble plus débilitante.

renverser l'effondrement du système immunitaire

En 1998, à l'âge de 42 ans, on m'a diagnostiqué un myélome multiple au premier stade, soit un cancer des cellules du plasma. Les cellules du plasma sont une partie vitale du système immunitaire, puisqu'elles produisent des anticorps pour combattre les infections. Par conséquent, quelqu'un qui a un myélome multiple voit son système immunitaire affecté.

Autrefois, cette maladie affectait seulement les personnes âgées, mais le myélome multiple est de plus en plus diagnostiqué aux jeunes adultes. Les chercheurs spéculent qu'il est causé par une combinaison de la génétique et de l'exposition à des métaux lourds, des pesticides et d'autres toxines chimiques. Il n'y a pas de guérison médicale connue.

Naturellement, je n'avais aucune idée de ce qu'était le myélome multiple quand j'ai reçu le diagnostic. Mon médecin m'a recommandé de continuer à surveiller mon état, tout en m'informant qu'éventuellement je devrais me soumettre à une chimiothérapie et à une transplantation de moelle osseuse. Ma première question fut : « En attendant, qu'est-ce que je dois manger ? Qu'est-ce que je peux faire ? » Elle me conseilla de continuer avec mon régime habituel. Au lieu d'attendre passivement l'aggravation de ma condition, j´ai décidé de chercher des solutions de rechange. J'ai pris mon destin en main.

Un jour, lorsque j'étais au magasin d'aliments naturels, une femme heurta ma voiture dans le stationnement. Elle m'a alors annoncé qu'elle était certaine qu'il y avait une raison à cette rencontre. Quand elle me donna sa carte de visite, j'ai noté qu'elle travaillait à l'Institut de santé Hippocrate. C'est ainsi que j'ai connu cette institution. Un peu plus tard, je me suis inscrite au programme et je l'ai embrassé complètement.

En 2002, vu l'insistance de mon hématologue, j'ai subi une biopsie de la moelle osseuse. Elle était certaine qu'il était temps pour moi d'avoir une transplantation. Les résultats de la biopsie donnent : « Aspiration de moelle sans évidence immunophétonique de myélome multiple résiduel ». En termes simples, cela signifie aucun cancer ! Cela fait déjà sept ans et je suis plus vivante et en meilleure santé que jamais.

JUANITA GONZALES
WEST PALM BEACH, FLORIDE

Une étude sur la privation du sommeil faite à l'Université de Chicago, et publiée dans le *Journal of the American Medical Association*, a suivi des athlètes bénévoles, hommes et femmes, dans la trentaine. On ne leur a permis de dormir que quatre heures chaque nuit pendant une période de sept jours. Après une maigre privation de 24 heures de sommeil normal, ces jeunes adultes ont commencé à manifester les niveaux de fonctionnement mental et physique qu'on voit typiquement chez une personne âgée de 75 ans. Tout le corps, particulièrement le système immunitaire, a été perturbé.

Pendant six ans, une étude de l'American Cancer Society a évalué les bonnes et les mauvaises habitudes d'un million de personnes. Cette étude approfondie a révélé que les taux de mortalité les plus élevés, pour les gens de tout âge, se présentaient chez ceux qui dormaient quatre heures ou moins chaque nuit ou neuf heures ou plus chaque nuit. Le taux de mortalité le plus bas se trouvait parmi ceux qui dormaient huit heures chaque nuit de façon ininterrompue.

Ici à l'Institut Hippocrate, nous considérons le sommeil, conjointement avec une attitude positive, la consommation de nourriture crue et vivante, en plus de l'exercice régulier, comme un ingrédient essentiel pour la santé et l'énergie vitale. Notre recherche nous a menés à modifier notre point de vue sur l'emploi des aides au sommeil. Si vous avez essayé, avec diligence, une forme de méditation, de prière, de contemplation ou d'autres techniques pour vous détendre, et que vous avez encore du mal à dormir paisiblement, nous vous suggérons d'essayer des remèdes aux herbes issus de l'Asie qu'on trouve sur le marché. Si ceux-ci ne donnent pas de résultat, nous recommandons, en dernier ressort, l'emploi temporaire de médicaments sur ordonnance. Ces derniers, malgré leurs effets secondaires potentiels, sont préférables aux effets dévastateurs sur le système immunitaire de la privation, à long-terme, du sommeil.

Les habitudes de sommeil idéales consistent à se retirer peu de temps après la tombée de la nuit et de se lever peu après le lever du jour. Une petite sieste au milieu de la journée aide aussi le système immunitaire. La liste de gens célèbres qui font la sieste est longue et comprend Thomas Edison, Buckminster Fuller, Mahatma Gandhi et Albert Einstein. Malheureusement, vu notre mode de vie accéléré et nos routines de travail, beaucoup de gens ne peuvent en profiter que la fin de semaine ou en des occasions particulières.

le rôle de l'exercice

Une bonne nutrition et des aliments complets pavent la voie à un meilleur système immunitaire. Mais il y a une autre pièce importante : l'exercice. Une recherche passionnante de l'Université Loma Linda, en Californie, démontre que même l'exercice modéré fortifie le système immunitaire et réduit la possibilité de tomber malade.

Cinquante femmes ne pratiquant pas d'exercice régulièrement furent séparées en deux groupes. Un groupe faisait une promenade rapide de

un système immunitaire régénéré entraîne la véritable guérison

Mon enfer a commencé avec les mots : « Vous avez un cancer inopérable et il y va de votre jambe ou de votre vie ! » Mon oncologue orthopédiste a prononcé ces mots après avoir échoué à enlevé par chirurgie la tumeur de mon genou gauche. « Je ne peux pas garantir votre survie après l'amputation, a-t-il continué, mais c'est un début. »

Peu de temps après, l'équipe médicale a conseillé à mon mari, C. S., de contacter l'hôpital car le diagnostic n'était pas optimiste. Nous étions anéantis. Je ne parvenais pas à croire que j'étais en train de perdre la jambe ou la vie. Je décidai de me soumettre à une méthode expérimentale, une perfusion hyperthermique de la jambe isolée, une procédure radicale de chimiothérapie localisée. La procédure elle-même était épuisante, mais le pire fut que l'oncologue qui m'a opérée a procédé à l'ablation, sans m'en avertir, de toutes les glandes lymphatiques de mon aine gauche. Je venais de perdre une part essentielle de mon système immunitaire sans raison, car les tests pour le cancer sur ces glandes lymphatiques s'avérèrent négatifs.

Mes problèmes de santé continuaient. J'ai attrapé une infection mettant ma vie en danger, causée par un drain mal fixé à ma jambe. Je fus réhospitalisée. Mon état empirait et je me croyais à l'article de la mort. J'ai pris la décision d'abandonner tous mes médicaments craignant qu'ils ne fassent plus de mal que de bien. Pendant ce temps, c'était la course contre la montre pour trouver un endroit où je serais à l'abri de tout nouvel empoisonnement.

Nous avons trouvé le programme Hippocrate. Mon mari et moi nous y sommes inscrits et avons procédé à tous les changements de quarante cinq minutes, cinq jours par semaine, alors que l'autre groupe est resté sédentaire. Pendant l'épreuve de quinze semaines, les personnes du groupe sédentaire ont été malades en moyenne dix jours, alors que les marcheuses ont été malades seulement cinq jours. Les cellules tueuses naturelles et d'autres cellules immunitaires augmentèrent chez les femmes qui ont fait de la marche, mais pas chez celles du groupe sédentaire.

Une théorie sur la façon dont l'exercice stimule le système immunitaire veut que l'exercice libère des anticorps qui s'attachent aux virus ou aux

mode de vie requis. Nous avons continué à suivre le programme même après avoir quitté l'Institut Hippocrate.

En un an, l'imagerie par résonnance magnétique de contrôle a révélé que le sarcome à l'arrière de mon genou était passé de 42 à 27 mm de diamètre et qu'il s'était désolidarisé de l'amas neurovasculaire de vaisseaux sanguins, de nerfs et de tissus conjonctifs.

Le docteur tendit l'IRM à mon mari. Il se tourna vers moi et ne dit qu'un mot: « Félicitations ! » Bien sûr, nous étions émus aux larmes. Mais cette fois, c'étaient des larmes de joie !

Mon dernier IRM a eu lieu en novembre 2001. La tumeur avait régressé de 90 % de son volume et était en bonne voie de disparition complète grâce à l'action de mon système immunitaire pleinement fonctionnel. Le radiologue, comparant cet IRM à l'original de 1996, dit avec étonnement qu'il n'avait jamais vu une telle régression en 25 ans de radiologie. Le chef de service d'oncologie était tout aussi surpris. Il était non seulement estomaqué que j'aie récupéré l'usage total de ma jambe, mais aussi que la tumeur ait régressé et ait quasiment disparu. Je lui ai demandé si ça l'intéressait de savoir comment j'avais fait pour obtenir des résultats aussi surprenants. À ma grande surprise, il m'a répondu: « Je n'ai pas de temps pour ça. »

Aujourd'hui, malgré la disparition de mes glandes lymphatiques, mon merveilleux système immunitaire a fait disparaître presque tous les dégâts et reconstruit de nouveaux tissus sains. Ma jambe a belle allure et la sensation est presque la même que dans l'autre jambe. Je déborde d'énergie, j'ai une santé de fer et mon mari et moi sommes devenus des danseurs accomplis.

ALICE STERN
WEST PALM BEACH, FLORIDE

bactéries et les détruisent, selon David Nieman, président du Département des Sciences de la Santé à Loma Linda. Il ajoute que : « La marche semble préparer le système immunitaire afin qu'il soit prêt à passer à l'action. »

Lors d'exercices plus énergiques, le cerveau libère des endorphines, des produits chimiques qui donnent l'impression d'euphorie naturelle. Selon des données récentes, les endorphines stimuleraient certains types de cellules du système immunitaire. Parce qu'une séance d'entraînement d'aérobie fait augmenter la température du corps, il est également possible que la chaleur contribue à éliminer certains virus et bactéries.

Une étude effectuée en 2006, et publiée dans *Cell Biochemistry and Function,* démontre que l'activité physique modérée, pratiquée sur une base régulière, fortifie le système immunitaire et le rend en mesure de mieux résister aux infections ainsi qu'à la croissance du cancer, en grande partie parce que le nombre de cellules immunitaires augmentant, elles circulent plus rapidement. « Le mécanisme complet grâce auquel l'exercice rend le système immunitaire conscient des défis demeure en grande partie un mystère », mentionne l'équipe de chercheurs qui a rédigé cette étude. Cependant, la recherche démontre que les cellules musculaires actives produisent davantage de glutamine (un acide aminé) et l'exercice fait plus que doubler le nombre de cellules macrophages (cellules qui détruisent les antigènes étrangers) présentes dans la circulation sanguine.

Alors que l'exercice modéré est bienfaisant quant à ses pouvoirs immunitaires, il existe un point qui peut faire en sorte qu'une dure séance d'entraînement produise l'effet contraire. Un effort maximal pendant de longues périodes de temps épuise temporairement la réponse immunitaire. Lorsque les membres de l'équipe de recherche de l'Université Loma Linda a observé ce qui s'est produit chez les athlètes qui ont participé au marathon de Los Angeles, ils ont découvert que l'effort extrême affaiblissait le système immunitaire des coureurs, et ce, plusieurs heures après l'effort. Il semble exister un créneau de trois à douze heures après la période d'exercice de forte endurance pendant laquelle le système immunitaire est faible et vulnérable, apparemment le résultat de l'émission de cortisol et d'adrénaline, des hormones du stress.

L'altération de la fonction immunitaire a été associée à une mauvaise alimentation, à la fatigue, au manque de sommeil, au stress et à de mauvaises habitudes de vie. On sait depuis longtemps et on a constaté dans le milieu médical que le stress, tout particulièrement après le décès d'un conjoint ou autre type de traumatisme psychologique, affaiblit le système immunitaire à un point tel que la maladie et parfois même la mort peuvent survenir.

le rôle de l'imagination et des émotions

Il y a quelques années, un de nos invités est entré dans mon bureau avec une volumineuse pile de rapports médicaux provenant de trois médecins. Après que j'eus examiné attentivement cette masse de documents, il m'a demandé mon avis sur son cancer dont les métastases s'étendaient dans tout le corps, des organes vitaux au squelette. Lorsque je répondis qu'il était impossible que trois oncologues se trompent sur un diagnostic, il m'arracha les papiers des mains, me lança quelques insultes et s'en alla en claquant la porte.

Un an plus tard, il réapparut dans mon bureau et réitéra un flot d'insultes qui disaient en essence que tous les docteurs, moi y compris, s'étaient trompés de façon incroyable sur son état. Je commençai à me défendre, lorsqu'il m'apparut tout à coup que sa conviction avait été plus puissante que la réalité physique incontestable. Des années plus tard, à plus de 80 ans, cet homme continuait à être en pleine forme avec cette attitude positive.

La science médicale occidentale a toujours insisté sur le fait que le système immunitaire fonctionnait indépendamment des autres systèmes du corps humain. Cette affirmation se basait sur le fait que si un lymphocyte T est placé dans une éprouvette, il continue pendant un certain temps à combattre les toxines. Les pensées et les sentiments étaient ainsi traités comme s'ils étaient sans rapport avec les réactions du corps.

Ce modèle d'immunité a changé lorsqu'un vaste champ de recherche dans le domaine de la psychoneuro-immunologie a émergé et montré comment nos émotions et nos certitudes influencent de nombreuses manières notre bien-être physique. Les pensées et les émotions génèrent dans le corps des changements électriques qui influencent le fonctionnement du système immunitaire. Le procédé commence dans le système limbique du cerveau. De là, l'information émotionnelle circule vers des sites récepteurs qui se trouvent dans nos glandes endocrines, se déplaçant à travers des chaînes complexes d'acides aminés appelés neuropeptides.

Des éléments fondamentaux du système immunitaire, les monocytes, ont des sites récepteurs pour ces neuropeptides. Les recherches ont montré que le tissu nerveux, qui traverse chaque organe majeur du corps, relie le système immunitaire au système nerveux central à travers ces monocytes. Lorsque nous réprimons nos émotions, les neuropeptides encodés cherchent sans cesse des sites récepteurs, en vain. C'est comme un pépin dans un programme informatique qui provoque une répétition dysfonctionnelle de motifs.

Le docteur en biologie cellulaire, Bruce Lipton, dont le travail est décrit au chapitre 2, a passé une grande partie de sa carrière à explorer comment

12 moyens de renforcer le système immunitaire

1. Sortez prendre l'air et le soleil. Prenez 20 à 30 minutes quotidiennes de lumière du soleil directe ou indirecte. Le meilleur moment est entre 9 heures le matin et 15 heures en hiver ou après 18 heures en été. Évitez de porter des lunettes de soleil pour laisser la totalité du spectre solaire pénétrer vos yeux. Le soleil est le plus puissant bâtisseur du système immunitaire.
2. Consommez de l'oxygène de bonne qualité. Choisissez des environnements riches en oxygène (océan, forêts, torrents, serres, etc.). Apprenez à respirer profondément. Mangez suffisamment de légumes verts riches en oxygène. Si vous restez à l'intérieur durant la journée, achetez un purificateur d'air produisant de l'oxygène.
3. Buvez de l'eau pure. Les meilleurs procédés de purification sont la distillation ou la réorganisation moléculaire. Consommez en ml une quantité égale à la moitié de votre poids en kilos. Ajoutez à l'eau que vous buvez des produits sûrs visant à augmenter l'oxygène.
4. Suivez un régime végétarien comprenant 75 % ou plus d'aliments crus/volume. Les germes et les légumes verts sont les choix les plus équilibrés et les plus nourrissants.
5. Buvez des boissons fraîchement préparées à base de germes de légumes verts deux fois par jour.
6. Utilisez des algues bleu-vert « normales ». Les algues super bleu-vert ou la spiruline d'Hawai et la chlorelle sont des nourritures concentrées de haute qualité qui augmentent l'immunité.
7. Arrêtez d'utiliser des aliments détruisant l'immunité comme le sel, les sucres et farines raffinés, les laitages, le vinaigre, les huiles chauffées, les conservateurs, additifs, stabilisateurs et colorants.
8. Évitez les aliments frits ou réchauffés au micro-ondes, qui sont susceptibles de détruire l'immunité et de causer cancers et maladies cardiovasculaires.
9. Éliminez alcool et médicaments. À moins que vos prescriptions soient indispensables à votre survie, arrêtez de prendre des médicaments. L'alcool et les médicaments ne font pas bon ménage sauf pour affaiblir notre système immunitaire.
10. Faites de l'exercice modérément. Faites des étirements, de l'aérobie et des exercices de résistance au moins cinq fois par semaine, de 30 à 60 minutes.

11. Reposez-vous suffisamment. Le sommeil et le repos aident à recharger le système immunitaire. Dans ce but, reposez tout le corps une fois par semaine en le mettant au régime composé de jus et d'eau. Cela permet au système immunitaire de faire un nettoyage hebdomadaire.
12. Ayez le sourire aux lèvres. Garder une attitude positive est la clé de la santé. Lisez le livre *Anatomy of an Illness* de Norman Cousins comme entrée en matière sur la manière dont le rire et l'humour peuvent améliorer notre système immunitaire. La nature, les couleurs, les sons, la musique et le rire peuvent affecter positivement le système immunitaire.

la pensée positive permet aux cellules de notre système immunitaire de combattre la maladie et de régénérer le corps.

« Le cerveau contrôle le comportement des cellules du corps » écrit-il dans *The Biology of Belief*. Contrôler le pouvoir de notre esprit peut s'avérer plus efficace que les médicaments que l'on vous a programmés à croire nécessaires.

Lipton a démontré, lors d'expériences en laboratoire, que les cellules de notre corps possèdent un niveau d'intelligence. Quand les cellules se lient entre elles pour créer des communautés multicellulaires, elles suivent la « voix collective » de l'organisme, même si cette voix dicte une conduite autodestructrice. Chez les humains, cette « voix collective » agit comme une harmonie synchrone entre l'esprit conscient et le subconscient pour programmer une intention de guérison.

Les chercheurs sur le corps et l'esprit ont documenté des liens directs entre le stress qui supprime l'activité immunitaire et le développement du cancer et des maladies cardiovasculaires. Le stress émotionnel crée un déséquilibre hormonal et stimule la production de cellules anormales. Notre système immunitaire balaye généralement les cellules cancéreuses comme si elles étaient de la poussière ou de la saleté. Mais comme une femme de ménage que le stress commence à fatiguer et qui est dépassée par l'accumulation de poussière qui s'ensuit, nos cellules immunitaires peuvent devenir stressées et épuisées jusqu'à ce qu'elles s'arrêtent de nettoyer convenablement.

Des études menées à l'Institut de Heartmath, un centre de recherche californien dédié à l'étude de la physiologie du cœur et aux émotions, expliquent comment un sentiment de stress peut augmenter le risque de développer des maladies cardiaques. Des émotions négatives déclenchent dans le corps une réaction en chaîne qui provoque l'augmentation du taux de l'hormone du stress, la constriction des vaisseaux sanguins, l'augmentation de la tension artérielle et la fatigue du système immunitaire. Un stress soutenu fatigue le cœur en provoquant un rythme cardiaque irrégulier. À l'inverse, des recherches de l'Institut de Hearmath montrent que quand nous subissons l'effet positif de l'amour, de la compassion et de l'appréciation, notre cœur bat selon un modèle rythmique calme qui augmente l'efficacité cardiovasculaire.

Si nous parvenons à rappeler un souvenir évoquant des émotions chaleureuses, nous renforçons notre cœur et notre système immunitaire. « Il est important de souligner, déclare Rollin McCraty, directeur de la recherche à Heartmath, que ce n'est pas l'image mentale d'un souvenir qui provoque un changement de notre rythme cardiaque mais plutôt les émotions associées au souvenir. Nous avons eu des résultats significatifs quand quelqu'un se concentre sur un sentiment positif. »

Le travail en laboratoire effectué par Candace B. Pert, l'auteur de *Molecules of Emotion : The Science Behind Mind-Body Medicine*, a démontré que les molécules de peptides du corps stimulées par des émotions fortes peuvent régler la circulation des cellules cancéreuses. Ses recherches montrent que la progression ou la régression d'une tumeur sont affectées par l'attitude de la personne face à la vie.

Deux des pionniers qui ont mis ces connexions corps/esprit en pratique étaient l'oncologue O. Carl Simonton et la psychologue Stéphanie Simonton. Ils ont mis au point un programme de visualisation pour les patients atteints du cancer après que Carl eut observé que les gens qui subissaient une rémission spontanée du cancer étaient souvent ceux qui déclaraient « je me suis toujours imaginé comme allant bien » Les Simonton ont formé 159 patients atteints du cancer à qui il restait moins d'un an à vivre à l'utilisation d'une technique de visualisation consistant à voir les globules blancs de leur système immunitaire envahir les cellules cancéreuses et les détruire.

Certaines personnes sont parvenues à maîtriser cette technique de concentration sur des images visuelles, d'autres ne se sont pas suffisamment impliquées ou ont eu moins de succès. Cependant, après deux ans, presque la moitié des personnes atteintes d'un cancer incurable étaient toujours en vie et 22 % d'entre elles ne présentaient plus de signe de cancer.

les maladies incapacitantes en rémission

Quand j'avais huit ans, ma rate s'est rompue et les médecins ont dû procéder à son ablation. Pendant l'opération, ils m'ont également enlevé une partie des intestins. À la suite de cela et tout au long de mon enfance, j'ai été malade chaque année, j'attrapais des rhumes et des grippes qui duraient des semaines. En plus, je commençais à perdre l'audition de l'oreille gauche. Mes ennuis de santé se sont prolongés à l'âge adulte et je me suis mis à développer des maladies systémiques. Peu de temps après mon mariage, j'ai contracté une méningite cérébro-spinale de laquelle j'ai failli mourir. Mon corps était couvert de plaies. J'avais de l'hypertension, un taux élevé de cholestérol et une altération arthritique à un disque de la colonne vertébrale. Mon cou et mes bras me faisaient souffrir en permanence.

En mars 2003, j'ai eu une grave crise d'épilepsie. Lors d'un tomodensitogramme, on s'est aperçu que j'avais une lésion, une grande tumeur au cerveau, dans une zone considérée comme inopérable. Cela faisait si longtemps que la tumeur se développait qu'elle se confondait avec les tissus du cerveau. Mon médecin a établi qu'elle devait grossir jusqu'à ce que 70 % puisse en être enlevé chirurgicalement. Si je survivais à l'intervention, je devrais subir des rayons et une chimiothérapie.

Je ne pouvais plus travailler, ni jouer avec mes enfants et je dormais entre 18 et 20 heures par jour. Pendant cette période, un ami m'a parlé du programme Hippocrate et m'a dit qu'il l'avait aidé ainsi que sa mère. Mes parents m'envoyèrent donc tester le programme de l'Institut. Bien que ce soit difficile, j'ai persévéré et suis resté fidèle au régime et au mode de vie recommandés.

Cela a été à l'origine d'une transformation incroyable en moi. Tous les problèmes qui me handicapaient la vie, la tension trop élevée, le taux de cholestérol élevé, la douleur chronique et même l'activité de ma tumeur ont soit disparu, soit sont entrés en rémission. D'après mon dernier IRM, il y a deux taches de cellules mortes au milieu de ma tumeur et le gonflement a disparu. Je suis en meilleure santé maintenant que je ne l'ai jamais été.

BRIAN TOUW
BLOOMINGDALE NEW JERSEY

comment notre alimentation se transforme en médicament

Notre alimentation devrait être notre médecine.
Notre médecine devrait être notre alimentation.
HIPPOCRATE

Lorsque le médecin grec Hippocrate a déclaré, il y a plus de 2300 ans, que l'alimentation est de la médecine, cette connaissance lui venait d'une observation avisée et d'une forte intuition. Il a observé les nombreux effets positifs que la nourriture peut avoir sur la santé humaine, et il a eu l'intuition que l'Homme possédait un système immunitaire, un potentiel de guérison situé dans le corps lui-même, une puissante énergie vitale qui pourrait être exploitée en utilisant l'alimentation comme combustible.

Les progrès récents dans la compréhension de la nutrition et de ses effets sur l'immunité de l'homme nous ont fourni une mine de données inattaquables sur la recherche, montrant que la sagesse d'Hippocrate transcende le temps. L'Institut britannique de recherche sur l'alimentation, par exemple, dans un rapport de 2002 sur toutes les recherches nutrigénomiques remontant jusqu'au temps d'Hippocrate (la nutrigénomique est un nouveau domaine d'étude concernant la façon dont l'alimentation peut affecter nos gènes à déclencher une maladie), est arrivé à cette solide conclusion : « La preuve que l'alimentation est un facteur d'environnement clé sur l'incidence de nombreuses maladies chroniques est accablante. Les aliments que nous mangeons contiennent des milliers de substances biologiquement actives, la plupart d'entre eux ont le potentiel de fournir des avantages substantiels sur la santé. »

Il devrait être clair maintenant que notre alimentation peut prévenir une maladie, provoquer une maladie ou fournir une force vitale d'énergie pour guérir les maladies et les affections. La qualité et la quantité des nutriments que nous absorbons sont primordiales pour déterminer la voie que notre corps suivra. Sept nutriments sont connus comme essentiels au maintien en santé du corps humain. Sans apports constants de ces nutriments par alimentation naturelle, autant le corps que l'esprit pourraient se détériorer.

Les phytochimiques sont une autre famille entière de nutriments essentiels à la santé et la guérison, également connus sous le nom de phytonutriments. C'est seulement dans les dernières décennies que l'on a découvert que ces composés, qui sont produits naturellement par les plantes comme protection contre les animaux nuisibles et les maladies, jouent un rôle important pour notre propre bien-être. Les phytochimiques contiennent des composés de protection, de prévention de la maladie, qui interagissent avec d'autres éléments nutritifs provenant de plantes pour produire une synergie qui peut aider à prévenir ou à traiter le cancer, le diabète, les maladies cardiovasculaires et l'hypertension.

L'encyclopédie en ligne Wikipedia décrit les avantages sur la santé des phytonutriments ainsi : « Ce qui est incontestable, c'est que de nombreux phytonutriments ont plusieurs fonctions diverses salubres pour le corps. Par exemple, ils peuvent favoriser la fonction du système immunitaire, agir directement contre les bactéries et les virus, réduire l'inflammation et être associés au traitement ou à la prévention du cancer, des maladies cardiovasculaires et de toutes autres maladies affectant la santé ou le bien-être de l'individu. »

Les composés phytochimiques protègent aussi les cartilages de nos articulations et nous préservent des douleurs articulaires et autres symptômes de l'arthrite. Des chercheurs de l'Université John Hopkins ont publié une étude dans l'édition de 2005 des *Proceedings of the National Academy of Sciences* dans laquelle ils ont mis en évidence la manière dont ces composés dérivés de plantes bloquent l'activité d'une enzyme qui provoque l'inflammation des articulations. Un communiqué de presse de l'École de médecine John Hopkins a décrit d'autres résultats de recherches par la même équipe médicale sur les composés phytochimiques : « ils détoxifient certains agents pathogènes du cancer et les dangereux radicaux libres dans les tissus, y compris les cellules qui tapissent les vaisseaux sanguins. Ces composés phytochimiques se trouvent dans les crucifères, y compris le brocoli. »

Tableau 3: *les 7 nutriments essentiels*

NUTRIMENT	SOURCE OU UTILISATION
Lipides	Les lipides incluent les acides gras essentiels qui aident à construire et à entretenir tous les organes du corps, y compris le cerveau.
Minéraux et oligo-éléments	Les minéraux et les oligo-éléments fournissent la base et le circuit pour la conductivité électrique du corps et de l'esprit.
Oxygène	L'oxygène est l'élément le plus important. Il nous est fourni par l'air que nous respirons et par les aliments que nous ingérons.
Probiotiques	Les probiotiques sont des bactéries qui sont bénéfiques parce qu'utiles à toutes les fonctions du corps, de la digestion à l'élimination, en passant par le développement et la préservation du système immunitaire.
Protéines	Les protéines qui sont constituées d'acides aminés ont un rôle à la fois structurel et fonctionnel dans le corps. Bien que certains acides aminés soient naturellement présents dans notre système, beaucoup d'autres sont obtenus par l'alimentation et ses extraits nutricentriques.
Vitamines	Les vitamines sont des nutriments uniques que l'on trouve dans la nourriture et dont il faut constamment réapprovisionner notre corps.
Eau	Sans eau, pas de vie possible. On l'obtient directement de l'eau que l'on boit et indirectement par les aliments.

On a identifié plus de 1000 composés phytochimiques différents dans les plantes, y compris les flavonoïdes des fruits et le lycopène des tomates. Quand on utilise des herbicides et des pesticides dans l'agriculture non biologique, les plantes ne produisent pas autant de composés phytochimiques qu'elles le feraient dans des conditions normales. Le moment de la récolte est un élément important à prendre en considération dans la concentration des composés phytochimiques dans les aliments. Les nutriments simples, les composés phytochimiques et les enzymes atteignent une concentration optimale à différents stades de croissance de la plante. Une récolte précoce limite leurs bénéfices sur la santé.

Les différences énormes des bénéfices pour la santé entre les légumes biologiques et non biologiques sont parfaitement illustrées dans une étude médicale menée en Europe. Les végétaux biologiques contiennent presque six fois plus d'acide salicylique que les non biologiques, selon une étude de 2002 publiée dans l'*European Journal of Nutrition*. Cela explique pourquoi le fait de manger bio peut réduire les risques de crises cardiaques, d'accidents vasculaire cérébraux et de cancer. L'acide salicylique agit comme un anti-inflammatoire à la fois pour combattre le cancer des intestins et le durcissement des artères. Cette étude a attribué les taux plus élevés d'acide salicylique des légumes biologiques au fait qu'ils produisent naturellement ce composé chimique comme défense contre le stress et la maladie. Ce procédé est annulé par les pesticides utilisés dans l'agriculture non biologique.

Les industries alimentaires, chimiques et pharmaceutiques tentent de tirer parti des découvertes sur les bénéfices pour la santé des composés phytochimiques. En effet, ils en créent des versions synthétiques en laboratoire et les vendent sous l'appellation de compléments alimentaires. Ils en ajoutent aussi aux aliments préparés tout en en vantant les bénéfices pour la santé. Ces faux produits phytochimiques ne ressemblent en aucune façon aux composés produits par la nature. Ces interactions synergiques ne sont tout simplement pas présentes dans les produits synthétiques.

« La nutrition représente les activités combinées d'innombrables composés alimentaires. Le tout est plus grand que la somme de ses parties », a écrit T. Colin Campbell dans *The China Study*. « Les substances chimiques obtenues par la nourriture que nous mangeons sont engagées dans une série de réactions qui fonctionnent de concert pour produire une bonne santé. Tout dans la nourriture concourt à créer la santé ou la maladie. Penser qu'un seul composé chimique puisse caractériser un aliment est une grave erreur. » Pour un supplément d'information sur les composés phytochimiques, voir chapitre 12.

la nature guérit, les produits synthétiques non

Chaque médicament prescrit se paie très cher, d'abord par son prix d'achat et ensuite par son prix sur la santé, si l'on considère ses effets secondaires. Prenez les trois médicaments les plus couramment prescrits pour le diabète de type 2 qui affecte plus de 200 millions de personnes dans le monde. Le *New England Journal of Medicine* a rapporté, en décembre 2006, qu'une étude sur les patients diabétiques utilisant « Avandia », le dernier médicament en date pour cette maladie, avait prouvé que ce médicament était non seulement plus cher que le « metformin » et le « glyburide », mais qu'il augmentait également le risque de problèmes cardiaques, de prise de poids excessive et de fractures osseuses. D'après cette étude, les deux anciens médicaments causaient également des effets secondaires importants. Il s'agissait donc de choisir son poison.

Comparez ces médicaments onéreux et dangereux avec les découvertes des études médicales lorsqu'une personne suit un régime naturel végétalien au lieu de ces médicaments pour traiter le diabète. Les composés chimiques naturels sont moins coûteux, plus efficaces et n'ont aucun effet secondaire, sauf l'avantage de l'amélioration de l'état général de la santé.

Dans la publication d'août 2006 de la revue médicale *Diabetes Care,* les résultats d'une étude, conduite pendant 22 semaines et subventionnée par la National Institute of Health, décrivent les effets du régime végétalien hypolipidique sur le diabète. Ces essais aléatoires contrôlés impliquaient 99 personnes atteintes du diabète de type 2. La moitié de ces personnes ont suivi un régime végétalien hypolipidique strict, tandis que l'autre moitié suivait un régime qui contrôlait la quantité de calories et les portions consommées mais qui permettait la consommation de viande et de produits laitiers. Ceux qui ont suivi le régime végétalien ont connu une réduction significativement plus grande du taux de glucose sanguin, du cholestérol et du poids.

« Le régime [végétalien] semble être remarquablement efficace et ses effets secondaires sont bénéfiques, en particulier pour la perte de poids et la baisse du taux de cholestérol », a observé Neal Barnard, professeur associé en médecine de l'Université George Washington et coauteur de cette étude. « J'espère que cette étude incitera le recours à un changement de régime alimentaire en premier lieu plutôt que les médicaments d'ordonnance pour le traitement du diabète de type 2. » Une étude antérieure, codirigée par le Dr Barnard et publiée dans une édition de 2005 du *American Journal of Medicine,* a permis de découvrir que les régimes végétaliens augmentaient la sensibilité à l'insuline et réduisaient le poids chez les femmes qui en ont un excès mais qui n'étaient pas encore diabétiques, ce qui démontre que les régimes végétaliens peuvent être efficaces pour prévenir l'occurrence du diabète chez les personnes à haut risque pour cette maladie.

Le cancer est une maladie qui, comme le diabète, continue à faire des ravages dans le monde entier. Pourtant, une multitude d'études médicales, effectuées ces cinquante dernières années, ont démontré que les régimes alimentaires à base de plantes sont efficaces pour prévenir et même faire régresser cette maladie. En revanche, ces études démontrent aussi que les régimes riches en produits animaliers et laitiers sont parmi les principales causes de plusieurs types de cancer.

Voici comment l'Institute of Food Research, organisme britannique à but non lucratif d'importance qui se consacre à la recherche sur les aliments et la santé, cerne les découvertes sur le rôle des diètes dans la cause ou la prévention du cancer : « Le régime alimentaire semble influencer l'occurrence ou le risque de cancer de différentes façons. Par exemple, le régime alimentaire riche en viande rouge a été associé à une incidence plus élevée du cancer du côlon. En outre, la consommation excessive d'alcool ainsi que de viandes et poissons préparés ou fumés est associée au cancer de la bouche et du système digestif. Par contre, la consommation de certains autres aliments, tels les fruits et les légumes, tend à réduire l'incidence de certaines formes de cancer. Par exemple, il y a des preuves convaincantes qu'un régime alimentaire riche en légumes verts à feuilles protège contre le cancer des poumons et de l'estomac et probablement aussi contre le cancer de la bouche et du pharynx. D'autres légumes, tels le brocoli, les choux-fleurs et les choux de Bruxelles, sont réputés pour protéger contre le cancer du côlon et de la thyroïde, tandis que les légumes de la famille des *allium* (comme l'ail et l'oignon), les agrumes et les tomates protègent contre le cancer des poumons, de l'estomac et de la vessie. »

Sur son site Web, l'Institut indique qu'« il y a plusieurs réactions biochimiques qui expliqueraient la relation entre les groupes d'aliments et le cancer. Les aliments qui augmentent le risque de cancer, tels les aliments salés et l'alcool, contiennent souvent des produits chimiques spécifiques qui causent le cancer (les cancérigènes). En contraste, les fruits et légumes contiennent un large éventail de produits "bioactifs" dont certains sont réputés pour agir comme pesticides naturels. Ces produits incluent ceux qui réduisent la toxicité des cancérigènes. D'autres composés sont des antioxydants qui aident à neutraliser les effets secondaires nocifs des radicaux libres produits à la suite d'un processus normal mais qui peuvent endommager les cellules et l'ADN du corps. Ce dommage mène à la division incontrôlée des cellules typiques du cancer. À ce jour, la dose quotidienne recommandée de ces composés bioactifs n'est pas connue. Cependant, il est probable qu'un régime riche en une variété d'aliments d'origine végétale assure la sélection adéquate de ces composés bénéfiques. »

Le lien entre les régimes alimentaires à base de plantes et une bonne santé est démontré par les recherches de façon si convaincante que le débat devrait être clos. Les soi-disant débats ne sont en fait que des écrans de fumée générés par des intérêts économiques biaisés (telles les industries de la viande, des produits laitiers et des aliments préparés) qui tentent de protéger leurs profits ou par des individus qui refusent de modifier leur dépendance à un mode de vie nocif.

Pour les personnes qui doutent toujours du pouvoir de guérison des régimes alimentaires à base de plantes ou de la nocuité des viandes et des produits laitiers, voici un échantillonnage de recherches scientifiques indépendantes qui appuient l'approche de l'Institut de santé Hippocrate en matière de santé et de diète.

tous les cancers

Plusieurs scientifiques en recherches médicales ont injecté des produits cancérigènes dans deux sortes d'aliments, soit des aliments naturels, non raffinés et non traités d'un côté et des aliments traités faibles en vitamines et minéraux de l'autre. Ils ont par la suite observé le développement de cancer chez des animaux de laboratoire qui ont consommé l'un ou l'autre de ces aliments. Selon les résultats rapportés dans la revue *Cancer Research*, aucun des animaux soumis aux aliments naturels n'a développé un cancer tandis que 90 % des animaux qui ont consommé des aliments traités ont développé des tumeurs mammaires et du foie.

Des scientifiques japonais ont étudié l'action anti-tumorale des végétaux marins qui sont usuellement consommés en Asie et qui sont régulièrement prescrits par les professionnels de la médecine traditionnelle chinoise pour traiter le cancer. Ils ont découvert que ces végétaux inhibent la croissance des cellules tumorales chez les animaux de laboratoire. Ils rapportèrent en 1974 dans le *Japanese Journal of Experimental Medicine* que « les tumeurs régressèrent complètement chez plus de la moitié des souris traitées ».

Des chercheurs du Linus Pauling Institute de l'Université de l'État de l'Oregon ont décrit, dans une édition de 2006 de la revue *Carcinogenesis,* comment l'indole-3-carbinol, un phytochimique présent dans le brocoli et autres crucifères, a protégé les souris enceintes et leurs progénitures de la leucémie, du cancer du poumon et des lymphomes. Ce phytochimique semble produire des enzymes qui désintoxiquent les cancérigènes et peuvent même provoquer l'autodestruction des cellules mutantes avant qu'elles affectent le corps humain.

En compilant les données de centaines d'études scientifiques sur la relation entre le cancer et la consommation des fruits et légumes, des chercheurs ont répertorié, dans un article paru dans la revue *Nutrition and Cancer* en 1992, 128 études qui démontrent que les végétaux protègent contre le cancer. Globalement, le facteur de risque était deux fois moins élevé chez les individus qui consommaient des végétaux.

cancer du côlon

Une étude publiée en 2004, dans la revue *Carcinogenesis*, démontre que l'isothiocyanate d'allyle (ITCA), un composé naturel, a la propriété de contrer la division incontrôlée des cellules cancéreuses du côlon. L'ITCA se retrouve dans la moutarde, le raifort, le chou, les choux de Bruxelles, le chou frisé et le wasabi. Selon les auteurs de l'étude, l'ITCA semble cibler sélectivement les cellules cancéreuses contrairement aux médicaments chimiothérapiques qui s'attaquent aussi aux cellules saines.

Dans une édition de 1992 du *Journal of Nutrition*, une équipe de chercheurs a rapporté qu'un régime composé en priorité d'aliments végétaliens crus cause la décroissance d'enzymes bactériens et certains composés toxiques qui constituent un risque pour le cancer du côlon. Des chercheurs du Fox Chase Cancer Center à Philadelphie se sont penchés sur 37 études médicales impliquant 10 000 individus vivant dans 15 pays. Ils ont découvert que le risque de développer le cancer colorectal chez ceux qui suivent un régime végétalien est inférieur d'au moins 40 %.

cancer du sein

Selon une étude effectuée à l'Université Harvard auprès de 90 000 femmes, et publiée en 2006 dans *Archives of Internal Medicine*, celles qui mangent de la viande rouge pendant leur vingtaine, trentaine ou quarantaine augmentent significativement leurs risques de développer le cancer du sein. Les chercheurs ont déduit que les composés produits par la cuisson de la viande ainsi que ceux qui s'y trouvent naturellement perturbent les hormones féminines et enclenchent le développement du cancer.

cancer de la vessie

Selon une étude effectuée en 2005 par une équipe de chercheurs à l'Université de l'État de l'Ohio, certains composés naturels trouvés dans le brocoli et les germinations de brocoli inhibe la croissance des cellules cancéreuses de la vessie. Les germinations de brocoli sont même plus efficaces pour irradier les cellules cancéreuses que le brocoli, le chou frisé, le chou de Bruxelles et autres crucifères qui contiennent l'isothiocyanate d'allyle, un composé identifié comme un protecteur biologique.

cancer du poumon

Des scientifiques de l'University College à Londres ont expliqué à la revue *Cancer Research* en 2005 comment ils ont découvert qu'un produit naturel présent dans des légumineuses et des noix bloque une enzyme essentielle à la croissance tumorale. Lorsque ce produit a été testé sur des souris souffrant de cancers des ovaires et des poumons, on a remarqué qu'il détériore la croissance tumorale. Il est de plus non toxique, contrairement aux médicaments chimiothérapiques.

Une recherche menée sur 18 000 hommes a conclu que les composés chimiques trouvés dans le brocoli, le chou et autres crucifères offrent une robuste protection contre le cancer du poumon. Cette découverte a été rapportée en 2000 dans une édition de *Lancet*.

Une recherche sur des hommes de Chicago, publiée dans une édition de l'*American Journal of Epidemology* en 1992, conclut que ceux qui ont consommé 500 mg de cholestérol alimentaire ou plus par jour, principalement des œufs, doublent leurs risques de développer un cancer des poumons, si on les compare à ceux qui en consomment une quantité moindre.

cancer du pancréas

Consommer quotidiennement au moins cinq portions de certains légumes réduit d'au moins 50 % le risque de développer un cancer du pancréas. C'est la conclusion d'une étude publiée en 2005 dans une édition de la revue médicale *Cancer, Epidemology, Biomarkers & Prevention*. Les légumes crus sont plus protecteurs que cuits. L'oignon, l'ail, la carotte et les légumes à feuilles foncées sont parmi les aliments qui offrent une plus grande prévention du cancer. « Il y a des évidences concluantes que les choix simples de la vie fournissent une prévention contre le cancer du pancréas et peuvent être une façon efficace de réduire la fréquence de cette terrible maladie », a déclaré Elizabeth Holly, coauteure de cette étude et épidémiologiste à l'Université de la Californie à San Francisco.

Une étude sur les facteurs de risque pour le développement du cancer du pancréas publiée en 1993 dans la revue *Cancer Causes and Control*, a découvert que la consommation de grandes quantités de viande est la cause principale de cette forme de cancer.

leucémie

Selon *Lancet* en 1965, des effets rapides et bénéfiques pour réduire les cellules leucémiques dans la moelle épinière ont été notés chez dix des treize enfants qui ont suivi un régime végétalien faible en protéine.

maladies cardiovasculaires

Une étude de 1958 dans *Lancet* a rapporté qu'un régime alimentaire riche en légumes frais a contribué à réduire significativement l'artériosclérose après seulement quatre semaines. On a découvert dans autre étude britannique publiée un an plus tard que, plus on consomme de légumes, moins les

comment j'ai survécu à un cancer du pancréas

À la fin des années 1990, j'ai commencé à souffrir de fatigue, de nausées et mon sommeil était constamment perturbé par des maux d'estomac constants et insupportables. Mon médecin a demandé des analyses de sang, dont les résultats furent parfaitement normaux, mais une échographie a révélé qu'il y avait une masse de 10 cm sur mon pancréas.

Le médecin m'a expliqué que, si j'avais été plus âgée, elle aurait jugé qu'il s'agissait d'une tumeur bénigne, mais que mon jeune âge lui faisait craindre un cancer. En entendant ce seul mot, j'ai été submergée par la peur. Elle m'a aussi déclaré que mes options étaient la chirurgie, la chimiothérapie et la radiothérapie.

Outre mon intense fatigue, je me suis mise à souffrir de dépression. Je ne pensais plus qu'au cancer. Je me refusais à faire des projets d'avenir. Un délai de trois mois me semblait une éternité et il m'était absolument impossible de me projeter cinq ans plus tard. Devais-je continuer à m'occuper de ma maison ? Serais-je en vie dans une semaine ?

Par bonheur, mes cinq filles sont venues m'apporter du réconfort. Elles ont en effet modifié leur agenda pour passer avec moi le début de cette triste période de ma vie. Elles ont trouvé que mon teint était gris vert. En plus, les médecins ont fini par admettre que, bien qu'ils m'aient suggéré la chimiothérapie et la radiothérapie, en fait ces traitements ne changeraient rien dans mon cas et ne prolongeraient pas ma vie. Ils m'ont même dit : « Nous sommes désolés, Samantha, il faut mettre de l'ordre dans vos affaires. »

Ces paroles accablantes m'ont découragée et je me suis rendu compte qu'on m'avait déjà condamnée. Mes enfants et moi avons continué nos recherches dans la littérature médicale et nous avons trouvé que le mieux que je pouvais espérer, c'était de survivre douze mois. Après avoir exploré toutes les options médicales, nous avons conclu qu'il n'y en avait aucune. Heureusement, nous pratiquions la méditation depuis de nombreuses années, si bien que nous avions une certaine connaissance de la vie naturelle et des méthodes de guérison naturelles. Peu à peu, je me suis ressaisie en améliorant mon mode de vie, ce qui m'a donné assez d'énergie pour chercher un lieu où me soigner.

C'est alors que j'ai découvert l'Institut de santé Hippocrate. Leur cinquante ans d'expérience m'ont rassurée. Il y avait d'innombrables exemples de personnes qui, contre toute attente, avaient triomphé par eux-mêmes d'une maladie catastrophique. Leur croyance rejoignait la mienne : nous devons faire confiance à notre corps et à sa capacité à guérir.

Quand je suis arrivée à l'Institut et que j'ai rencontré le personnel, j'ai eu le sentiment d'être chez moi et j'ai senti qu'on m'encourageait complètement pour la première fois depuis mon diagnostic fatal. Je me souviens que j'ai pensé que c'était une expérience tellement différente de celle que j'avais vécue dans le modèle médical. J'ai adopté graduellement le programme et j'ai été atterrée de voir au microscope des cellules cancéreuses proliférant sur de la nourriture cuite. Cela a provoqué un déclic et j'ai totalement mis en pratique l'alimentation vivante. Lentement mais sûrement, ma pâleur a laissé la place à un teint acceptable et, avec le temps, ma peau a retrouvé sa couleur normale.

En plus du régime, j'ai utilisé la thérapie aux infrarouges étendus pour amener doucement mon corps à une température de 46 °C (115 °F), sans oublier les massages et la réflexologie. J'ai poursuivi la méditation et la visualisation créatrice et j'ai bu de grandes quantités de jus d'herbe de blé.

Au bout de deux ans, la taille des tumeurs avait diminué de plus de moitié. Sans le savoir encore, j'étais en rémission. Je savais désormais que je pouvais vaincre le cancer. C'est mon emploi du temps chargé qui m'a fait prendre conscience que j'allais tout à fait bien : nombreuses étaient les journées passées à jouer au golf ou à nager et à goûter des moments profitables avec mes cinq fantastiques filles.

Mon retour à la vie a provoqué en moi un profond bouleversement et m'a aidée à vaincre mes peurs. En m'apercevant que j'étais désormais un exemple vivant et parlant de l'intelligence de mon propre corps, j'ai acquis la force de partager cette expérience avec ma famille et mes amis. Maintenant, près de sept ans plus tard, je me rends compte que ce mode de vie requiert une grande attention, un engagement quotidien et un suivi constant.

Assumer totalement la responsabilité de ma santé, cela m'a non seulement permis de survivre depuis sept ans, mais aussi de comprendre que la vie commence avec moi. Chacun d'entre nous dispose de l'autorité et de la responsabilité nécessaires pour avancer et changer tout ce qu'il veut dans sa vie. Tout comme moi, vous pouvez réduire à néant toutes les limites que vous rencontrerez.

SAMANTHA YOUNG
TORONTO CANADA

désordres cardiaques sont élevés et sévères. En 1960, la *Journal of Nutrition* a publié une étude qui décrit comment la consommation de protéines végétales réduit le taux de cholestérol.

La consommation de brocoli est réputée pour réduire le risque de mortalité causée par les maladies coronariennes, selon une étude de grande envergure faite chez des femmes post-ménopausées publiée dans l'*American Journal of Epidemiology* en 1999.

Une étude publiée en 2006, dans le *Journal of Nutrition*, a rapporté que le brocoli, les haricots verts, les petits pois, le maïs et les carottes contrent la progression de l'athérosclérose (formation de plaques qui obstruent les artères). Un groupe de souris a été nourri de végétaux et l'autre d'aliments non végétaux. En examinant leurs artères après 16 semaines, on a constaté 38 % moins d'incidence d'athérosclérose chez les souris nourries de végétaux.

À l'inverse, une étude menée pendant dix ans, publiée dans une édition de 1964 du *Journal of the Royal College of General Practioners,* a montré que les produits animaux chauffés participaient au premier plan à toutes les formes de maladies cardiaques.

l'arthrite rhumatoïde

Le *Journal of Rheumatology* fait mention en 1997 d'une étude sur 43 patients britanniques souffrant d'arthrite rhumatoïde qui ont été divisés en deux groupes dont l'un a suivi son régime habituel omnivore tandis que l'autre a suivi un régime végétarien composé d'aliments crus. Des échantillons de selles ont été pris avant l'expérience et un mois après. On a découvert que la flore microbienne des patients au régime végétarien s'était modifiée de manière significative et avait entraîné une amélioration de l'état de santé des patients.

Une autre étude publiée dans le journal *Toxicology* en 2000 a analysé les effets d'un régime végétarien composé d'aliments crus sur les maladies rhumatoïdes. L'étude qui utilisait une série de mesures objectives, au nombre desquelles le niveau de douleur, a déterminé que l'amélioration de l'état des patients résultait des antioxydants et lactobacilles présents dans ces aliments. Pour mesurer plus avant si une alimentation végétarienne crue était supérieure à une alimentation végétarienne cuite pour soulager les symptômes de la fibromyalgie, une étude publiée dans le *Scandinavian Journal of Rheumatology* a comparé deux groupes de patientes. Un groupe était mis au régime végétarien cru et l'autre au régime végétarien cuit. Les patientes soumises au régime cru subirent moins de douleur, moins de raideur ; aussi, elles ont eu un meilleur sommeil que celles du groupe au régime végétarien cuit.

la cuisson détruit l'énergie vitale et crée des toxines

Nous avons un slogan chez Hippocrate : « on ne vit pas pour manger, on mange pour vivre ». La cuisson détruit la valeur médicinale de la nourriture. L'énergie vitale des aliments crus provient des enzymes des cellules des aliments qui ont une fréquence électromagnétique similaire à celle de nos propres cellules. Comme un couple dont les yeux se croisent dans un moment d'attirance, les deux forces chargées électriquement sont normalement attirées l'une vers l'autre et fusionnent. Mais quand la nourriture est préparée ou cuite, la fréquence est endommagée, ce qui empêche les nutriments d'être absorbés par nos cellules.

Les phytonutriments chauffés à plus de 48 °C perdent leur structure moléculaire et deviennent des microorganismes sans vie et sans fonction protectrice. Manger des aliments cuits cause une réponse pathogène par laquelle les globules blancs normalement utilisés pour la guérison par notre système immunitaire sont détournés pour attaquer les molécules de nourriture que notre corps perçoit comme des envahisseurs.

Sur le site *Raw Food Life* (http//rawfoodlife.com) où de nombreuses études scientifiques sont postées pour démontrer le lien entre la cuisson et la création de toxines, un aperçu intitulé *Nutrition's Dr Jekyll & Mr Hyde* en décrit les dangers ainsi : « tout le monde sait que la cuisson des aliments réduit leur pouvoir nutritionnel. Mais vous êtes-vous jamais demandé ce qu'il advenait de toutes les belles vitamines, des minéraux, des graisses, des glucides et des protéines une fois qu'ils étaient cuits ? Où vont-ils ? Disparaissent-ils simplement ? Malheureusement non. Comme le docteur Jekyll, ils sont transformés par des réactions chimiques en tueurs malins comme Mr Hyde... Sauf qu'ici ils s'appellent monsieur Carcinogène, monsieur Mutagène et le pire ennemi de tous les temps, monsieur Radical libre. »

Quand l'Office de la Santé de la ville de New York a voté à l'unanimité en 2006 l'interdiction des acides gras saturés dans les restaurants, ce n'était pas seulement la reconnaissance d'une expérience alimentaire à l'échelle nationale qui avait mal tourné, c'était également une action qui révéla sans le vouloir les dangers inhérents à tous les produits animaux cuits.

Les acides gras saturés sous la forme d'huiles partiellement hydrogénées ont été inventés comme solution de rechange moins nocive à la santé aux graisses animales saturées comme le beurre. Ces produits synthétiques se

vaincre une tumeur au cerveau

Mon histoire commence en 2004. Un examen tomodensitométrique a montré que j'avais une importante masse du côté droit du cerveau. On m'a diagnostiqué une tumeur au cerveau. En plus, il fallait m'opérer immédiatement.

Nous avons attendu deux jours pour voir le neurochirurgien. Le médecin voulait faire une biopsie. Mon mari, Stuart, leur a dit qu'il n'autoriserait cette procédure sous aucun prétexte. J'ai été renvoyée sur-le-champ de l'hôpital St. Mary's.

J'avais à ce moment-là des difficultés à parler et je souffrais de terribles migraines. Je pouvais à peine marcher et j'avais la vue trouble. Je ne pouvais pas non plus écrire. Mes capacités motrices étaient défaillantes et je ne contrôlais plus ma vessie.

Confrontés à une telle impasse, mon mari et moi avons cherché des solutions de rechange. Comme nous avions besoin d'une solution immédiate et géographiquement proche, nous avons appelé l'Institut de santé Hippocrate et nous avons parlé au directeur, Brian Clement. Nous savions tous qu'il me faudrait une opération dès que nous aurions trouvé un médecin disponible. Le Dr Clement m'a fait changer mes habitudes alimentaires : plus de café à la crème de noisette, plus de sucre ni de farine, très peu de fruits, pas de viande, ni de poulet ni de poisson. J'avais seulement droit à des aliments vivants et crus, beaucoup d'herbe de blé, des jus verts, des germinations et de l'eau citronnée. J'ai dû modifier profondément mon régime alimentaire pour me sauver.

Plusieurs mois plus tard, je me suis fait opérer aux National Institutes of Health (NIH) à Bethesda, dans le Maryland. L'intervention a duré sept heures et j'ai perdu plus de trois litres de sang. Ma tumeur au cerveau méningée atypique pesait près de deux kilos (la taille d'un pamplemousse). Ma convalescence a duré cinq jours à l'hôpital et deux jours en tant que patiente externe.

Quand nous sommes revenus de l'hôpital, nous avons commencé par acheter un extracteur à jus pour faire mes jus d'herbe de blé et mes jus verts. Je me suis mise à acheter des pousses et de l'herbe de blé et même à en cultiver.

Deux mois plus tard, j'ai commencé à me sentir fatiguée et les maux de tête sont revenus, donc j'ai passé une IRM avec contraste. Elle a révélé deux petites tumeurs au cerveau. Mon mari et moi nous

nous sommes alors rendus aux National Institute of Health pour une autre IRM avec contraste. Les médecins ont trouvé une petite tumeur.

Comme il s'agissait d'une tumeur agressive au cerveau, les médecins voulaient irradier immédiatement mon cerveau une fois par jour pendant six semaines. Or je savais quels seraient les effets des radiations et je savais que j'aurais une tumeur maligne entre cinq et vingt-cinq ans plus tard à un autre endroit de mon corps. Stuart et moi avons décidé de choisir une autre voie. Après mon opération, j'ai d'abord suivi assidûment le programme Hippocrate, mais, avec le temps, je l'ai peu à peu délaissé et j'ai cessé de prendre des jus tous les jours. J'ai aussi commencé à manger plus fréquemment les mauvais aliments.

Nous avons parlé de nouveau au Dr Clement et il m'a conseillé de m'abstenir des fruits, carottes, produits laitiers et surtout du sucre. Puis il m'a demandé si j'avais une planche à repasser et j'ai répondu : « Oui, pourquoi ? » Il voulait que je pose la tête sur le sol et que je mette les jambes en hauteur sur la planche à repasser en m'appuyant contre le sofa, deux fois par jour pendant quinze minutes, pour que le sang afflue vers ma tête, ce qui contribuerait à la guérison. Consciente que le Dr Clement connaissait son métier, j'étais prête à faire ce qu'il me demandait. J'avais peur de ce qui pourrait arriver si je ne suivais pas le plan. Je suis également allée chez un acupuncteur pendant deux mois, j'ai consommé de puissantes herbes chinoises, j'ai porté un bandeau magnétique, j'ai bu des jus verts et du jus d'herbe de blé et j'ai mangé de nombreuses variétés de germinations plusieurs fois par jour ainsi que d'autres sortes d'aliments vivants crus.

En novembre 2005, une semaine avant la radiothérapie prévue, mes réticences persistaient : je ne sentais pas le besoin de l'irradiation. J'ai appelé mon neurochirurgien et lui ai demandé une autre IRM avec contraste. Je lui ai dit que, si la moindre anomalie apparaissait, je commencerais la radiothérapie sans hésitation. J'ai eu gain de cause. Je savais au fond de moi-même qu'il n'y aurait rien. Ils m'ont donc fait passer une autre IRM avec contraste, sans plus trouver de tumeur, ni de caillot ni d'hémorragie. Tout ce que les médecins ont pu dire, c'était que je n'avais plus besoin d'irradiation. En mai 2006, nous sommes allés au NIH pour mon contrôle programmé au bout de trois mois et j'ai passé une autre IRM avec contraste : cette maladie de la substance blanche avait disparu. J'étais tirée d'affaire.

BONNIE LOVETT

WEST PALM BEACH, FLORIDE

sont retrouvés partout, des aliments préparés aux beignets et aux frites et en gros dans tout ce qui était frit ou cuit. Mais des études médicales ont commencé à accumuler, il y a quelques dizaines d'années, des tonnes de données prouvant que les acides gras saturés causaient des maladies cardiovasculaires et toute une série d'autres maladies.

La question de savoir s'il fallait interdire ces substances dangereuses mit en lumière un aveu intéressant des nutritionnistes conventionnels et de l'establishment médical. De nombreux types de viandes et de laitages contenaient naturellement les mêmes acides gras saturés qu'on était en train d'interdire, et ils constituaient un danger pour notre santé. En fait, selon la FDA (organisme de contrôle des médicaments et de l'alimentation américain), au moins 21 % des acides gras saturés qu'un adulte moyen consomme chaque année proviennent directement des produits animaliers.

Les médecins et les scientifiques soutenant l'interdiction faisaient fréquemment des déclarations selon lesquelles les acides gras saturés étaient dangereux à n'importe quelle dose, alors qu'aucun d'eux n'avait jamais mentionné que les produits animaliers constituaient également un objet de législation future digne d'intérêt. Cette omission flagrante prouve non seulement le pouvoir économique des producteurs de viande et de produits laitiers, mais montre également que nombre de soi-disant experts de la santé sont tellement adeptes d'un régime à base de viande et de produits laitiers qu'ils vont jusqu'à nier les dangers pour leur propre santé.

Juste au milieu de ce débat sur les acides gras saturés à New York, une étude fit surface en Grande-Bretagne qui soulevait des questions tout aussi dérangeantes concernant les effets sur la santé de la cuisson des aliments à des hautes températures. Le *Journal of Agricultural and Food Chemistry* a rapporté que la farine produite à partir de sols dépourvus de soufre, ce qui caractérise une grande partie de notre domaine agricole extrêmement pauvre en minéraux, produit des taux dangereusement élevés d'acrylamide, un carcinogène, quand elle est exposée à des températures élevées pendant la cuisson. Des aliments comme les croustilles, les biscuits et le pain contiennent les taux les plus élevés d'acrylamide. La cuisson aux micro-ondes peut également en créer.

L'acrylamide a été lié aux dégâts occasionnés au système reproducteur masculin et aux problèmes neurologiques et il pourrait également jouer un rôle dans le développement de nombreux cancers. Des chercheurs de l'École de médecine d'Harvard ont observé, dans une parution datée de 2005 de l'*International Journal of Cancer,* que les filles qui mangent des chips et des frites augmentent leurs chances de développer un cancer du sein quand elles seront adultes.

La fondatrice de l'Institut de santé Hippocrate, Ann Wigmore, parlait souvent de la manière dont les cellules cancéreuses prélevées sur un corps humain prospéraient sur des aliments cuits alors que ces cellules étaient incapables de survivre sur la même nourriture si elle était crue, comme de la plus passionnante expérience à laquelle elle ait jamais assisté.

En plus de créer des toxines qui mettent directement en danger la santé humaine, la cuisson détruit également la plus grande part de l'énergie vitale de la nourriture, faisant disparaître les nombreux composés phytochimiques, les vitamines, les minéraux et les enzymes essentiels à la préservation d'une bonne santé. Des études effectuées ces dernières années au Linus Pauling Institute de l'Université de l'État de l'Oregon ont montré que faire bouillir des légumes crucifères comme les brocolis pendant seulement 9 minutes détruisait 59 % du composé phytochimique indol-3-carbinol, identifié par d'autres études menées dans ce même centre de recherche comme un puissant inhibiteur de la croissance de cellules cancéreuses.

Notre corps ne produit pas naturellement la vitamine B12. Celle-ci est importante pour la production de globules rouges et l'entretien de notre système nerveux. De plus, elle est vitale pour le développement pendant l'enfance. À l'Institut Hippocrate, lors d'une étude interne en 2005, nous avons testé les carences de la vitamine B12 et d'autres insuffisances en vitamines et minéraux chez 100 de nos invités. Nous avons découvert que 80 % d'entre eux avaient l'une ou l'autre carence en minéraux tandis que 60 % manquaient de vitamine B12. Puisque notre corps est essentiellement un système électrique, surtout notre cœur et notre cerveau, nous avons besoin de niveaux adéquats de minéraux dans notre alimentation pour faciliter le mouvement des électrons dans notre corps. Les déficiences en minéraux sont liées à la fois à la maladie de Parkinson et à la sclérose en plaques.

Le test que nous avons utilisé incluait une analyse du sang intracellulaire qui nous montre quels nutriments sont réellement absorbés par les cellules. À la différence d'un test sanguin traditionnel qui peut produire des résultats faussés si on prend des compléments alimentaires, l'analyse fonctionnelle intracellulaire fournit une image précise de la manière dont les globules blancs sont nourris par les micronutriments. Cette technologie relativement récente, qui a été développée par l'Université du Texas, expose les niveaux d'antioxydants du corps, les carences en certains nutriments et les niveaux de protéines et de lipides dans leur relation à la maladie cardiovasculaire.

Les enzymes de la nourriture sont particulièrement sensibles aux températures élevées de cuisson. Ces protéines spécialisées accélèrent les réactions chimiques dans nos cellules, ce qui signifie qu'elles jouent un rôle équivalent à celui de bougies d'allumage dans un moteur, ce qui les rend responsables du bon fonctionnement du système corporel. Les enzymes digestives fractionnent la nourriture que nous consommons tandis que des milliers d'autres types d'enzymes agissent comme des catalyseurs ayant chacun un rôle spécialisé.

le rôle des enzymes pour la santé

Wikipedia décrit le rôle des enzymes dans les processus de maladie ainsi : « l'importance des enzymes est démontrée par le fait qu'une maladie mortelle peut être causée par le mauvais fonctionnement d'un seul type d'enzymes sur les milliers de types présents dans notre corps ». Certains nutriments crus biologiques sont des simulateurs naturels des enzymes détoxifiantes dont notre corps a besoin pour combattre le cancer et les autres maladies. Des chercheurs de l'École de médecine de l'université John Hopkins ont découvert en 1997 que les pousses de brocoli par opposition aux têtes de brocoli plus familières sont de puissants stimulateurs d'enzymes qui détoxifient naturellement le corps.

Voici comment le *New York Times* a décrit, le 16 septembre 1997, ces avantages dans un article annonçant la découverte : « les pousses de brocoli contiennent 30 à 50 fois la concentration de composés chimiques protecteurs trouvée dans des plants de brocoli mûrs ».

On a déjà connu ces produits chimiques, qu'on appelle isothiocyanates, en tant que stimulants puissants d'enzymes qui désintoxiquent naturellement le corps. On pense que ces produits aident à expliquer le risque moins élevé de contracter le cancer grâce à la consommation du brocoli et d'autres légumes crucifères comme le chou-fleur, le chou et le chou frisé.

Cet article a cité des scientifiques engagés dans cette recherche en tant qu'individus qui chantent les vertus de ces choux qui augmentent la puissance des enzymes. « Les études épidémiologiques montrent que, pour diminuer de 50 % le risque du cancer du côlon, une personne doit manger à peu près un kilo de brocoli et de légumes semblables par semaine, un but que peu d'Américains approchent. Étant donné la force chimique des germinations de brocoli, les scientifiques prétendent qu'on pourrait réduire également les risques d'avoir un cancer en ne mangeant qu'une poignée de ces germinations par semaine. »

Un pionnier en sciences médicales sur l'étude des enzymes, feu Edward Howell, auteur de *Enzyme Nutrition*, a identifié que le manque d'enzymes dans le corps humain est lié aux maladies chroniques telles que l'obésité, la maladie cardiovasculaires, certains types de cancer et même le vieillissement prématuré.

Lorsqu'un spermatozoïde rencontre un ovule, on y trouve l'activité des enzymes qui est à la source de toute formation de la vie. Cette étincelle est électrique. Voilà de l'énergie vitale! À la naissance, nous recevons une certaine réserve d'enzymes qui doivent se renouveler périodiquement. Toute notre vie, nous sommes exposés aux produits chimiques synthétiques. Cela, en plus de notre mode de vie et, pour la plupart des gens, une infusion constante de nourriture exposée à une chaleur intense, décime notre réserve d'enzymes. Notre système de réserves devrait se composer d'enzymes qui viennent de la nourriture qu'on mange, mais si on ne mange que de la

j'ai évité l'amputation causée par le diabète

Depuis l'âge de 65 ans, mon diabète m'a menée à quatre chirurgies destinées à enlever des artères à la jambe gauche pour remplacer les artères abimées dans celle de droite. En 2004, le chirurgien vasculaire m'a informée qu'il devait peut-être amputer ma jambe au-dessus du genou. J'avais des blessures au pied qui ne se guérissaient pas et qui me faisaient atrocement mal.

Mes deux filles, Nancy et Kara, s'étaient rendues à Hippocrate en 2002. Kara avait un abaissement du côlon et une opération était prévue, mais après avoir suivi le programme de l'Institut de santé Hippocrate, elle a pu annuler sa chirurgie. Mes filles se sont arrangées pour m'inscrire au programme et Nancy m'y a accompagnée pour m'aider.

Je suis arrivée à Hippocrate dans une chaise roulante. On m'a fait suivre un régime de nourriture crue qui consistait de jus verts frais, de jus d'herbe de blé et de beaucoup de germinations et de salades. En une journée, j'ai vu changer la couleur de ma jambe et de mon pied. Avant, la couleur était d'un bleu-noir rougeâtre, et pendant le programme, elle avait repris son teint normal. L'œdème a aussi disparu, ainsi qu'une grande partie de la douleur.

Avant la deuxième semaine, je poussais ma chaise roulante comme exercice. J'ai aussi trouvé que je n'avais pas besoin de prendre le médicament pour mon diabète, puisque mon glucose sanguin s'était stabilisé. J'ai aujourd'hui 81 ans et je peux mener une vie normale. Ma qualité de vie s'est nettement améliorée.

ALICE BROWN
EVIERVILLE, TENNESSEE

nourriture cuite, nos réserves d'enzymes seront bientôt épuisées. Quand cela arrive, le corps demande d'urgence des enzymes pour suppléer les glandes, les muscles, le système nerveux et le sang, en plus de subvenir aux besoins exigeants du processus digestif.

La nourriture crue, biologique et vivante va remplir de nouveau cette réserve. Voilà une autre raison pour laquelle nous mettons l'accent sur ce régime riche en enzymes promu dans le programme Hippocrate. Nous voulons que nos invités soient revitalisés par les vitamines, les minéraux, les protéines et les enzymes qui soutiennent le système immunitaire pendant que le corps se désintoxique.

Des suppléments d'enzymes élaborés par le docteur Howell nous offrent une façon améliorée de digérer notre nourriture et d'augmenter notre approvisionnement en enzymes. Lorsque les gens consomment ces produits, ils éprouvent une réduction de symptômes de maladie et un redoublement d'énergie. En outre, les cellules humaines absorbent plus de nutriments lorsqu'on utilise des suppléments d'enzymes pour compléter un régime adéquat. Ceux-ci ne se substituent pas à la nourriture crue et vivante, mais ils peuvent globalement améliorer notre santé.

Bien qu'on ait accordé une attention significative à la documentation qui parle de l'effet bénéfique des enzymes digestives sur la santé, on a accordé trop peu d'attention et de crédit aux enzymes en ce qui concerne le lien crucial entre la consommation de la nourriture crue et les effets salutaires sur la santé. L'une des conclusions clé des expériences faites à l'Institut de santé Hippocrate mérite d'être soulignée pour montrer précisément ce que je veux dire.

Il y a deux réalités fondamentales que nous savons à propos des enzymes digestives et de celles qu'on trouve dans les aliments. L'une est fondée sur la structure de ces molécules et sur leur capacité de supporter l'environnement acide de l'estomac. La deuxième est basée sur l'effet bénéfique des enzymes sur le fonctionnement cellulaire. Après deux décennies d'analyse au microscope des systèmes cellulaires des milliers de gens qui ont été des invités chez Hippocrate, nous avons découvert et confirmé que les enzymes digestives et les enzymes qui se trouvent dans les plantes améliorent nettement la fréquence électrique dans les cellules du corps et autour d'elles.

La plupart des scientifiques qui se spécialisent dans le domaine de la nutrition estiment que les enzymes sont de simples protéines. Le microscope électronique a, par contre, révélé que toutes les enzymes que nous avons ouvertes contenaient une fréquence électrique. La coquille extérieure des enzymes est une protéine comme le sont la peau et les cellules sanguines rouges du corps humain tenues ensemble grâce à la protéine fibrine. Nous aurions tort de déduire de cette information que le corps humain n'est que protéine et nous aurions également tort de conclure que les enzymes ne sont que des protéines. De plus, on sait que les enzymes de la nourriture commencent à être assimilées dès qu'elles arrivent dans la bouche, ce qui conduit à un transfert de charge électrique et à l'absorption bien avant qu'elles n'atteignent l'estomac. La découverte que le fonctionnement des enzymes augmente la fréquence électromagnétique des cellules nous mène à une science tout à fait nouvelle.

Chez Hippocrate, nous avons constaté en pratique, maintes et maintes fois, une vérité biologique très simple : les enzymes sont au cœur de la guérison physiologique. Nos ancêtres ont consommé des aliments riches en enzymes. Nous voilà aujourd'hui bien loin culturellement de cette simple vérité biochimique.

Le régime proposé par le programme de l'Institut de santé Hippocrate met fin au gaspillage de l'énergie des enzymes et assure qu'on verse quotidiennement les quantités nécessaires dans le compte d'enzymes du corps. Peu de retraits et des versements importants et fréquents sont essentiels si on veut fournir le corps d'une manière complète en enzymes métaboliques qui solidifient le corps humain, le purifient et le guérissent.

les protéines animales causent des maladies

Après des décennies d'observation et de recherche sur la nutrition et sur l'activité biochimique, T. Colin Campbell a fait une découverte importante. Il a trouvé que les nutriments venant des aliments à base animale, en particulier la protéine, redoublaient le développement des tumeurs, tandis que les nutriments et les protéines trouvés dans les aliments à base végétale diminuaient le développement des tumeurs. « La protéine alimentaire s'est montrée si puissante quant à ses effets que nous avons pu stimuler ou non le développement du cancer en ne faisant qu'en modifier la quantité consommée », observe le docteur Campbell dans son étude *The China Study*, qui décrit ses expériences de laboratoire sur le cancer et la nutrition.

La protéine qui stimule le plus constamment le développement du cancer est la caséine qui constitue 87 % de la protéine qui se trouve dans le lait de vache. Le type de protéine qui ne promeut pas le cancer se trouve seulement dans les plantes. Les gens dont le régime consiste en nourriture d'origine animale ont une moins bonne santé, tandis que les gens qui ont une meilleure santé sont ceux dont le régime est basé sur les plantes. Les

j'avais la maladie de Crohn, je suis guéri

J'avais vingt quand j'ai appris que j'étais atteint d'une maladie inflammatoire chronique de l'intestin plus connue sous le nom de maladie de Crohn, affliction mortelle, et accompagnée d'une rectocolite hémorragique. Les douleurs et les tourments qui accompagnent cette maladie sont intolérables. J'avais des diarrhées et des douleurs abdominales plusieurs fois par jour et sans signe avant-coureur.

Lorsqu'on m'a annoncé le diagnostic, on m'a également dit que j'avais un risque important de développer un cancer du côlon et que je devais me préparer à vivre avec cette maladie incurable jusqu'à la fin de mes jours. De plus, le remède consistait en une batterie de médicaments sur ordonnance ayant des effets secondaires terrifiants. Me sentant piégé, j'ai cherché sans fin un moyen de m'en sortir, mais en vain. Le stress intellectuel, émotionnel et physique qui en découlait ne faisait qu'aggraver l'intensité de la maladie. J'étais devenu une épave et j'allais de mal en pis.

Après avoir épuisé tous les traitements disponibles (hormis l'ablation du côlon, procédure chirurgicale que les médecins considéraient comme étant le seul remède possible), j'ai estimé que le stress devait être une des raisons de ma maladie. C'est pourquoi, il y a treize ans, j'ai quitté Wall Street pour m'installer en Floride du Sud. J'ai adopté un régime végétalien qui, en plus de mon nouvel environnement, m'a été d'une grande aide au niveau de ma santé.

Finalement, j'ai participé au programme de l'Institut de santé Hippocrate de trois semaines. Très vite, j'ai été stupéfait de constater que ces aliments crus et vivants qui me soignaient aussi rapidement étaient les mêmes que ceux qui figuraient en tête de liste de ceux que tous les médecins m'avaient conseillé d'éviter. Je n'oublierai jamais, le jour où je suis arrivé à Hippocrate, cette dame qui marchait lentement à l'aide de béquilles et qui semblait très malade. Trois semaines plus tard, j'ai été encore plus estomaqué lorsque j'ai vu cette même dame faire son jogging. C'est à cet instant que j'ai compris qu'il fallait manger pour vivre et non vivre pour manger.

Bien sûr, lorsque j'ai démarré le programme, il y a eu des hauts et des bas, mais j'y suis arrivé. Et plus je vivais de cette façon et plus cela devenait facile. Cela fait maintenant treize ans que je suis le mode de vie Hippocrate, et cela me semble si simple que c'est devenu une seconde

nature. Quand je parle à des gens du programme et des pouvoirs curatifs des aliments crus et vivants, ils me harcèlent toujours pour que je leur donne des preuves. Mais comme je le répète en permanence, même si la science soutient totalement ce choix diététique, mon expérience personnelle, où j'ai vu mon désespoir se transformer en guérison, est bien plus convaincante.

PAUL NISON
FLORIDE DU SUD

enfants qui consomment de la protéine animale, selon les résultats du docteur Campbell, ont un risque plus élevé de développer le cancer du foie.

Une étude publiée dans le journal *Cancer Research* en 1954 a été la première à identifier un lien entre le cancer et la consommation de la caséine et de protéine animale. Cette étude historique a conclu que la protéine caséine qu'on trouve dans les produits laitiers causait le développement de certaines formes de cancer à une vitesse cinq fois plus élevée que la moyenne. Le docteur Campbell a élargi ces conclusions en trouvant que la caséine fait accroître de 100 % la progression du cancer à partir du moment où l'on introduit cette protéine à n'importe quelle phase du développement d'un cancer.

The China Study décrit la recherche scientifique qui soutient le programme de l'Institut de santé Hippocrate. Nous avons conçu la recherche clinique sur les individus pendant que le docteur Campbell complétait la recherche en laboratoire. Selon moi, une de ses conclusions les plus significatives est que les produits laitiers ont une corrélation plus élevée avec le développement des tumeurs et du cancer du poumon que la cigarette. C'est une conclusion révélatrice qui est soutenue par la recherche la plus sérieuse qu'on n'ait jamais fait sur l'alimentation. Elle remet en cause tout ce qu'on enseigne dans les sciences biologiques au sujet de la nutrition humaine.

On peut retracer la consommation des protéines animales à l'origine de beaucoup d'autres affections courantes. W. G. Robertson, du Medical Research Council en Grande-Bretagne, a publié une étude dans le *British Journal of Urology* qui démontre un lien direct entre la formation des calculs rénaux et la consommation de protéine animale. Le professeur Robertson a guéri ses patients de leur affection récurrente en leur faisant abandonner les aliments carnés.

En se basant sur les résultats des centaines d'études revues par des pairs, T. Colin Campbell est arrivé à une série de conclusions alimentaires sur les dangers des protéines animales comparés aux avantages des protéines végétales :

- Les diabétiques n'ont plus besoin de prendre de médicaments s'ils abandonnent tout aliment d'origine animale et adoptent un régime basé sur les plantes.
- Des changements diététiques peuvent à eux seuls renverser un problème cardiovasculaire.
- La consommation de produits laitiers augmente considérablement les risques de cancer de la prostate.
- La consommation d'aliments d'origine animale renforce les risques de cancer du sein.
- On a constaté que de plus hautes performances mentales chez les personnes âgées étaient liées aux antioxydants provenant d'un régime basé sur les fruits et les légumes.

Les recommandations du Dr Campbell en matière de bonne santé englobent les multiples bénéfices des végétaux et la cessation complète de la consommation de toute viande, œufs et produits laitiers. Il déclare : « Pour prouver les bienfaits des régimes alimentaires basés sur les plantes, je n'ai pas commencé avec des idées préconçues, philosophiques ou autres. En effet, j'ai commencé par l'autre bout du spectre, en tant que fermier amateur de viande et de produits laitiers sur le plan personnel, et en tant que scientifique conventionnel sur le plan professionnel. Je déplorais même les vues des végétariens lorsque j'enseignais la biochimie nutritionnelle aux étudiants de classes préparatoires à la médecine. »

Les chercheurs en médecine et en nutrition qui ont tenté de discréditer les bienfaits des aliments crus sur la santé ont souvent fait des découvertes allant à l'encontre de leurs idées préconçues. Par exemple, en 2005, une étude publiée dans la revue spécialisée *Archives of Internal Medicine* a fait des manchettes dans la presse telles que « Les végétariens crudivores ont une masse osseuse moindre. » Mais si d'aucuns avaient pris la peine de vraiment lire l'étude, ils auraient appris que, même s'il est vrai que les végétariens crudivores avaient une densité osseuse inférieure à celle des non-végétariens, ils avaient en revanche une qualité osseuse élevée et ne possédaient *aucun* des marqueurs biologiques de l'ostéoporose qui sont en général associés à une masse osseuse basse. Non seulement ça, mais les végétariens crudivores présentaient moins d'inflammations et des niveaux d'IGF-1 plus bas, signes qui ont souvent été liés aux risques de cancers du sein et de la prostate. De plus, bien que le groupe crudivore de cette étude ne buvait pas de lait ni ne mangeait de fromage, leur niveau de vitamine A était plus élevé que celui des gens ayant un régime alimentaire occidental typique basé sur les viandes et les laitages.

Luigi Fontana, directeur de recherche de cette étude financée par le National Institute of Health, a déclaré, pour résumer ses découvertes : « Si quelqu'un souhaite améliorer sa santé et réduire ses risques de maladies cardiovasculaires ou de cancer, je lui conseille fermement de ne pas consommer les plats tout prêts et raffinés que les Américains mangent habituellement, mais plutôt d'essayer de se nourrir d'une variété d'aliments denses en nutriments. »

Nous payons cher notre ingestion quotidienne de viandes et de produits dérivés des animaux, en raison des hormones synthétiques, des antibiotiques et autres toxines qui leur ont été injectés et auxquels ils ont été soumis, et que, à notre tour, nous absorbons par leur intermédiaire.

Les végétaux crus fournissent des protéines de façon abondante pour le corps humain. Les gorilles, les éléphants et les baleines bleues ne sont que quelques-unes de ces puissantes créatures qui ne consomment que des protéines végétales. De nombreux aliments complets, comme les épinards, contiennent plus de protéines qu'une viande crue. Une fois la viande cuite, le sang qu'elle contient n'est plus une source d'acides aminés essentiels, car sa structure moléculaire a été modifiée de façon définitive.

Il existe des aliments végétaux ayant la plus haute teneur en protéines permettant de satisfaire les besoins de l'homme.

ALGUES	
Algues d'eau douce	Algues d'eau de mer
GRAINS ET HERBES GERMÉS	
orge	avoine
sarrasin	seigle
maïs	blé
millet	riz sauvage (germé)
LÉGUMES GERMÉS	
doliques à œil noir	lentilles
gourgane	haricot de Lima
fèves	haricot mungo
haricots du Grand Nord	haricot marin
haricots rouges	

importance des combinaisons alimentaires

L'association dans un régime alimentaire des aliments les plus bénéfiques pour la santé humaine est une science nouvelle ayant adopté deux principes primordiaux :

1. Les aliments sont des produits chimiques, et la combinaison de produits chimiques provoque différents effets.
2. La digestion des aliments se fait à des vitesses différentes dans divers environnements acides ou alcalins.

Notre corps peut être comparé à une éprouvette dans un laboratoire de chimie. Et comme dans toute expérience chimique, on peut provoquer diverses réactions pouvant aller de tranquillisantes à curatives, d'explosives à nuisibles. Plus l'on ajoute de produits chimiques synthétiques aux produits manufacturés et vendus dans les supermarchés, plus l'on augmente les risques de provoquer des explosions digestives et des problèmes de santé.

En revanche, il a été prouvé de façon extrêmement convaincante que l'association de certains fruits et légumes crus créait des synergies très puissantes et curatives dans le corps humain. À cet égard, voici trois exemples provenant de récentes études et cités par Karen Collins, conseillère en diététique et nutrition à l'Institut américain de recherche pour le cancer :

- Brocolis et choux de Bruxelles. Les différents phytonutriments présents dans ces légumes anticancérigènes, lorsqu'ils sont consommés ensemble, stimulent les enzymes de phase 2 qui sont des substances connues pour empêcher les carcinogènes d'endommager l'ADN humain.
- Curcumine et quercétine. Le curcuma est une épice qui contient la curcumine, alors que la quercétine est un phytonutriment que l'on trouve dans les oignons jaunes. Lorsqu'ils sont ingérés ensemble, ces produits phytochimiques se sont révélés réduire de 60 % le nombre de polypes dans le côlon de sujets étudiés.
- Oranges, pommes, raisin et bleuets (myrtilles). Les recherches ont démontré que, lorsqu'ils sont combinés dans un repas, les antioxydants de ces fruits sont beaucoup plus puissants à éliminer les dégâts provoqués par les radicaux libres que lorsqu'ils sont consommés séparément.

Notre processus de digestion est analogue à une voiture dont les niveaux d'accélération et de vitesse varient. En effet, si l'on positionne un véhicule lent devant un autre plus rapide, sur une route à une seule voie, le véhicule le plus rapide devra ralentir pour ne pas provoquer un accident. Dans notre

se rétablir du cancer de la thyroïde

Le défi concernant ma santé a commencé en décembre 1993, quand les médecins m'ont remis leur diagnostic de cancer médullaire de la thyroïde, une forme rare de cancer de la glande thyroïde. J'étais en état de choc. J'avais seulement trente-quatre ans, deux beaux enfants de huit et dix ans. Mon monde s'effondrait !

Les médecins recommandaient une série d'opérations, parce que mon cas ne permettait pas de chimiothérapie ou de traitements de radiation. J'ai subi cinq opérations en dix ans, la dernière me laissant avec des cicatrices visibles. À part la cicatrice évidente sur mon cou, le nerf sympathique était touché et tout le côté gauche de mon visage était affaissé. La médecine moderne avait clairement atteint ses limites à mes dépens.

Finalement, j'ai décidé d'essayer le programme de l'Institut Hippocrate en Floride. Tous les traitements auxquels j'ai participé depuis : la nourriture vivante, les jus thérapeutiques, les exercices réguliers et soutenus, l'instruction professionnelle, m'ont permis non seulement de comprendre mais aussi d'intégrer ce style de vie dans ma routine quotidienne. Comme le dit le proverbe, on est ce que l'on mange.

Après le programme de trois semaines, mon visage regagnait son apparence normale (avec l'avantage d'une plus belle peau), mon niveau d'énergie était multiplié par cinq et mon métabolisme se stabilisait. Aujourd'hui je mange consciemment, parce que je suis consciente de tous les bénéfices de cette alimentation : niveaux d'oxygène augmentés dans mes cellules et plus d'aliments nutritifs, de vitamines et d'enzymes pour renforcer mon système immunitaire. Après avoir suivi ce régime pendant plus de deux ans, mon corps et mon esprit sont en équilibre, et j'ai gagné la santé et la paix intérieure.

MARLÈNE BOUDREAULT
QUÉBEC, CANADA

système digestif, les aliments qui se digèrent plus vite s'écrasent sur ceux qui se digèrent plus lentement, causant ainsi des « accidents », c'est-à-dire des indigestions, des ballonnements et une mauvaise assimilation des nutriments.

C'est ce principe qui, chez Hippocrate, nous a conduits à élaborer divers groupes et associations alimentaires de base facilitant la digestion et l'assimilation d'éléments nutritifs. Ces combinaisons sont basées sur nos nombreuses décennies d'expérimentation et d'observation, notant comment ces mélanges variés d'aliments affectent la réponse du système immunitaire. Pour de meilleurs résultats, choisissez seulement les aliments d'un groupe donné pour chaque repas.

Tableau 4: *les quatre groupes de combinaisons alimentaires*

TEMPS MOYEN DE DIGESTION	ALIMENTS INCLUS
FRUITS	
2 heures (pour les melons, 15 à 30 min)	Acides (pamplemousses, citrons, oranges, grenades, et fraises), acides modérés (pommes, abricots, la plupart des baies, raisins, kiwis, mangues, pêches, et poires), sucrés (bananes, tous les fruits secs et Kakis), et la famille du melon (canari, brodé, crenshaw, miel, persan, Santa Claus et pastèque)
PROTÉINES	
4 heures	Graines (potiron, sésame, et tournesol) et noix (amandes, noix du Brésil, pacanes, noix de pins et noix), mais pas les arachides ou les noix de cajou
AMIDONS	
3 heures	Les graines germées (amarante, orge, millet, quinoa, seigle et teff), légumes germés (pois chiches, lentilles et pois), courges d'hiver (glands, Hubbard, kabocha et spaghetti), et les patates douces et ignames
LÉGUMES	
2,5 heures	Légumes verts germés (luzerne cultivée, roquette, sarrasin, chou, trèfle, ail, chou frisé, moutarde et radis), légumes crucifères (brocoli, chou, et chou-fleur), légumes (asperges, céleri, concombre, maïs frais, poivron rouge, échalotes, courge d'été et courgette), légumes-feuille (roquette, chou chinois, bettes, chou fourrager, chou frisé, laitue, mizuna, moutarde brune, épinard et cresson), légumes-racine à faible amidon (betteraves, bardanes, carottes, panais, radis, navets)

Deux aliments ayant d'excellents bénéfices lorsqu'ils sont mangés seuls sont les tomates en grappe, qui nettoient le foie des graisses déposées, et les fraises en grappe, qui nettoient les cellules musculaires et graisseuses des déchets. Des combinaisons nutritives d'aliments sont l'avocat et les légumes verts, l'avocat et les acides modérés, les protéines et les jeunes pousses avec les légumes-feuille, et l'amidon et les jeunes pousses avec les légumes.

Quelques-unes des pauvres combinaisons sont les fruits et l'amidon ensemble, les fruits et les légumes, les fruits et protéines, l'amidon et protéines, l'amidon et l'avocat. Un mauvais assortiment typique dans le régime occidental est le granola, qui contient des flocons d'avoine (amidon) et des noix (protéine), combinés avec du miel et des fruits secs. Bien que savoureux, c'est une combinaison qui crée des gaz divers dans le corps, incluant le soufre. Le mélange d'amidon et de fruits secs crée une fermentation et de l'alcool, aucun des deux n'étant bon pour la santé.

les dix-huit merveilles de l'herbe de blé

Dans les précédents chapitres de ce livre, nous avons décrit quelques-uns des nombreux bénéfices de l'herbe de blé pour la santé, mais il serait utile de les énumérer tous pour souligner pourquoi cette plante exceptionnelle est l'une des pierres angulaires du programme de santé et vitalité Hippocrate. Pour un œil non averti, les brins d'herbe de blé peuvent paraître similaires aux brins de n'importe quelle herbe de pelouse ordinaire. L'herbe de blé est issue du froment, qui est le noyau entier du grain de blé, et la qualité supérieure et la variété des ses éléments nutritifs sont ce qui la distingue des autres herbes. Voici quelques faits à propos de cet aliment exceptionnel.

Basé sur notre recherche et nos observations, l'herbe de blé :

- est l'une des sources les plus riches en vitamines A et C ;
- contient un éventail entier et équilibré de vitamines B facilement assimilées, incluant le laetrile (B17), qui détruit sélectivement certaines cellules cancéreuses sans affecter les cellules normales ;
- contient du calcium biologique de haute qualité, du phosphore, du magnésium, du sodium et du potassium dans un ratio équilibré ;
- apporte du fer biologique au sang, ce qui améliore la circulation ;
- contient 92 des 102 oligoéléments reconnus dans les plantes ;
- est la forme la plus efficace de thérapie à la chlorophylle ;
- aide à réduire la tension artérielle ;
- est similaire à la structure moléculaire chimique des globules rouges humains, améliorant ainsi la capacité du sang à transporter l'oxygène à chacune des cellules du corps ;

- aide à éliminer les dépôts laissés par les médicaments ;
- purifie le foie ;
- aide les blessures à cicatriser plus rapidement ;
- neutralise les toxines métaboliques du corps ;
- combat les problèmes de glycémie ;
- a été attribuée à l'arrêt de la chute des cheveux et des cheveux gris ;
- aide à soulager la constipation ;
- augmente la résistance aux radiations et élimine les symptômes d'empoisonnement causés par les radiations ;
- agit comme un désinfectant en tuant les bactéries dans le sang, la lymphe et les tissus ; et
- est considérée comme un aliment complet parce qu'elle contient tous les acides aminés nécessaires au corps humain.

Parce que l'herbe de blé agit comme un nettoyant puissant à l'intérieur du corps humain, il se peut que vous vous sentiez nauséeux peu après l'avoir ingérée. C'est une réaction à l'émission des toxines dans votre système. Il vaut mieux commencer avec de petites quantités, environ 30 ml (1 once), pour ensuite augmenter graduellement la dose jusqu'à 125 ml (1/2 tasse) à la fois.

Une fois en jus, l'herbe de blé n'est pas stable et a tendance à rancir rapidement. Il vaut donc mieux le boire rapidement soit dans les quinze minutes après sa fabrication. Cependant, l'herbe coupée pourra être gardée pendant environ une semaine au réfrigérateur, dans un sac plastique ou un récipient. Le jus d'herbe de blé surgelé peut être conservé pour de plus longues périodes, mais n'est cependant pas aussi efficace que le jus frais, qui garde tous les éléments nutritifs et l'oxygène intacts.

6

une méthode de nutrition saine pour une longue vie

L'art de guérir vient de la nature, pas du médecin.

PARACELSE, 1493-1542

Quand nous pourrons donner à chacun nourriture et exercice en quantité adéquate, nous aurons alors trouvé le chemin le plus sain vers la santé.

HIPPOCRATE

Hollywood a réussi plus d'une fois à traiter d'un sujet sérieux de manière provocante. Dans le film *The Fountain,* le désir de l'homme pour l'immortalité est symbolisé par la quête d'une fontaine de jouvence, peinte en trois périodes : le XVIe siècle, le présent et l'avenir lointain. Les personnages de chaque époque trouvent la réponse au secret de la vie éternelle sous la forme de composés naturels et en puisant au sein de la force vitale de notre propre nature humaine.

Les recherches des scientifiques pour la fontaine de jouvence se font souvent en ignorant la nature et en négligeant notre corps. Elles consomment énormément de ressources et remplissent nos esprits de faux espoirs. De grandes entreprises surgissent en offrant des cures magiques et des remèdes rapides développés en laboratoires afin de nous faire croire que la science peut rallonger nos vies et éliminer éventuellement le concept de la mort en trichant avec notre chimie corporelle.

Selon certains documents historiques, notre espérance de vie était bien plus grande auparavant. Comment était-ce possible ? C'est parce que nous vivions plus en harmonie avec la nature. Plus nous nous sommes rapprochés des technologies, plus nous nous sommes éloignés de la nature. Un retour à une longue espérance de vie signifie un retour à la nature.

Le vieillissement ne devrait pas être synonyme de maladie, d'infirmité et de perte d'agilité mentale. Longue vie et bonne santé sont fortement liées et sont les ingrédients de la recette du bonheur. Après tout, à quoi bon vivre cent ans ou plus si c'est pour souffrir de maladies chroniques, de douleur et d'infirmité ? Comme le dit T. Colin Campbell, « Être en bonne santé signifie profiter pleinement du temps que nous avons. Il s'agit d'être le plus fonctionnel possible durant notre vie et d'éviter la paralysie, la douleur et les longues batailles avec la maladie. Le plaisir de vivre, surtout la deuxième partie de sa vie, est grandement compromis si on ne peut pas voir, si on ne peut pas penser, si nos reins ne fonctionnent pas, ou encore, si nos os sont cassés ou fragiles. »

La recherche sur le prolongement de l'espérance de vie démontre clairement que la consommation d'aliments à haute teneur nutritionnelle, en petites quantités, permet de prolonger la vie en régénérant les cellules. Le *Journal of the American Association* a publié en 2006 une étude menée sur un groupe de 40 personnes réparties en 4 groupes de consommateurs différents pendant six mois. Cette étude a démontré que les personnes suivant un régime hypocalorique, hautement nutritif subissaient des modifications corporelles bien plus spectaculaires au niveau métabolique et chimique, modifications ayant des conséquences directes sur le prolongement de la vie et l'amélioration de l'état de santé.

De même, la recherche sur la longévité a permis d'établir un ensemble de découvertes qui montrent comment les produits d'origine animale ainsi que les graisses et les protéines de viande cuisinées agissent de façon à réduire la durée de vie. Le magazine scientifique *Nature* indiquait en 1974 que plus les animaux de laboratoire consommaient de protéines, plus leur espérance de vie diminuait. Une étude plus récente de l'Université d'Helsinki en Finlande a démontré que tous les animaux de laboratoire nourris aux graisses animales mouraient prématurément. Quant aux hommes, les résultats se sont révélés identiques. Par exemple, une étude menée en 1973 et parue dans l'*American Journal of Clinical Nutrition* a clairement établi la relation entre la diminution de l'espérance de vie d'une personne et sa consommation de graisse animale.

D'autres faits prouvent que certains composés chimiques de synthèses rajoutés dans les aliments pouvaient contribuer à diminuer l'espérance de vie. L'un d'eux est le dihydrocoumarin (DHC), un composé chimique commercialisé comme agent de saveur dans une grande variété d'aliments, y compris les boissons non alcoolisées, les yaourts et les muffins. Il apparaît en grande concentration dans les gélatines préparées, les gâteaux et les produits laitiers surgelés, et on le trouve également dans de nombreux savons et produits cosmétiques.

Le journal de science en ligne, *Public Library of Science Genetics*, présente une étude publiée en 2005 qui démontre comment le DHC inhibait l'activité des sirtuins, ces enzymes associées au contrôle de la durée de vie. Pendant cette expérience en laboratoire, le DHC fut injecté dans des cellules de blé. Il s'ensuivit une réduction de leur espérance de vie de 30 %. Le blé contient de très nombreux sirtuins identiques à ceux que produit l'humain, et leur action sur le vieillissement et sur d'autres fonctions cellulaires importantes, telles que le métabolisme et la neurodégénérescence, a été prouvée depuis bien longtemps déjà. Identifier les composés chimiques qui inhibent le fonctionnement des sirtuins est un élément important afin de prouver que les additifs alimentaires synthétiques sont une menace pour la santé.

À ce stade, on peut légitimement se poser cette évidente question : Si la plupart des gens se nourrissent d'aliments de qualité médiocre et que leur système immunitaire est soumis à des agressions toxiques d'agents chimiques, pourquoi vivons-nous, en moyenne, plus longtemps, que dans les siècles passés ? L'espérance de vie moyenne dans la plupart des pays industrialisés a augmenté d'environ 40 ans au XXe siècle. Au début du siècle dernier, les gens vivaient jusqu'à 45 ans en moyenne. Vers la fin du siècle, ils vivaient jusqu'à 70 ans ou presque. Comment expliquer ce phénomène et quelle signification lui donner ?

En 2006, un rapport de santé établi pour l'American Society of Integrative Medical Practice, par un groupe de médecins et de scientifiques, permet de fournir une première réponse : « Les progrès en termes d'hygiène, de sécurisation des lieux de travail, de travail des enfants ainsi que dans les maladies hydriques ont réduit de façon spectaculaire la mortalité et la morbidité maternelle. »

Alors que l'espérance de vie générale semblait augmenter, en dépit du déclin spectaculaire de la qualité nutritionnelle des aliments mis à la disposition de la plupart des gens, le gain statistique en termes de longévité et excessivement décevant. Comme l'a indiqué le groupe dans son rapport : « Quand vous comparez l'espérance de vie des quinquagénaires en 1900 et en 2000, il n'y a eu pratiquement aucune évolution. Beaucoup moins enthousiasmant pour nos adolescents sont les épidémies actuelles d'obésité, l'hyperactivité, les maladies liées au stress, les fractures de fatigue ainsi que

vivre plus longtemps grâce à la nourriture vivante

À 13 ans, j'ai eu une pleurésie et j'ai été hospitalisée. Un jeune interne qui avait décidé de drainer le fluide a percé mon poumon. J'ai eu une infection et j'ai dû subir une opération, car les antibiotiques n'existaient pas à l'époque. Mon système immunitaire a été sévèrement compromis et j'ai mis un an pour me rétablir. La vie n'a jamais été pareille depuis. Je souffrais de fatigue, d'insomnie et de constipation continuelle.

Nombre d'années plus tard, des analyses ont montré que j'étais allergique à certains aliments, notamment à la protéine de lait, à la viande, au fromage et au beurre. À 74 ans, j'ai suivi un atelier dirigé par un instructeur de santé de l'Institut Hippocrate qui était en même temps conseiller en matière de mode de vie à la nourriture vivante. Cela a marqué le début de ma récupération. J'ai opté pour un régime qui consistait entièrement d'aliments crus et biologiques.

La nourriture vivante m'accorde de l'énergie illimitée et un système digestif qui fonctionne enfin correctement et facilement. Elle a aussi mis fin à ma constipation. À 76 ans, je suis devenue instructrice de yoga « Iyengar ». Maintenant, à l'âge de 80 ans, j'enseigne le yoga aux personnes âgées et je mène une vie saine et de qualité. Le programme de l'Institut Hippocrate m'a complètement transformée.

IDA ROBINSON
TORONTO, CANADA

les signes précoces de diabète. Des symptômes qui leur prédisent, pour les années à venir, des épidémies de diabète suivies, à l'âge de trente ans, de maladies cérébrales, coronariennes et cardiovasculaires, d'une baisse de la fertilité avec une espérance de vie bien moindre que celle de leurs grands-parents. »

À travers les âges, on a raconté aux gens que consommer beaucoup assurait une vie plus longue. Ce qui est ironique, c'est que c'est le contraire qui est vrai : on vit plus longtemps et en meilleure santé si on consomme moins. Par exemple, si on mange moins de calories, on vivra plus longtemps. Cette règle s'applique à tout aspect de la vie. Utiliser les ressources de la planète dans des quantités toujours plus grandes au nom de nos conforts et de nos luxes prétendus est une forme de folie. Cette consommation affolante détruit non seulement notre santé et réduit notre durée de vie, mais elle met en danger la survie de notre espèce.

Les carences nutritionnelles et la diminution de l'énergie vitale, combinées à un assaut de produits chimiques toxiques contre nos systèmes immunitaires, réduiront encore plus la durée de vie de nos enfants et de nos petits-enfants et infligera à tous d'énormes augmentations des dépenses médicales. Cette tendance a déjà commencé et ne va que s'accélérer si l'on ne choisit pas une approche plus naturelle à la santé et à la guérison. Tout commence par l'énergie vitale contenue dans nos aliments et par l'énergie vitale de notre corps.

conquérir les maladies du vieillissement

Vous avez probablement entendu parler de ce mythe et probablement que vous avez choisi d'y croire, qu'avec le vieillissement, les fonctions mentales diminuent. Selon ce mythe, non seulement la perte de mémoire est inévitable lorsqu'on avance en âge, mais la maladie d'Alzheimer, cette maladie dévastatrice qui rogne le cerveau, choisit ses victimes de façon aléatoire et que nous sommes tous à risque.

Comme tout mythe basé sur la peur et l'ignorance, celui-ci ignore complètement l'évidence provenant autant de la science que de l'expérience humaine. Autant le cerveau que le corps peuvent se régénérer. Nous avons été témoins de cette vérité des milliers de fois en regardant les diplômés du programme de l'Institut de santé Hippocrate, et il s'agit de résultats que la science médicale a constatés de plusieurs façons.

Le fait de boire des jus de fruits et de légumes peut aider à diminuer les risques de développer la maladie d'Alzheimer, selon une étude menée en 2006 et publiée dans l'*American Journal of Medicine*. Une équipe de chercheurs de l'Université de Vanderbilt a suivi l'état de santé de presque 2000 personnes sur une période de 10 ans et a découvert que le risque de développer la maladie d'Alzheimer était de 76 % moindre chez les personnes qui buvaient du jus plus de trois fois par semaine, comparé aux participants de l'étude qui en buvaient moins d'une once par semaine. Autant les jus de fruits que de légumes étaient inclus dans l'étude.

Les scientifiques pensent que les antioxydants contenus dans les jus « essuient » les radicaux libres qui endommagent les cellules du corps, et que ce processus offre une protection contre l'accumulation d'amas de protéine bêta-amyloïde dans le cerveau, lesquelles protéines semblent être responsables du développement de la maladie d'Alzheimer. Boire des jus de fruits et de légumes favoriserait aussi une meilleure circulation du sang vers le cerveau. On sait maintenant qu'un apport insuffisant de sang vers le cerveau est relié à l'installation de la maladie.

« Il est presque certain que la diète joue un grand rôle quand on pense au risque d'une personne de développer la maladie d'Alzheimer, commente Harriet Millward du Britain's Alzheimer's Research Trust. La diète pourrait fournir un moyen peu coûteux de contrer une maladie qui ruine un nombre illimité de vies et qui coûte aux fonds publics plus que ne le font, ensemble, le cancer, l'accident vasculaire cérébral et les maladies cardiovasculaires. » D'autres études ont démontré que des régimes à haute teneur en légumes et à basse teneur en produits laitiers et en viande, protègent de la démence, maladie qui touche la moitié de tous les Américains âgés de 85 ans et plus.

Un rapport de 2006 publié dans *Annals of Neurology* a révélé que des neurologues de l'Université de Columbia avaient mené une étude médicale sur 2000 personnes âgées à New York et qu'ils avaient découvert que les sujets ayant suivi le plus fidèlement un régime riche en légumes et pauvre en produits laitiers et en viande présentaient un risque 40 % plus faible de développer la maladie d'Alzheimer. Là encore, ce résultat a été attribué à l'abondance d'antioxidants dans un régime basé sur les plantes.

Une autre étude publiée la même année dans le *Journal of Alzheimer's* a étayé l'hypothèse selon laquelle les régimes alimentaires qui impliquent une restriction calorique peuvent enrayer ou font même reculer la maladie d'Alzheimer. Des chercheurs de l'École de médecine du Mont Sinaï ont expérimenté cette idée sur deux groupes de singes écureuils : le premier a suivi un régime alimentaire normal de singe, l'autre un régime comportant 30 % de calories en moins. Non seulement ce régime pauvre en calories faisait baisser les niveaux de protéines amyloïdes associés à la maladie, mais il allongeait la durée de vie d'une protéine appelée SIRT1, qui interagit avec les amyloïdes et qui se situe dans la zone du cerveau impliquée dans les maladies liées à l'âge.

Les phytonutriments, qui sont des stimulants naturels de la mémoire et protègent contre les maladies, sont présents en abondance dans le régime du programme Hippocrate. L'un de nos favoris, à utiliser pour épicer la nourriture ou comme complément alimentaire, est le curcuma, l'une des épices présentes dans le cari dont l'ingrédient actif est la curcumine. Les chercheurs en neurologie qui ont étudié des personnes âgées en Inde ont trouvé une incidence de la maladie d'Alzheimer et du cancer du côlon beaucoup plus faible que dans les pays occidentaux, ce qu'ils attribuent en grande partie au curcuma, qui est un ingrédient de base de la cuisine indienne depuis peut-être 5000 ans. Il est traditionnellement recommandé comme anti-inflammatoire par la médecine indienne.

vaincre un cancer du sein

Lors de ma dernière mammographie, le médecin a trouvé une petite tumeur qui n'était pas là l'année précédente. Comme j'étais moi-même professionnelle de la santé depuis vingt ans, j'ai décidé de solliciter l'avis de quatre autres médecins. J'ai passé une biopsie et on m'a diagnostiqué un carcinome canalaire infiltrant.

Un chirurgien m'a fait une tumorectomie du sein et a retiré quelques ganglions lymphatiques. Ensuite, j'ai été envoyée chez un radio-oncologue pour un traitement de suivi. À cette époque, ma cousine de la Barbade est venue nous voir, mon mari et moi. Elle m'a dit : « Ton corps a déjà subi deux invasions et, si tu continues l'irradiation, tu vas tuer beaucoup de cellules saines en même temps que le cancer. Tu devrais aller à l'Institut de santé Hippocrate. »

Grâce à ma cousine, j'ai découvert une solution préférable à la chirurgie et à l'irradiation. À l'institut Hippocrate, j'ai en effet bénéficié du parfait environnement pour que mon corps et mon esprit retrouvent leur état de santé naturel. Après avoir terminé le programme, j'ai continué à le suivre chez moi et à me guérir toute seule. Ma chirurgienne m'a confirmé que j'étais en excellente condition et m'a dit de poursuivre mon traitement, quel qu'il soit, puisque de toute évidence il fonctionnait. Comme bien d'autres, elle est maintenant consciente de tout le profit que j'ai tiré du programme d'alimentation vivante.

LUCILLE BRADSHAW
ORLANDO, FLORIDE

Ce n'est que récemment que les scientifiques occidentaux ont reconnu les propriétés médicinales de cette épice. En 2005, le *Wall Street Journal* a révélé que plus de 256 articles scientifiques relatifs à l'action bénéfique de la curcumine sur la santé avaient été publiés l'année précédente et que le National Institutes of Health aux États-Unis avait lancé des essais cliniques pour étudier les effets de la curcumine dans le traitement du cancer du pancréas, du myélome multiple, de la maladie d'Alzheimer et du cancer colorectal.

Voici un échantillon des résultats de ces recherches :

- Selon une étude de l'UCLA Veterans Affairs, la curcumine pourrait inhiber l'accumulation des bêta-amyloïdes nocifs dans le cerveau des malades d'Alzheimer et détruire les plaques déjà existantes chez ces patients.
- Des chercheurs de l'Université de Yale ont découvert que la curcumine aide à rétablir des niveaux physiologiquement corrects de fonction protéique dans les cas de fibrose kystique.
- Un numéro de novembre 2006 du journal *Arthritis and Rheumatism* a démontré l'efficacité de la curcumine pour réduire l'inflammation des articulations et comme traitement possible d'autres symptômes de l'arthrite.

La fisetine est un flavonoïde présent à l'état naturel dans les tomates, les oignons, les fraises et d'autres fruits et légumes. Dans des recherches publiées dans *Proceedings of the National Academy of Sciences*, la fisetine est décrite comme un phytonutriment qui stimule des voies de connexion dans le cerveau et développe ainsi la mémoire à long terme. On a découvert que la fisetine protégeait les neurones dans le cerveau et favorisait leur survie et des expériences en laboratoire ont montré qu'elle stimulait la mémoire des souris.

Il est intéressant de noter qu'une coauteure de cette étude, Pamela Maher, chercheuse au laboratoire de neurobiologie cellulaire du *Salk Institute for Biological Studies*, a souligné que, puisque la fisetine est présente dans de nombreux aliments à l'état naturel, il s'avère peu intéressant pour les sociétés pharmaceutiques et l'industrie médicale de la développer comme traitement de la perte de mémoire associée à la maladie d'Alzheimer et aux maladies du vieillissement apparentées. En d'autres termes, si les détenteurs de ces intérêts économiques ne peuvent pas breveter un remède tel que la curcumine ou la fisetine pour augmenter leurs profits, ils ne mettront pas au point ce traitement, malgré toutes les vies qui pourraient être sauvées ou prolongées et malgré toute la douleur et la détresse qu'ils éviteraient. Cette cruelle réalité nous rappelle que finalement chacun d'entre nous est responsable de sa santé et de sa guérison.

le secret d'une longue vie en pleine santé

Vous avez sans doute entendu parler de certains groupes de gens isolés qui vivent jusqu'à cent ans ou plus tout en restant en bonne santé physique et mentale. L'un de ces groupes vit au Japon, sur l'île d'Okinawa. Il s'agit de l'une des populations les plus étudiées de la planète.

Sur une borne en pierre sur la plage d'Okinawa est gravé ce dicton : « À soixante-dix ans, tu n'es qu'un enfant, à quatre-vingts ans, tu es seulement jeune et à quatre-vingt dix ans, si les ancêtres t'invitent au ciel, dis-leur d'attendre que tu aies cent ans et alors tu pourras envisager de les rejoindre. » Ce proverbe traduit une attitude face à la vie qui explique pourquoi les résidants d'Okinawa ont une espérance de vie sans handicap la plus élevée du monde.

Des études sur le régime d'Okinawa révèlent une grande consommation de légumes vert foncé, de patates douces, de germes de soja, d'algues, d'oignons et de poivrons verts. En revanche, la viande, la volaille et les produits laitiers ne représentent que 3 % de leur consommation totale. Comme ce régime fait partie intégrante de leur mode de vie et de leur culture, le taux d'individus atteignant cent ans est six fois plus élevé qu'aux États-Unis et dans d'autres pays occidentaux.

Si vous pensez que les habitants d'Okinawa ont une prédisposition génétique à la longévité, vous avez tort. En effet, quand ils quittent l'île et adoptent le régime alimentaire riche en viande et en produits laitiers d'autres pays, ils deviennent rapidement victimes des mêmes problèmes de santé que les autres populations du monde.

Le gériatre de la *Harvard Medical School* Bradley J. Willcox, qui a passé dix ans à étudier les habitudes alimentaires et le mode de vie des résidants d'Okinawa, cite quatre facteurs qui expliquent leur longévité : un régime à basses calories basé sur les plantes, de l'exercice physique régulier, une forte tradition spirituelle et un point de vue positif sur la vie. « Ce sont les gens les plus heureux que j'aie jamais rencontrés », a commenté le Dr Willcox. En relisant sa liste de facteurs qui influent sur la durée de vie, il m'apparaît clairement que le programme de l'Institut de santé Hippocrate met ces principes en pratique avec succès depuis un demi-siècle.

Les membres de l'Église adventiste du Septième Jour, en Californie, constituent un autre groupe très étudié. Ils suivent un régime essentiellement végétarien. Selon une étude de 2001 parue dans *Archives of Internal Medicine* qui a évalué la santé et le régime alimentaire de 34 000 membres de cette église, les individus qui mangeaient le moins de viande vivaient

vaincre le cancer grâce à l'alimentation

Le 1er janvier 1995, je me suis réveillé avec, sur le cou, une masse de la taille d'un gros citron. Ma femme a insisté pour m'amener aux urgences de Palm Spring en Californie où nous étions en vacances. On m'a fait quelques analyses sanguines et l'on m'a conseillé de consulter mon médecin à mon retour. Ce dernier a diagnostiqué un lymphome (cancer des glandes lymphatiques) et m'a informé que si je ne commençais pas immédiatement une chimiothérapie, il ne me resterait plus que six mois à vivre. Il a ajouté que, même avec ce traitement, je ne vivrais pas plus de cinq ans.

Notre gendre, nutritionniste diplômé, m'a conseillé d'envisager de suivre le Programme de l'Institut Hippocrate. J'ai beaucoup lu à ce sujet, et j'ai finalement décidé que c'était probablement ce que j'avais de mieux à faire. Lorsque j'en ai parlé à mon cancérologue, la pression a commencé. Mon généraliste m'a appelé et a essayé de me convaincre que je faisais là une grave erreur. Mon cancérologue m'a dit la même chose. Ma famille et mes amis m'ont en quelque sorte harcelé pour que je me fasse traiter. J'ai fini par céder et commencé la chimio. Après la deuxième séance, mes cheveux sont tombés et j'avais l'air d'un mort vivant. Aussi ai-je estimé que la chimio allait me tuer avant le cancer.

J'ai donc passé trois semaines chez Hippocrate pour suivre leur programme. Aujourd'hui, je peux vraiment dire que c'est l'une des meilleures décisions que j'aie jamais prise de toute ma vie. Depuis trois ans, je suis complètement guéri du cancer. Je me sens mieux et j'ai plus d'énergie aujourd'hui à l'âge de soixante-douze ans que quand j'en avais à quarante-deux. Je fais pousser moi-même mon herbe de blé et mes germinations, et je bois trois litres de jus de légumes biologiques crus par jour. Je consacre aussi pas mal de mon temps à parler à ceux qui veulent savoir comment j'ai vaincu le cancer et ce que je fais pour avoir l'air en si bonne santé.

BILL HUGHES
MODESTO, CALIFORNIE, ÉTATS-UNIS

près de dix ans de plus que ceux qui consommaient des produits carnés. De plus, ils étaient nettement moins souvent victimes de maladies de tous ordres que les mangeurs de viande.

Ces résultats ont été largement confirmés par d'autres études sur l'alimentation depuis déjà une quarantaine d'années. Par exemple, deux études de 1961 et de 1966, dont le *Journal of the American Medical Association* a rendu compte, ont montré que les individus qui ne mangent pas de viande vivent plus vieux et ont moins de problèmes de santé chroniques que ceux qui en mangent.

Il existe même des preuves scientifiques d'une corrélation entre le QI (quotient intellectuel) et une bonne santé. Dans l'une des éditions en ligne de décembre 2006 du *British Medical Journal*, on peut lire qu'il y a une relation entre le QI des enfants et la probabilité qu'ils deviennent végétariens quand ils seront de jeunes adultes, ce qui diminuera leurs risques de développer des maladies cardiovasculaires ultérieurement.

Dans cette étude, les chercheurs anglais ont collecté des données auprès de 8200 hommes et femmes de trente ans qui avaient tous passé un test de QI à dix ans. Près de 5 % des participants étaient soit végétaliens, soit végétariens et ils avaient en tant que groupe un QI moyen beaucoup plus élevé que les mangeurs de viande.

« Les gens plus intelligents ont généralement des habitudes alimentaires plus saines », selon Catharine Gale, directrice de recherche au *MRC Epidemiology Ressource Centre* de l'Université de Southampton. Cette étude corrobore l'évidence que les personnes bénéficiant d'un meilleur QI ont généralement une vie plus saine. Dans de nombreuses études un lien est fait entre les régimes végétariens et un faible risque de maladies cardiovasculaires. Ainsi, ces résultats suggèrent-ils que de tels régimes pourraient expliquer pourquoi les enfants ou adolescents ayant un QI plus élevé présentent un risque de maladies coronariennes plus faible une fois adultes. »

La multitude d'études scientifiques s'accordent toutes à dire que les consommateurs de viande vivent moins longtemps et en bien moins bonne santé que ceux qui n'en consomment pas. Lorsque cette étude sur le QI a été publiée, David Katz, directeur du Prevention Research Center à la faculté de médecine de Yale aux États-Unis, a déclaré à la revue *HealthDay News* : « Les études, par exemple, sur les Adventistes du Septième Jour en Californie, montrent qu'ils présentent un taux moins important de maladies chroniques et une plus grande longévité que leurs homologues omnivores. Il a également été prouvé de façon forte et consistante qu'une plus grande intelligence, un niveau d'éducation et un statut social plus élevé, types de personnes ayant tendance à se fréquenter les uns les autres, étaient souvent en corrélation avec une bonne santé. »

Il n'y a pas que la nourriture pure qui aide à favoriser la bonne santé et à vivre plus longtemps. L'eau pure y contribue également. Chez Hippocrate, en 2000, nous avons conduit auprès de 46 de nos pensionnaires une étude pour tester l'impact de l'eau recueillie dans une région volcanique au Japon. Un magnétomètre a montré que cette eau possédait une charge électromagnétique élevée. Nous avons donc invité 23 de nos pensionnaires, tous atteints de maladies très sérieuses et à l'avenir incertain, à boire de cette eau quotidiennement pendant 20 jours. Nous avons ensuite comparé leurs progrès avec 23 autres pensionnaires (même alimentation et même pronostic) n'ayant pas bu de cette eau volcanique.

Les analyses sanguines ont montré que ceux qui avaient bu l'eau à haute charge électromagnétique avaient en moyenne amélioré de 18,5 % le fonctionnement de leur système immunitaire. L'absorption de cette eau avait augmenté le nombre d'électrons dans leur corps, aidant ainsi à la préservation des globules rouges, permettant de lever la pression sur les globules blancs, et, par conséquent, donnant une meilleure immunité et allongeant l'espérance de vie de ces pensionnaires.

Cette étude, ainsi que d'autres que nous avons conduites, nous ont permis de découvrir que l'on pouvait réduire la longévité à une formule de base : tout fonctionnement physique et intellectuel agit sur et selon des fréquences électriques. Pour allonger notre espérance de vie, nous devons créer une onde d'activité électrique positive continue. Ce qui signifie que nous avons besoin de recevoir de façon régulière ces concentrés d'énergie vitale provenant de la nourriture biologique vivante.

L'allongement de l'espérance de vie est aujourd'hui un marché florissant, ayant en son centre la recherche en hormones de croissance humaine (HCH). Parfois appelées somatropine, les HCH sont des hormones produites par l'hypophyse qui se trouve au centre du cerveau. Les hormones produites par cette glande sont responsables de la croissance, du développement et de la régénération. Après trente ans, nous subissons une chute importante du niveau de ces hormones. Cette déficience devient, d'après la plupart des études scientifiques, la cause centrale du vieillissement.

Au départ, le secteur de l'anti-âge évoluant, ces hormones de croissance étaient extraites de porcs puis injectées aux personnes ayant les moyens de s'offrir cette procédure au coût exorbitant. Le processus d'extraction s'est révélé tellement difficile que l'industrie a rapidement utilisé la modification génétique pour créer une source d'approvisionnement stable. À l'Institut Hippocrate, nous nous sommes vivement opposés à l'utilisation d'organismes génétiquement modifiés en raison de leurs effets secondaires toxiques potentiels. Notre conclusion est que les produits d'origine animale, fabriqués chimiquement et génétiquement modifiés ont par nature des conséquences négatives à long terme sur le corps humain.

Cependant, nous sommes tout à fait d'accord avec le besoin de stimuler naturellement la glande pituitaire afin d'accroître la production de ces hormones de croissance. À cet égard, les recherches effectuées chez Hippocrate ont prouvé l'efficacité d'un stimulateur naturel de l'HCH appelé atropine et qui retarde les effets du vieillissement. La chimie naturelle de la glande pituitaire est produite par l'atropine. Lors d'une étude de six mois, durant laquelle nos pensionnaires ont utilisé de l'atropine, nous avons découvert que la majorité d'entre eux avait perdu du poids. De plus, ils ont accru leur endurance et leur vitalité sexuelle, amélioré leur mémoire et la qualité de leur sommeil, et, enfin, de manière générale, renforcé les fonctions de leur système immunitaire.

Cela fait des années que nous enseignons que la vraie fontaine de jouvence réside dans la consommation de nourriture pure et vivante, la pratique régulière d'un exercice, les pensées positives et une connexion spirituelle avec la grande chaîne de la vie. Ainsi, en stimulant naturellement la production d'HCH par notre corps, nous améliorons notre qualité de vie et notre longévité.

Quarante ans est le stade de notre vie où il devient particulièrement important de consommer essentiellement des aliments crus. Un régime basé sur ces aliments crus et vivants apporte un maximum d'enzymes, de vitamines, de minéraux, d'oxygène et de fibres. Les aliments vivants, tels que les germinations, sont en période de croissance jusqu'au moment où nous les ingérons. Leur charge bioélectrique se trouvant à son point culminant, ils nous fournissent une vitalité plus subtile.

Les recherches expérimentales de l'Institut Hippocrate sur l'utilisation des enzymes par notre corps ont prouvé que l'injection d'enzymes frais dans le corps humain donnait un sérieux coup de fouet à l'amélioration de notre digestion et à notre guérison au niveau cellulaire. C'est une autre des raisons pour lesquelles nous recommandons la consommation de suppléments sous forme d'algues comestibles pour ainsi contribuer à la prolongation de notre vie.

Le biochimiste et lauréat de Prix Nobel James B. Sumner, de l'Université Cornell, dit que « la sensation de devenir vieux » que beaucoup de gens rapportent après l'âge de quarante ans est la conséquence directe de la diminution des niveaux d'enzymes dans tout le corps. Nos cellules jeunes contiennent des centaines d'enzymes de plus que nos vieilles cellules, qui deviennent chargées de déchets métaboliques.

Le mot « enzyme » est dérivé d'un terme grec qui signifie « causer un changement ». C'est exactement ce que les enzymes font pour le corps humain. Elles promeuvent des changements régénérateurs qui maintiennent

Tableau 5: *les 24 aliments pour résister à la maladie et pour allonger la durée de vie*

ALIMENTS	PROPRIÉTÉS FAVORABLES À LA SANTÉ
Asperge	L'asperge crue procure à l'organisme de nombreux minéraux et phytonutriments. Des recherches ont établi qu'elle offre un soutien aux reins ainsi qu'un effet bénéfique sur les émotions.
Bleuet (myrtille) et mûres	Le centre d'étude du vieillissement *Tufts University Center on Aging* a découvert que les bleuets et les mûres fournissent à l'organisme une abondance d'antioxydants. Ces derniers aideraient à renverser les effets indésirables du vieillissement sur les cellules du cerveau. Ils contribueraient aussi à prévenir la maladie d'Alzheimer.
Crucifères	Selon le *Journal of Nutrition*, la teneur élevée en soufre des crucifères (brocoli, chou, chou-fleur, chou de Bruxelles) aide à lutter contre les cellules cancéreuses. La consommation de leurs graines germées pourrait accroître les bienfaits pour la santé.
Daikon ou radis du Japon	Une fois pressée, cette racine potagère japonaise libère des nutriments et des éléments phytochimiques capables d'améliorer la circulation sanguine, de réduire les ulcères et d'aider l'organisme à purifier le sang.
Endive	La forte teneur en minéraux et en chlorophylle de l'endive favorise la désintoxication du foie et du sang et l'augmentation de la vitalité de l'organisme.
Germe de fenugrec	Le germe de fenugrec stimule la voie gastro-intestinale. Il exerce un effet positif sur la glycémie, tant chez la personne souffrant d'hypoglycémie que d'hyperglycémie.
Ail	Des chercheurs ont découvert que le contenu en sulfures d'allyle de l'ail inhibe la multiplication des cellules cancéreuses. Ces sulfures aideraient à réduire les plaques ventriculaires et l'inflammation, une des causes d'accidents cérébraux vasculaires (ACV) et d'infarctus du myocarde.
Germe de pois vert	En raison de leur forte teneur en bêta carotène, le germe de pois verts favorise la santé oculaire et entraîne un effet antioxydant contre de multiples formes de cancer. Il favorise la santé musculaire et sanguine.
Graine et germe de chanvre	Cet aliment équilibré est riche en acides gras essentiels et favorise la santé du métabolisme. Il aide à l'entretien du cerveau, des organes et du système nerveux.
Laitue Iceberg	Bien que rarement citée pour sa valeur nutritionnelle, la laitue Iceberg renferme de la silice et du silicium. Ces nutriments renforcissent la peau, les cheveux, les os et le système nerveux.
Jicama	Consommé sous forme crue ou germée, le Jicama accroît l'apport énergétique de l'organisme tout en assurant une glycémie normale et un bon fonctionnement du système cardiovasculaire.

Chou frisé	La forte teneur en calcium, en phosphore et en magnésium du chou frisé renforcerait les dents, les os et les globules sanguins. Son pourcentage en soufre soulagerait également les troubles gastro-intestinaux.
Laitue	Les légumes-feuilles amélioreraient l'humeur et augmenteraient le désir sexuel. Le jus de laitue est souvent utilisé comme aphrodisiaque.
Graines de moutarde (germées)	Les graines de moutarde ont la propriété de nettoyer les muqueuses et d'aider à éviter nombre de troubles respiratoires.
Muscade	La muscade contient une gamme étendue de phytonutriments qui diminuent l'inflammation vésicale et les symptômes associés à une miction fréquente.
Oignon	La forte teneur en phytonutriments de l'oignon aide à protéger les cellules contre les mutagènes et les envahisseurs (bactéries, champignons et virus).
Quinoa	Le quinoa stimule l'activité mentale et physique. Son taux élevé en minéraux et en protéines favorise l'alcalisation de l'organisme.
Poivron doux rouge	Le poivron doux rouge est riche en vitamine C et autres nutriments. Comme antioxydant, il peut réduire la dégradation cellulaire causée par les radicaux libres et, par conséquent, réduire les effets du vieillissement.
Patate douce	En germination, la patate douce renferme toutes les vitamines et la plupart des minéraux et oligo-éléments. Elle favorise la vitalité, fortifie le cœur et les autres organes vitaux et favorise la capacité de régénération cellulaire.
Tomate	La tomate biologique et mûrie sur pied contient des phytonutriments qui aideraient à prévenir le cancer du sein et de la prostate et renforcerait le muscle cardiaque.
Tangelo	Fruit de la famille du pamplemousse, le tangelo contient de l'acide citrique, des nutriments et des agents phytochimiques dont l'action consiste à dissoudre les déchets accumulés dans le foie et la vésicule biliaire et à créer un effet antiseptique sur la circulation sanguine. Il aide aussi à éliminer le mucus excédentaire de l'organisme et à réduire l'acide urique.
Melon d'eau ou pastèque	Avec ses graines germées, la pastèque sert à purger les reins et la vessie de ses impuretés. L'épiderme pressé en jus du melon est une source importante de protéines et de minéraux.
Yucca	Avec ses graines germées, le yucca s'utilise couramment pour nettoyer l'estomac et l'intestin grêle. Il constitue également une source d'énergie lors d'activité physique.
Courgette	La courgette contient des éléments phytochimiques qui protégeraient l'ouïe et la vue. Elle réduirait les syndromes prémenstruels et autres affections chez la femme. Ses fleurs sont riches en bêta-carotène, un puissant antioxydant capable de défendre l'organisme contre le cancer et autres maladies.

la santé, protègent de la maladie et assurent la longévité. Elles fournissent une charge cellulaire énergétique cruciale pour l'énergie vitale. Les enzymes alimentaires sont des éléments nutritifs essentiels pour le corps, et qui dans leur forme la plus pure et la plus hautement chargée, peuvent seulement provenir de la nourriture crue biologique.

Pendant cette dernière moitié de siècle, des milliers de personnes ont fait partie du programme de santé et vitalité de l'Institut Hippocrate après avoir reçu un verdict de condamnation à mort par des médecins occidentaux. Beaucoup de ces personnes ont maintenant dans les 90 ans et plus, et elles sont encore épanouies. Nous savons donc que notre programme fonctionne. Nous avons vu son efficacité en pratique et à long terme.

La longévité se réduit à une formule très simple : tout le fonctionnement physique et mental opère par une fréquence électrique et à travers elle. Pour prolonger nos vies, nous devons travailler à créer une vague d'activité électrique positive continue et ininterrompue dans nos pensées et nos corps. Dit simplement, nous devons trouver et adopter ces activités, ces pensées et ces nourritures qui nous rechargent plutôt que de nous exténuer... et qui nous renforcent plutôt que de nous asservir.

Les quatre pierres angulaires du programme de santé Hippocrate pour une existence heureuse, une bonne santé et une plus longue vie sont : 1) des pensées donnant la vie, 2) avoir des relations satisfaisantes émotionnellement avec les autres, 3) une nourriture donnant la vie et des exercices, et 4) un épanouissement spirituel.

herbes et suppléments pour sauvegarder la jeunesse du cerveau

Toutes ces herbes et suppléments nutritionnels ci-dessous devraient être consommés dans leur forme d'aliments entiers, ce qui assurera l'assimilation complète et correcte de tous les cofacteurs d'éléments nutritifs. Les produits synthétiques dans lesquels les éléments nutritifs sont isolés en laboratoire n'apportent pas au corps humain tous les effets bénéfiques des suppléments pris directement d'aliments entiers. Pour plus d'information sur les herbes médicinales, référez-vous au chapitre 14.

- **L'acide alpha-lipoïque** est une molécule qui active le glutathion, un antioxydant puissant dans nos cellules. Celui-ci à son tour stimule notre habileté à neutraliser les radicaux libres qui endommagent les neurones du cerveau.

- **Les complexes de vitamines B** sont bénéfiques à notre système nerveux. Ils aident le cerveau à maintenir l'activité des neurotransmetteurs. Ils sont importants pour la santé mentale dans son ensemble ainsi que pour le fonctionnement cardiovasculaire. Une carence de ces vitamines peut résulter en une dépression, une démence et une dégénérescence nerveuse.

- **L'algue bleu-vert** est un aliment exceptionnel qui surpasse toutes les normes de qualité. Elle possède une haute teneur en protéines (50 %), ce qui la rend utile pour soulager la dépression. Pour une longévité et un fonctionnement mental en particulier, essayez la teinture « Brain Power » sans alcool de l'algue bleue Klamath, qui contient également des feuilles de ginkgo et autres herbes.
- **La griffe de chat** est une plante d'Amérique du Sud qui aide à prévenir ou à neutraliser le trouble déficit de l'attention (TDA) chez les enfants et la démence chez les adultes.
- **Le coenzyme Q10 (CoQ10)** est une enzyme essentielle et un antioxydant présent à l'intérieur des cellules de notre corps. Elle aide à transformer l'oxygène en énergie utilisable. Elle aide aussi à protéger les neurones et d'autres cellules de la mutation qui crée la perte de mémoire, la démence, la sénilité et la maladie d'Alzheimer.
- **La DHEA**, dérivée de l'igname sauvage, est un stéroïde bénéfique qui aide à prévenir la détérioration des cellules du cerveau en produisant des hormones d'œstrogène et de testostérone.
- **Les graines de chanvre** germées produisent des acides gras oméga-3 et oméga-6 utilisables. Celles-ci aident à nourrir et à reconstruire la structure du cerveau.
- **Le Kava** est un extrait d'herbe qui revigore les cellules du cerveau pour neutraliser la dépression et la mélancolie.
- **La mélatonine** est une hormone qui, utilisée périodiquement, aide à neutraliser le manque de sommeil causé par le vieillissement prématuré ou anormal. Elle peut aussi perturber le fonctionnement de l'enzyme du foie et de la vésicule biliaire. On doit donc l'utiliser avec modération et sous supervision d'un praticien de santé compétent et empathique.
- **Les aliments de mémoire** sont ceux ayant été identifiés comme ayant un bienfait antioxydant protecteur pour améliorer la mémoire humaine. Ils incluent les artichauts, les haricots, les mûres, les myrtilles (bleuets), la cannelle, les clous de girofle, les canneberges, les noisettes, l'origan, les noix de pacane, les patates douces et les noix.

Des médecins stupéfaits par un excellent rétablissement

Quand je suis arrivé à l'Institut de santé Hippocrate en juillet 2005, je pesais 243 livres, le poids le plus lourd que je n'avais jamais pesé. J'avais cinquante-trois ans et j'étais diabétique depuis trois ans. Mon cholestérol était hors contrôle et j'avais des calculs rénaux. Ma prostate avait quelques calcifications, et je me sentais tout le temps lent et fatigué. Mes médecins voulaient me prescrire plus de médicaments. Je me sentais désespéré.

J'ai décidé de participer au programme. Après quelques semaines passées là-bas, quelque chose d'exceptionnel est arrivé ! C'était comme si j'étais passé au travers d'une barrière invisible et étais maintenant de l'autre côté. C'est comme si mon corps renaissait. J'ai atteint un niveau de santé que je n'avais jamais ressenti auparavant, simplement en passant d'une cuisine d'Amérique du Nord « dite normale » pour vivre de végétation biologique fraîche et crue.

Dans l'année suivant ma visite, j'ai perdu vingt-deux kilos et je perds encore un demi-kilo par semaine. Mon médecin de famille et mon urologue sont tous deux stupéfaits de voir mon excellente forme physique. Ma glycémie et mon cholestérol sont normaux. Mon urologue, qui m'a suivi pendant vingt ans, était certain qu'il y avait une erreur lorsqu'il a pris mes radios. Il n'y avait plus de traces de calculs rénaux, et mon niveau d'acide urique était redevenu normal.

Aujourd'hui, je me sens beaucoup plus en paix et je me sens énergisé. Le plaisir de la nourriture conventionnelle et des collations est incroyablement faible comparé à celui de mon nouveau sens de la santé. Je suis radieux et j'ai beaucoup d'énergie. Je cours, je fais du ski et m'entraîne sans effort cinq à six jours par semaine... des activités que je n'aurais jamais rêvé pouvoir pratiquer à nouveau.

MICHEL BEAUDRY
MONTRÉAL, CANADA

- **Le Noni**, un fruit du Sud du Pacifique, a une chimie unique qui permet de régénérer les points récepteurs dans nos cellules, aidant à anticiper la dégénérescence des cellules de notre cerveau.

- **L'oxygène** nourrit le cerveau et intensifie son fonctionnement. Il y a beaucoup de formes efficaces d'oxygène complémentaire.
- **La phycomine**, riche en composés phytochimiques, est un extrait d'algue bleu-vert qui agit pour neutraliser les troubles dépressifs et combattre les modes de chimie contre-productive du cerveau.
- **La rutine,** membre de la famille des vitamines B, aide à stimuler une circulation saine dans toutes les parties du corps, particulièrement au cerveau.
- **L'eau de mer** nourrit et revigore parce que sa composition chimique est semblable à celle du sang humain.
- **Les vitamines C et E**, quand consommées en combinaison dans leur forme de suppléments d'aliments entiers, protègent les neurones du cerveau des radicaux libres. Elles peuvent réduire ou éliminer le trouble de déficit de l'attention. Elles agissent aussi ensemble comme un anticoagulant puissant et naturel pour faciliter la circulation dans tout le corps.

un mode de vie qui passe du plomb au platine

La guérison prend du temps,
mais c'est aussi parfois une question d'opportunité.

HIPPOCRATE

Nous avons tous quelquefois observé ou senti chez les autres les symptômes d'un style de vie de « plomb ». Ces signes sont évidents lorsque notre alimentation est basée sur le prêt-à-manger, les conserves, la viande et les produits laitiers. De plus, une vie sédentaire produit des corps, et bien souvent des esprits et des pensées intoxiqués.

Quiconque voudrait devenir un alchimiste moderne et changer son mode de vie de plomb en un mode de *platine*, le degré le plus élevé d'une alimentation et d'une santé durables, devrait s'engager dans un système constructif de croyance. Nos convictions représentent la totalité de ce que nous sommes et de ce que nous aspirons à être. Le respect de soi est la base de tout système de croyance positive.

Les différents modes de vie vont des niveaux de *platine* de bonne santé et d'exercice aux niveaux de plomb de léthargie et de paresse. Les différents modes d'alimentation vont des degrés de *platine* avec des aliments nutritifs favorisant la bonne santé aux degrés de plomb avec des aliments toxiques générant les maladies. Les différents modes d'être vont des degrés de *platine* d'intégrité et d'honnêteté aux degrés de plomb de duplicité et de refus chronique.Le degré de réussite de la transformation du mode de plomb de votre vie en mode de *platine* dépendra de la profondeur de votre respect de soi. Êtes-vous intègre ? Êtes-vous honnête avec vous-même et avec les autres constamment ? Vous sentez-vous digne de la confiance des autres ? Êtes-vous fidèle à vos promesses ? N'avez-vous qu'une parole ?

Personne n'est totalement à l'abri des attachements psychologiques à des habitudes alimentaires. Nos premiers pas sur le chemin du *platine* sont généralement hésitants. Ces premiers pas doivent cependant inclure l'élimination de la dépendance au café, au sucre, au tabac, à l'alcool et aux drogues et médicaments, substances qui maintiennent le corps en état perpétuel de choc toxique.

Il est rare de faire d'énormes bonds en avant sur ce chemin. La transformation est plutôt comme les changements de saisons : graduelle, définitive et stable. L'obligation que vous avez envers vous-même est de vous fixer un but, d'avancer vers ce but avec détermination, de l'adopter lorsque vous l'avez atteint, puis de vous assigner comme objectif un niveau plus élevé. Vous pouvez être sûr que vous êtes sur le bon chemin lorsque vos nouveaux compagnons sont des habitudes alimentaires saines, un respect de vous-même plus intense, un esprit éclairé et une sensation de bonheur.

Si vous éliminiez chaque mois seulement 8 % des éléments toxiques de votre alimentation, vous auriez, à la fin de l'année, une vie positive de niveau *platine*. En réalité, pour la plupart des gens, c'est une évolution qui prend généralement des dizaines d'années. Après avoir éliminé les dépendances toxiques de votre vie, fixez-vous ce but en trois étapes :

- **Première étape :** Mangez seulement des aliments biologiques. L'élimination de pesticides et autres produits chimiques de synthèse de votre alimentation est une part nécessaire du processus.

- **Deuxième étape :** Réduisez ou éliminez votre consommation de viande et de produits laitiers. Mettez en place un plan d'action et respectez-le.

- **Troisième étape :** Réduisez ou éliminez votre consommation d'aliments cuits. Mangez progressivement de plus en plus de salades et de plus grandes quantités d'aliments crus et de jus de légumes.

Lorsque nous considérons notre métabolisme, il est important d'admettre et de prendre en compte nos différences et nos âges particuliers. Avec l'âge, notre métabolisme ralentit, c'est une réalité de la vie. Les adolescents ont beaucoup plus de facilité à métaboliser la nourriture cuite que les personnes âgées. Ainsi, une alimentation et un mode de vie de *platine* seront d'autant plus bénéfiques si nous sommes plus âgés.

Chacun de nous peut et doit individualiser le programme d'énergie vitale préconisé par l'Institut de santé Hippocrate pour en retirer le maximum d'avantages. Puisque vous pouvez choisir parmi cinq niveaux (hormis le plomb qui est un point de départ plutôt qu'une destination), adoptez le niveau pour lequel vous avez le plus de chances de réussir et de vous épanouir.

Les cinq échelons dans l'ordre décroissant sont : *platine*, *or*, *argent*, *bronze* et *cuivre*. Idéalement, chacun devrait acquérir et garder le niveau le plus élevé possible. Nous devrions toujours garder à l'esprit que personne n'est figé à un niveau donné mais peut, et doit, aspirer à passer à un niveau supérieur. Même si vous êtes perché sur le plateau de *platine*, essayez de raffiner vos habitudes et de vous maintenir à ce niveau.

platine. Voilà le niveau le plus élevé, où nous utilisons le combustible le plus auto-reconstituant afin de maintenir une performance maximale. Les personnes qui ont de grandes responsabilités, les athlètes de compétition ou simplement celles qui désirent acquérir un niveau élevé de conscience et de fonctionnement devraient s'efforcer de vivre de cette manière énergisante. À ce sommet, vous consommez cent pour cent d'aliments vivants, biologiques et végétaliens, vous faites des exercices d'aérobie pendant une heure, au moins cinq jours par semaine, des exercices de résistance au moins quatre-vingt-dix minutes, trois jours par semaine et vous suivez une forme quelconque de développement spirituel personnel.

Une contribution à la communauté locale ou planétaire fait partie de votre programme hebdomadaire. Vous vous reposez de manière adéquate et vous avez un rapport harmonieux avec la nature et avec la vie. Ceux qui sont dans un processus de guérison à la suite d'une maladie désastreuse doivent cependant s'efforcer de maintenir le paradigme de *platine*. En utilisant et en maintenant ce niveau d'intégrité, vous arriverez à une compréhension, une prise de conscience, une santé et un fonctionnement meilleurs et vous les garderez de façon durable. De plus, les composantes chimiques élevées de votre corps et de votre cerveau vous pousseront à réaliser vos plus grandes aspirations et ouvriront des perspectives plus larges à votre potentiel et à votre force intérieure illimités.

L'acteur et humaniste Dennis Weaver (vedette des séries *Gunsmoke* et *McCloud*) et sa femme Gerry ont adopté ce programme d'énergie vitale il y a des décennies. Parce que leur emploi du temps et leur engagement dans des programmes sociaux étaient astreignants, le programme leur a été très bénéfique, tant sur le plan personnel que pour leurs activités et les causes qu'ils défendaient. Ils ont contribué au bien-être et au futur de l'humanité jusqu'à un âge avancé.

or. L'*or* se situe au-dessous du niveau de *platine*. Ceux qui occupent des positions d'autorité à haute responsabilité, les personnes qui sont dans les premières phases d'aspirations légitimes et celles qui sont engagées dans des activités athlétiques fréquentes mais purement récréatives s'épanouissent à ce niveau. Elles font des exercices d'aérobie au moins trente-cinq minutes par jour, cinq jours par semaine ainsi que des exercices de résistance au moins quarante-cinq minutes par jour, trois fois par semaine. Elles sont engagées dans une procédure de développement spirituel personnel au moins un jour sur deux et leur alimentation consiste en approximativement 80 % de nourriture vivante, biologique et végétarienne et 20 % d'aliments cuits, biologiques et végétaliens.

Au niveau d'*or*, il est recommandé d'avoir une activité mensuelle de contribution à la communauté et d'interaction avec la nature et l'écologie. Les personnes ayant une vie légèrement moins active se sentent bien au niveau d'*or* ainsi que celles dont les problèmes de santé et de vie en général sont moindres.

argent. Ce niveau est généralement celui par où commencent les gens qui veulent améliorer leur santé et étendre leur horizon. Ces personnes ne sont pas confrontées à une maladie imminente et elles ont le temps et la volonté d'évoluer lentement mais sûrement vers un mode de vie plus raffiné. De nombreux retraités vivent à ce niveau ainsi que ceux dont les ambitions sont concrètes mais limitées. Ceux dont le hobby est l'exercice physique et dont l'intérêt général se porte sur le développement personnel peuvent commencer à ce niveau. Leur alimentation, 100 % biologique et végétalienne, consiste en 40 % de nourriture cuite et 60 % d'aliments vivants.

À ce niveau, on fait occasionnellement des exercices d'aérobie et de résistance pendant une période minimale de vingt à trente minutes, trois jours par semaine. Il est recommandé au moins un ou deux jours de développement personnel par semaine et au moins une heure par mois d'activité désintéressée pour la communauté. Le niveau d'*argent* étant un stade intermédiaire, on y retrouve les personnes qui sont au milieu de leur carrière, dans une épreuve personnelle, familiale, professionnelle ou bien médicale de moindre importance.

Il n'y a pas si longtemps, Tom Kelly a été envoyé par sa femme, végétarienne de longue date, pour découvrir le programme de l'Institut Hippocrate. Tom avait pris du poids, il était léthargique et apathique et dans une tension nerveuse considérable due à son travail. Bien qu'il ait une alimentation biologique végétarienne à la maison, il lui arrivait souvent, pendant son travail, lorsqu'il mangeait à l'extérieur, de glisser dans ses repas des produits laitiers ainsi que des fruits et légumes bourrés de pesticides. Il avait alors dans les cinquante ans et voulait se retrouver et améliorer sa vie. Il se décrivait comme un réaliste qui n'aspirait ni à consommer beaucoup d'aliments crus ni à faire de l'exercice régulièrement. Sa vie était si prévisible qu'il ne regardait pas souvent au-delà de ses propres limites afin d'apercevoir des horizons plus vastes.

Lorsque nous avons suggéré à Tom de consacrer du temps chaque jour à une réflexion qui ait du sens, sa première réponse fut : « Je peux faire ça pendant les fins de semaine. » Il consentait cependant à vivre mieux s'il pouvait le faire sans s'engager totalement du point de vue personnel. En dépit de cette implication limitée, Tom a perdu seize kilos et sa vie est à présent beaucoup plus détendue et satisfaisante. Malgré les limitations que Tom s'était imposées, sa santé, son attitude et son fonctionnement se sont améliorés de façon significative, avec pour résultat sa volonté de passer au niveau supérieur et au-delà.

bronze. Les nouveaux adeptes commencent habituellement au niveau de *bronze* puisque c'est le niveau d'entrée. Les personnes qui se sentent emprisonnées dans un mode de vie conventionnel fonctionnent à ce niveau, mais ne s'épanouissent pas vraiment à ce stade, parce que bien qu'il soit moins exigeant, il est également moins gratifiant qu'aux stades supérieurs. Ceux dont l'activité et la motivation sont minimes ont tendance à être attirés par le niveau de *bronze*. À ce niveau, on recommende seulement 40 % d'aliments vivants associés à 60 % de nourriture cuite végétalienne. Les personnes se situant à ce niveau essaient de consommer des aliments biologiques mais ne réussissent pas toujours. Ce mode de vie exige vingt à trente minutes d'exercices d'aérobie et de résistance au moins deux jours par semaine, ainsi qu'un intérêt pour le développement individuel et une prise de conscience planétaire. Ceux qui débutent dans une façon de voir positive et ceux qui ont des problèmes de santé mineurs se servent souvent de cette étape comme d'un premier pas vers un développement personnel plus significatif. Il ne faut pas s'attendre à maintenir autre chose qu'une santé moyenne si l'on reste au niveau de *bronze* parce que le combustible est ici de moindre qualité.

Sara Stone, qui venait de perdre son mari, était confrontée aux premiers signes de la ménopause accompagnés d'arthrite. Elle est venue à l'Institut sans conviction, sur l'insistance de son fils qui l'accompagnait. Pendant tout son séjour avec nous, Sara a fait des plaisanteries sur la quantité de nourriture de mauvaise qualité qu'elle avait toujours l'habitude de manger. Elle menaçait même de s'échapper la nuit pour satisfaire son besoin de camelote alimentaire. Les symptômes d'arthrite et de ménopause ont disparu moins de trois mois après qu'elle eut terminé le programme. Mais Sara a lentement régressé vers une alimentation principalement cuite et en conséquence, elle était souvent réveillée par la raideur de ses articulations douloureuses. C'est seulement lorsque son arthrite devint un problème majeur qu'elle revint à une alimentation vivante, luttant ainsi pendant des années avec sa dépendance à la nourriture cuite. Finalement, elle réussit à l'éliminer et est à présent en bonne santé et évolue sur les hauteurs d'*or* et même de *platine*.

cuivre. Les personnes qui se situent au niveau *cuivre* ont devant elles un vaste champ pour progresser. Elles sont influencées par leur famille, leurs amis, les médias et autres forces extérieures. Elles se sont peu intéressées à la santé et au développement personnel et ne sont pas motivées à améliorer les circonstances de leur vie, même si celles-ci n'ont pas été créées ni choisies par elles. Bien qu'elles soient végétariennes, leur alimentation comprend souvent au moins 20 % de produits laitiers et 80 % de nourriture végétalienne, sans accorder d'importance, ou très peu, aux produits crus et vivants. Ceux qui se trouvent à ce niveau consomment typiquement des aliments non biologiques et ne font pas d'effort pour améliorer leur alimentation, ni ne s'y intéressent. Ils ne font des exercices réguliers que rarement. Ils ne sont en général pas conscients du monde au-delà de leur propre réalité et sont de ce fait rarement impliqués dans des activités de service aux autres.

Lee Rush s'est réveillé un matin avec une douleur lancinante dans le bras gauche. L'équipe médicale d'urgence ayant déclaré qu'il était en bonne santé, ses voisins, concernés, et qui eux-mêmes se portaient bien grâce au programme d'énergie vitale, ont suggéré que Lee et sa femme, Sally, visitent l'Institut. La douceur et le bon sens de Sally lui ont permis de bien s'adapter au changement. Lee a eu des difficultés dès le départ, mais s'y est tenu, à sa façon limitée. À la maison, les amis se moquent de lui en disant qu'il se nourrit comme un lapin, ce qui le pousse trop souvent à mettre en péril son engagement à un mode vie sain. Bien qu'il n'ait eu aucune autre alerte au niveau de sa santé et qu'il soit devenu végétarien (en opposition avec son alimentation passée qui comprenait une grande quantité de viande), il n'a pas encore trouvé les ressources intérieures nécessaires pour adopter des niveaux supérieurs de santé et de fonctionnement. Cependant, même au niveau *cuivre*, il a suffisamment avancé pour espérer aller plus loin.

Les personnes qui ne sont dans aucun des cinq niveaux mangent encore des produits animaliers, ce qui est une menace pour leur santé et pour l'existence de la planète. Également coincés dans ce bunker, sont ceux qui ne font aucun exercice, soit, de nos jours, 80 % de l'humanité. Ils n'ont aucune dimension spirituelle vivante, ne s'intéressent pas au monde en dehors d'eux-mêmes et sont forcés, par les limites qu'ils s'imposent et celles qui proviennent de l'extérieur, d'arriver au point où ils ne peuvent imaginer aucune issue à leur condition désespérée, du moins pour le moment.

Bien sûr, de nombreuses personnes ne présentent pas toutes les carences citées plus haut, mais une combinaison de certaines d'entre elles. Nombreux sont ceux qui font de l'exercice, mais mangent des produits animaliers et semblent avoir une santé solide, mais sont en train de dégénérer intérieurement. D'autres peuvent avoir une alimentation relativement nutritive, mais s'imposent des limites telles qu'ils écartent de leur sphère personnelle toute interaction avec les autres ou avec la nature. D'autres encore se concentrent exclusivement sur la spiritualité et excluent une alimentation saine, les exercices, la nature et une interaction positive avec les autres.

Ces observations n'impliquent pas que ceux qui sont embourbés le sont définitivement. Je connais beaucoup de gens qui peuvent témoigner d'avoir fait de nombreux mauvais choix dans le passé : une mauvaise alimentation, de l'exercice inadéquat ou en quantité infime, un manque d'interaction sociale, un contact limité ou inapproprié avec la nature, très peu de bénévolat ou une grande carence spirituelle. Pourtant, comme beaucoup d'entre vous qui peut-être lisez ce livre et vous sentez piégés dans des sables mouvants, ils ont su percevoir ce qui devait être changé et se sont élevés à des dimensions supérieures.

Les gens peuvent donner l'impression de se sentir bien dans un large éventail d'habitudes de vie. Aussi trompeurs que ces modes de fonctionnement puissent être, spécialement sur les plans inférieurs, le pouvoir d'une attitude positive permet souvent de pousser le corps, l'esprit et les émotions bien au-delà de l'énergie limitée que ces façons de vivre imposent. Aussi étonnant que cela puisse paraître, la consommation de viande et de produits laitiers, dont on sait à présent qu'elle a des effets extrêmement négatifs sur la santé, est encore un sujet de débat pour les quasi-autorités qui elles-mêmes luttent contre ces habitudes enracinées, et en souffrent.

Grâce à leur dynamisme et à leur capacité d'adaptation étonnants, certaines personnes bien souvent fonctionnent, ou semblent fonctionner, malgré les abus flagrants qu'elles imposent à leur santé mentale, physique, émotionnelle et spirituelle, ou toute combinaison de ces éléments. La nourriture est utilisée comme un détournement de la conscience plutôt que pour son vrai but, qui est d'établir et de maintenir une bonne santé. Les drogues, y compris les stimulants toxiques comme le tabac, la caféine et l'alcool, sont d'autres moyens couramment utilisés pour voiler la conscience afin de fuir la vie et ses responsabilités. Sachant cela d'une certaine manière, nous devons nous efforcer de vivre à tout moment au niveau le plus élevé.

Les cinq degrés comprennent des modes complets de fonctionnement et peuvent être établis sur le plan personnel comme des chefs-d'œuvre de vie meilleure et inventive. Nous pouvons cependant rechercher plus d'équilibre et de raffinement à chaque étage. Le niveau de *platine* peut être mis en œuvre soit par une approche modérée ou un effort concerté. La médecine asiatique a fondé l'équilibre sur le paradigme du yin et du yang. Le programme de l'Institut Hippocrate l'élève à un niveau tout différent.

soigner l'hépatite avec des aliments vivants

Alors que j'étais une jeune femme d'une vingtaine d'années, je me suis trouvée dans un état d'épuisement constant. J'étais si fatiguée que je ne pouvais même pas me brosser les cheveux car j'étais incapable de lever les bras. Je consultai des médecins qui constatèrent que j'avais de la fièvre et qui m'ont fait rentrer à l'hôpital pour une biopsie du foie. Une hépatite C fut diagnostiquée. Les médecins m'informèrent que c'était une maladie chronique et persistante et qu'ils ne pouvaient rien pour m'aider. La seule chose à faire, dirent-ils, était de me reposer.

Des amis, inquiets, m'ont poussée à m'assurer que mon alimentation était biologique. Pour moi, cela signifiait manger de la viande, du poisson et des volailles élevés de façon naturelle. Les docteurs me conseillèrent de prendre de l'interféron, ce qui revenait à 30 000 $ par an, remboursés par mon assurance. Mais selon eux, cela n'aurait pas un effet permanent.

Je devais faire quelque chose. J'ai donc commencé un traitement d'acupuncture et de médecine traditionnelle chinoise. Je me suis sentie légèrement mieux, mais pas suffisamment. Finalement, j'ai trouvé un médecin holistique, Anthony Bazzan, de Jeffersonville en Pennsylvanie, et j'ai commencé à travailler avec lui. Ce fut un choc pour lui de voir ma charge virale qui avait doublé en quelques mois. Le niveau d'enzymes de mon foie avait toujours été élevé et cela ne s'était certainement pas amélioré. Quand le docteur Bazzan m'a demandé ce que je mangeais, je m'attendais à des félicitations en décrivant les légumes et poissons

La consommation de noix, de graines, d'avocats et autres aliments contenant une grande quantité d'huile génère un métabolisme plus lent et une conscience diminuée. L'absorption de grandes quantités de fruits stimule le sang, la circulation électrique et l'activité hormonale du cerveau qui peuvent parfois provoquer une perte de concentration mentale ou de force physique et émotionnelle. L'introduction d'une quantité importante d'aliments germés dans l'alimentation permet d'atteindre des niveaux élevés d'efficacité et de fonctionnement en évitant la stimulation excessive occasionnée par les fruits, qui contiennent des quantités considérables de sucre et d'eau.

biologiques cuits à la vapeur, mais il m'expliqua que tout cela était mauvais. Il affirma que je devais avoir une alimentation constituée uniquement d'aliments crus et me conseilla vivement de participer au programme de l'Institut de santé Hippocrate.

J'ai donc commencé à prendre de la nourriture crue. Comme il m'était difficile de le faire toute seule, je suis allée chez une dame qui cultivait de l'herbe de blé, j'ai acheté un extracteur à jus et me suis mise à mixer cet élixir remarquable juste après m'être inscrite pour le programme de trois semaines de l'Institut. Ma visite à l'Institut a été l'événement le plus marquant de toute mon existence. J'y ai appris à prendre en charge tous les aspects de ma vie et de ma santé, et grâce à cela, j'ai été totalement guérie.

Pour la première fois depuis ma jeunesse, le niveau d'enzymes de mon foie est devenu normal et mon énergie a atteint un tel degré que je m'étonne moi-même. Avant mon séjour à l'Institut de santé Hippocrate, mon corps était boursouflé et j'avais toujours faim. Je devais manger toutes les deux heures. Avec l'alimentation crue, j'ai, en prime, perdu douze kilos.

Je ne dirai jamais assez fort à ceux d'entre vous qui souffrent de ce que la médecine appelle une maladie catastrophique, par exemple l'hépatite, d'adopter l'alimentation crue et de bénéficier de son mode de vie. Il faut, bien sûr, persévérer car c'est la seule manière de guérir est de prendre personnellement en charge notre santé. J'ai trouvé quelque chose que je cherchais depuis si longtemps et qui était si simple et à ma portée, depuis toujours.

KAREN HARKINS

WEST PALM BEACH, FLORIDE

La plupart des personnes qui vivent sur les sommets de *platine*, renforçant ainsi leur système immunitaire et élevant leur mode de fonctionnement, reviennent cependant occasionnellement au niveau d'or. Lorsqu'on est confronté à une situation extrême, les plans supérieurs, acquis avec l'alimentation de *platine* chargée d'électricité de haute qualité, l'exercice et des principes d'être, ne permettent pas de s'accommoder confortablement à des engagements inférieurs. Après un considérable raffinement initial du corps et de l'esprit, il semble que le niveau d'or soit le plus adapté pour maintenir celui-ci dans ce monde trop rapide, pollué et générateur de stress.

Cette structure de vie améliorée constitue une carte sur laquelle vous pouvez vous diriger vers de nouveaux sommets d'épanouissement personnel et d'auto-perfectionnement. Cela n'est pas un jugement mais un exposé de faits. Étant donné que la vie à notre époque est bien souvent difficile et stressante, une grande latitude doit être donnée à ceux qui cherchent à améliorer leur existence et à progresser de façon régulière. Puisque nous grimpons une montagne symbolique qui semble très réelle, nous devons également avoir le courage de nous relever et de nous secouer après une chute occasionnelle et temporaire.

Il ne faut pas vous percevoir comme un échec, mais plutôt comme un succès perpétuel. Votre capacité à vivre pleinement votre vie en tout temps ne sera pas nécessairement illustrée par une photo de vous escaladant une colline escarpée, mais plutôt par le film à grand spectacle de votre escalade vers les plus hauts sommets de la vie.

Les carburants à indice d'octane élevé de la spécialisation et de la division ont propulsé le véhicule du commerce de la nutrition en vitesse surmultipliée. On sème délibérément chez nous un état de confusion en propageant l'idée que chacun d'entre nous a besoin d'une diète spécifique et individualisée. Pourtant, outre les éléments nutritifs essentiels énumérés au tableau 3, tout ce qu'un corps en bonne santé a besoin est un apport en **h**ormones, **o**xygène, composés **p**hytochimiques et **e**nzymes (d'où l'acronyme HOPE). La seule façon de s'approvisionner est de se nourrir d'aliments crus et vivants.

Un mauvais état de santé nous semble souvent tellement normal que l'amélioration surprenante de notre énergie et de notre vision par les combustibles « HOPE » risque au début d'engendrer certains malaises. C'est un peu comme apprivoiser un cheval. Cette fière et magnifique créature s'énerve dès que vous essayez de la monter. Quand toutefois vous réussissez à gagner sa confiance, non seulement le cheval réagit bien, mais il coopère. Adopter de nouvelles habitudes de vie équivaut à monter ce cheval indompté. Au fur et à mesure que vous établissez un climat propice et que vous gagnez de la confiance, votre tâche devient épanouissante et enrichissante. Il ne faudrait pas toutefois vous encombrer d'attentes déraisonnables et de sentiments de culpabilité. Mieux vaut vous concentrer sur les efforts à déployer pour atteindre votre objectif aussi aisément et rapidement qu'il vous est possible.

la réapparition d'une vérité ancienne

Un expert en anthropologie nutritionnelle, le professeur d'anthropologie et de sociologie H. Leon Abrams, de l'Université de la Géorgie, s'est penché sur les études scientifiques de paléontologistes pour découvrir que l'usage du feu pour cuire les aliments date d'environ 10 000 ans, au moment de l'avènement de l'agriculture. Auparavant, l'homme était un chasseur-cueilleur se nourrissant principalement de plantes sauvages. « Les restes d'ossements humains remontant à l'ère paléolithique démontrent que cette population ne souffrait pratiquement jamais de caries dentaires et jouissait d'un état de santé exceptionnel. Son alimentation était de toute évidence particulièrement saine », écrit le professeur Abrams dans son avant-propos du livre *Raw Food Nutrition.*

L'homme a domestiqué les animaux et est devenu dépendant de la culture et de la consommation de céréales. Puis, la santé de l'humanité s'est graduellement détériorée sous l'assaut de maladies dégénératives. La leçon à en tirer aujourd'hui est évidente : « Nos ancêtres paléolithiques consommaient un large éventail d'aliments naturels à l'état cru, exempts de toute transformation. Il semblerait bien que ces ancêtres jouissaient d'une excellente santé avec ce régime pratiquement inchangé au cours des trois ou quatre millions d'années de l'évolution de l'humanité », continue le professeur Abrams.

« Résultat de nos origines de chasseurs-cueilleurs et de la très lente évolution de la génétique humaine, la diète naturelle composée d'aliments crus de nos ancêtres demeure sans aucun doute, aujourd'hui encore, la plus écologique. Elle s'adapte parfaitement à l'humain. Les connaissances scientifiques modernes en anthropologie et en nutrition démontrent qu'il nous est possible de mieux vivre, d'atteindre un meilleur état de santé et de mettre fin aux processus dégénératifs affectant actuellement l'espèce humaine. Il faut tout simplement adopter un régime alimentaire cru. »

Notre travail relatif au programme d'énergie vitale de l'Institut de santé Hippocrate, fondé sur la consommation d'aliments crus et vivants a donné lieu à un style de vie et d'alimentation établissant un rapport nouveau entre aliments et vie. Cette relation n'est pas un concept moderne, mais bien le retour d'une réalité ancienne. La germination alimentaire, l'utilisation d'herbes et de légumes à feuilles, la compréhension de l'importance des jus

j'ai vaincu une maladie rare grâce à l'herbe de blé

Il y a environ onze mois, j'ai commencé à avoir des nausées. Je ne comprenais absolument pas pourquoi. Je ne pouvais rien avaler sans ressentir le besoin de vomir. Une extrême fatigue m'accablait après avoir fait de l'exercice (et ce n'était que le moindre de mes symptômes). Il y a environ deux semaines, une étrange sensation m'a traversé le corps. Je me sentais comme soumis à un déséquilibre chimique. Au bord de la panique, je suis allé consulter un médecin. Je m'attendais à sa réaction : « Cela ressemble à un petit épisode d'anxiété, on va faire faire une analyse sanguine, juste au cas. » De toute ma vie, je n'avais jamais souffert de tels accès d'anxiété. Une fois les résultats des analyses arrivés, on m'annonça que j'avais le syndrome de Gilbert, une affectation du foie (mes taux de bilirubine étaient élevés). C'est ce que les médecins appellent un trouble bénin. Je n'en demeurais pas moins perplexe face à l'obligation de vivre avec des symptômes aussi contrariants.

Malgré cinq hospitalisations, les médecins persistent à me dire qu'il n'y a rien d'inquiétant concernant le syndrome de Gilbert. Cela m'a paru ironique, étant donné que je souffre d'anxiété et de palpitations cardiaques, sans compter l'état dépressif qui en résulte. J'endure aussi des douleurs articulaires et musculaires, une fatigue extrême, des trous de mémoire, des nausées (causant des symptômes de l'anorexie, car incapable de manger), sans parler d'atroces maux de tête, du côlon irritable, d'une baisse de la température du corps et d'une impression générale d'intoxication. Une fois que je leur réexpliqué mon état en détail, les médecins ont pensé que je souffrais de quelque chose de plus grave, comme le syndrome de la fatigue chronique. Je me suis rendu compte que je devenais hypochondriaque. Je me transformais en agoraphobe confiné à la maison, ayant atteint l'âge de la retraite à 30 ans.

Je ne pouvais sortir sans avoir le sentiment que j'allais mourir seul, sans secours. Les médecins me fournissaient ordonnance après ordonnance pour des prescriptions pour soulager mon état dépressif et mes multiples malaises. Avec mon foie déjà défaillant, ces médicaments n'ont fait qu'empirer mon état. Mon foie ne produisait maintenant que 30 % du taux normal d'enzymes. Mon organisme était criblé de toxines destructrices qui causaient des ravages. J'ai découvert que mes douleurs articulaires étaient dues à une accumulation de ces substances toxiques qui me donnaient des symptômes similaires à ceux de l'arthrite.

À la recherche d'une solution, j'ai commencé par modifier mon alimentation. J'ai alors noté un brin de soulagement. Il m'était impossible de consommer des aliments gras sans vomir (probablement une bénédiction masquée). J'ai essayé toutes sortes de produits naturels, j'allais toujours voir de nouveaux médecins, je cherchais désespérément à alléger ma vie. Essayer de faire de l'exercice chaque jour m'était une torture, étant donné qu'aussi peu que quinze minutes de marche me laissait absolument épuisé. J'étais une épave physique et émotionnelle.

J'ai par la suite découvert un magasin de produits biologiques en Nouvelle-Zélande. On m'a conseillé de prendre une ration quotidienne de jus d'herbe de blé. Je suis alors resté perplexe, associant ce genre de denrées uniquement au broutage des animaux. Où j'en étais rendu, j'étais assez désespéré pour essayer presque n'importe quoi. Le premier jour, je me suis senti tellement mal que je suis resté cloué au lit. Assez bizarrement, le lendemain, je me sentais bien. Après trois jours, j'ai vu une nette amélioration quand je suis allé faire ma promenade habituelle de quinze minutes, ce qui me fatiguait beaucoup auparavant, et je me suis rendu compte que je ne me sentais aucunement fatigué. Deux jours plus tard, je me sentais bien comme jamais auparavant. J'avais enfin de l'énergie. Jai pensé que quelque miracle s'était produit. Mais non, c'est l'herbe de blé qui avait aidé mon organisme à rétablir son équilibre nutritionnel, comme si mon foie avait donné un grand coup pour tout réparer. Je ne pouvais y croire. C'est comme si je venais de renaître !

J'étais tellement enthousiaste que j'ai recommandé l'herbe de blé à un ami atteint d'une maladie dégénérative congénitale et qui n'a qu'un rein. Il prit l'habitude de boire ce jus. Devinez ce qui est arrivé ? Sa pression artérielle est revenue à la normale, ce qui ne s'était jamais produit avec sa médication, et il a aussi évité la dialyse !

Je crois maintenant de tout cœur qu'il est bon de prendre du jus d'herbe de blé. C'est pourquoi je souhaite faire connaître ces merveilles autour de moi. Quand j'ai appris qu'à l'Institut de santé Hippocrate, le jus d'herbe de blé fait partie intégrante de son programme, je leur ai raconté mon histoire, afin de faire ma part en faisant passer le message à d'autres qui souffrent comme j'ai souffert.

EMILIO MORALES
ÎLES CANARIES

et l'inclusion assidue d'aliments déshydratés et fermentés sont les secrets de cette réapparition.

Bon nombre de civilisations anciennes reconnaissaient les avantages de faire germer céréales, graines, légumineuses et noix. L'usage de graines germées aux fins alimentaires et médicinales est deux fois plus ancien que la grande muraille de Chine. Des documents historiques chinois en font même mention. De nos jours, un nombre croissant de données sont actuellement recueillies sur la valeur nutritive exceptionnelle des germes et pousses alimentaires.

L'aliment vivant germé nous procure la source naturelle la plus concentrée qui soit en vitamines, minéraux chelatés, enzymes et acides aminés. Son abondance en enzymes et en énergie bioélectrique en fait un aliment des plus indiqués. Kilo pour kilo, les lentilles et autres germes de haricots contiennent autant de protéines que la viande rouge, sous une forme toutefois facilement digestible. En effet, ils ne renferment aucun des gras, cholestérol, hormones ou antibiotiques que contient la viande.

La **germination** est un procédé vital. Elle s'amorce avec un **trempage** dans l'eau, pendant un certain temps, de grains, graines, légumineuses ou noix. L'eau retire un nombre d'antimétabolites présents pour protéger les semences contre l'invasion bactérienne et les préserver durant le stade de dormance. Une fois hydratées, elles deviennent plus facilement assimilables. Au cours de la **germination**, les semences reviennent à la vie et leurs nutriments sont plus faciles à digérer. À l'Institut de santé Hippocrate, on utilise des graines et des noix germés dans de multiples sauces. Le procédé vital se poursuit dans l'apparition de jeunes pousses, pour nous offrir un large éventail d'aliments vivants.

Nos travaux de recherche nous amènent à conclure que bien qu'il existe une gamme pratiquement infinie d'aliments qui peuvent être germés, les germinations les plus bénéfiques sont utiles à différents niveaux par l'organisme. L'herbe de blé et autres graines, qu'on fait pousser sur un plateau ou dans un germoir, contiennent de la chlorophylle et sont les plus efficaces pour purifier et reconstruire l'organisme. Le groupe suivant de légumes-feuilles regroupe la luzerne, le trèfle, le radis, le chou, le radis du Japon, le chia et le brocoli. Les fournisseurs d'énergie sont les grains, incluant le blé, l'avoine, le seigle, l'orge le sarrasin et les légumineuses (haricots blancs, haricots Pinto, petits haricots blancs ronds et pois jaunes). Le haricot mungo et l'adzuki fournissent aussi des minéraux essentiels et les graines de fenugrec devraient être ajoutées pour améliorer la digestion et l'élimination.

Il est vrai que nous nous interrogeons actuellement sur les aliments que nous consommons. Nous revenons aux vérités anciennes prônant une bonne alimentation composée d'aliments vivants. Les bienfaits pour la santé que nous procure ce régime alimentaire économique, abondant et nutritif sont innombrables. Ce régime est le meilleur moyen pour lutter contre les problèmes des temps modernes associés aux déficiences nutritionnelles. C'est d'ailleurs l'unique façon de combattre à long terme la faim dans le monde.

l'évaluation de l'énergie vitale de notre alimentation.

Au fil des dix dernières années, nous avons, à l'Institut de santé Hippocrate, mené des études pour établir la fréquence électrique de nos aliments et les effets de la charge électrique sur la fréquence des cellules saines. Corrélativement à la recherche photographique menée par l'UCLA dans les années 1970, qui mesurait le taux relatif en énergie de divers aliments, nous avons produit une liste d'aliments par ordre décroissant du taux énergétique.

Pourquoi l'herbe de blé, les plantes sauvages comestibles et les fruits tropicaux sont-ils en tête de liste? Simplement parce qu'ils contiennent le plus de soleil ou d'énergie vitale. Dans ce système, nous reconnaissons que toute vie sur la planète provient du soleil. Il est absorbé par les végétaux sous forme de rayons ultraviolets, lesquels sont de l'énergie. Les notations des aliments énumérés sont basées sur les radiations qu'ils contiennent et celles qu'ils émettent. Les aliments les plus cotés sont ceux qui ont une

Tableau 6: *Aliments cinq étoiles* *****

ALIMENTS	EXEMPLES
Algues (bleu-vert et algues d'eau douce)	—
Algues (vertes ou d'eau douce)	chlorelle
Fruits tropicaux (mûrs et biologiques)	mangue, papaye, ananas, carambole
Plantes, jeunes pousses (germinations)	sarrasin, féverole, pois, tournesol, patate douce, herbe de blé
Légumes marins	arame, algue rouge, hijiki, porphyre, varechs des côtes du Pacifique ou de l'Atlantique
Herbes sauvages comestibles	chicorée, pissenlit, chénopode, banane plantain, pourpier gras

Tableau 7 : *Aliments quatre étoiles* ****

ALIMENTS	EXEMPLES
Haricots facilement assimilables (graines de haricots contenant des liquides)	adzuki, mungo
Noix de coco verte	chair verte de noix de coco fraîche
Fleurs comestibles	chrysanthème, capucine, lis tigré
Fruits succulents (mûrs, biologiques, à haute valeur énergétique)	agrume, kiwi, melon, nectarine, pêche, prune, grenade
Olives, mûres, nature	
Germinations (légères au poids) et pousses vertes	luzerne, brocoli, chia, trèfle, ail, oignon, radis

luminance énergétique plus élevée, c'est-à-dire que leurs cellules sont capables de capter de plus grandes quantités de rayons ultraviolets provenant du soleil et de les maintenir.

Les aliments cinq étoiles (*****) représentent ceux qui ont la plus grande fréquence disponible en énergie nutritive et électrique. Un plus petit nombre d'étoiles correspond à une activité ou à une teneur énergétique plus faible. La qualité et la quantité nutritives se développent au sein de chaque plante et sont déterminées en fonction de la quantité d'énergie solaire emmagasinée dans sa propre structure cellulaire.

On notera que les aliments cuits ne sont pas énumérés parce qu'aucun n'enregistre une fréquence mesurable. Nos recherches démontrent que les légumes cuits ne contiennent pas d'énergie et ne peuvent, par conséquent, en émettre. Les produits laitiers et la viande n'émettent aucune intensité énergétique et ils tirent de l'énergie de l'organisme lorsqu'on les consomme. Alors que les aliments cuits ne fournissent aucune énergie à notre organisme, les produits laitiers et la viande sont encore pires : ils épuisent nos réserves d'énergie.

Une leçon à tirer de ces observations relève du gros bon sens. Ceux qui consomment le moins de viande accusent la plus faible incidence de maladies, tandis que ceux qui en mangent beaucoup subissent nombre de problèmes de santé. Les personnes qui évitent tous les produits d'origine animale sont celles qui souffrent le moins de problèmes de santé.

Les habitants de l'Argentine, de l'Australie, de l'Europe du Nord et de l'Amérique du Nord sont les plus grands consommateurs d'aliments d'origine animale. Ils sont aussi les plus affectés par la maladie, à en juger par les statistiques de l'Organisation mondiale de la santé sur le cancer, les

Tableau 8: *Aliments trois étoiles* ***

ALIMENTS	EXEMPLES
Fruits, mûris sur pied	groseille, raisin, tomate
Grains (germés, germination de 2 jours)	grains de toutes variétés
Noix	noix de toutes variétés, sauf les arachides et les noix de cajou
Choucroute	chou pommé vert, chou rouge et chou violet
Graines (germées)	lin, chanvre, citrouille, sésame, tournesol
Légumes (blanc, jaune, orange, rouge, vert, violet)	betterave, brocoli, chou de Bruxelles, chou (vert, rouge), carotte, chou-fleur, céleri, concombre, maïs, ail, laitue (Iceberg), oignon (non germé), pois verts, poivron (orange, rouge), courge d'hiver, courge (jaune), haricots verts, patate douce, igname
Légumes déshydratés	ail, ciboulette, herbes aromatiques vertes (biologiques), oignon, piment doux
Légumes-feuilles	légumes biologiques, cultivés à la ferme, expédiés dans les 48 heures suivant la cueillette et consommés en moins de 2 semaines

affections cardiaques et autres maux de notre monde industrialisé. Chose curieuse, ces populations figurent parmi les plus favorisées sur le plan économique. Malheureusement, nombreux sont ceux qui, ni prospères ni carnivores, et situés à l'autre extrémité du spectre diététique, sont victimes de la famine et de la malnutrition. Comme tout dans la vie, il faut de l'équilibre. Les mieux nantis doivent améliorer leur alimentation pendant que les plus démunis devraient avoir accès à des aliments favorables à la santé.

À l'aide du système d'étoiles, vous pourrez établir le niveau d'énergie auquel vous aspirez. Les aliments du groupe une étoile (*) conviennent parfois, même pour les personnes de niveau *platine*. Le plus faible contenu énergétique des préparations de grains et de haricots germés freine le métabolisme, permettant un sain gain de poids chez ceux qui ne font pas d'exercices de résistance. La personne de niveau *bronze* ou *cuivre* utilisera des aliments des groupes de quatre (****) et cinq (*****) étoiles pour augmenter son niveau d'endurance et sa clarté d'esprit.

Évitez de vous restreindre ou de viser des objectifs irréalistes. Après avoir lu le présent chapitre, nombre de grands rêveurs désireront s'alimenter exclusivement du groupe cinq étoiles (*****) et se maintenir au niveau *platine*. S'ils échouent, par contre, ils risquent de perdre espoir, d'abandonner et de saboter leurs propres rêves. Des émotions repensées,

Tableau 9: *Aliments deux étoiles* **

ALIMENTS	EXEMPLES
Fèves haricots (germées)	toutes sauf la fève de soya et le haricot noir
Fruits (cultivés dans les régions de latitude nord)	presque toutes les pommes, bleuet (myrtille), cerise, canneberge, groseille, framboise, poire
Champignons (consommé cru)	maitake, reishi, shiitake
Légume-racine	bardane, céleri, poire de terre, panais, radis, chou de Siam, navet, yucca
Préparations à base de grains entiers crus et déshydratés	pain, céréales, croustilles, biscuits, pâtes à pizza

Tableau 10: *Aliments une étoile* *

ALIMENTS	EXEMPLES
Châtaigne, crue	—
Préparation à base de grains déshydratés (entreposés depuis plus de 30 jours)	pains, céréales
Légumineuses, déshydratées	toutes sauf la fève de soja et le haricot noir
Noix et graines, déshydratées	amande, noix du Brésil, graine de lin, noisette, graine de chanvre, pacane, pignon, pistache (nature), citrouille, sésame, tournesol, noix de Grenoble
Légumes-racines (déshydratés)	betterave, carotte, poire de terre, patate douce, igname
Sauce à salade, crue, végétalienne (préparation au broyeur-mélangeur)	Toutes les sauces à salade, sauf celles à base d'huile ou de vinaigre

une image positive de soi, une expérience constructive et le gros bon sens devraient dicter vos choix.

Si vous faites toujours de votre mieux, vous progresserez sûrement et vous vivrez éventuellement dans une zone de confort adaptée parfaitement à votre style de vie. Toutefois, si le niveau en question est devenu aisé, il ne faut pas en être si complètement satisfait qu'on s'empêche de progresser aux niveaux supérieurs. On doit aussi penser à se maintenir au niveau le plus élevé une fois qu'on l'a atteint. Si vous avez réussi le niveau maximal, demeurez-y en toute dignité.

créez votre propre système de santé

Vous seul pouvez vous apporter la paix.

RALPH WALDO EMERSON

Nombre d'entre vous pensent ne pas être prêts à renoncer à leurs dépendances pour s'engager dans le programme d'énergie vitale de l'Institut de santé Hippocrate. Si vous en faites partie, posez-vous les questions suivantes : suis-je disposé à sacrifier ma précieuse santé pour maintenir l'une de mes habitudes de vie toxiques ? Suis-je prêt à mourir prématurément en retour pour maintenir mes dépendances alimentaires ?

Si votre réponse à ces questions est négative, vous pouvez être plus prêt que vous ne le pensez à introduire des changements positifs et radicaux dans votre vie. La création de son propre système pour participer à ce programme implique l'intégration d'une connaissance pratique des techniques de l'énergie vitale dans un cadre psychologique de discipline intérieure ainsi que d'un réseau externe constitué d'amis et de proches qui apportent leur soutien. Une fois cette première étape franchie, ce livre peut devenir votre manuel de survie pour le XXIe siècle !

Comme vous le savez, l'un des principaux thèmes de ce livre est la nécessité de forger votre esprit et vos croyances afin de vous maintenir en santé ou de retrouver le bien-être. Si vous n'arrivez pas à intégrer l'autodiscipline et l'engagement pour adhérer au programme d'énergie vitale, toutes les stratégies pratiques et techniques développées en vue de la mise en œuvre du programme ne se résumeront à rien d'autre qu'un exercice futile.

Pendant des décennies, le programme à douze étapes des alcooliques anonymes (AA) a été le régime d'auto-assistance le plus répandu dans le monde pour ce qui est de la cure des dépendances. Ces douze étapes ont été appliquées à plusieurs autres comportements de dépendance, des drogues et la passion, du jeu à la pornographie et à la dépense excessive. Les comportements alimentaires nocifs et les dépendances alimentaires peuvent se révéler dysfonctionnels et toxiques pour notre bien-être autant que tout autre comportement de dépendance. Par conséquent, rien ne nous empêche d'appliquer les mêmes douze principes pour nous sortir de l'emprise de ces comportements négatifs.

Vous pouvez changer n'importe laquelle de vos dépendances en utilisant cette formule simple. Vous trouverez ci-après les douze étapes avec de légères modifications de formulation visant à mettre l'accent sur la victoire sur les dépendances alimentaires. Chez les AA, la référence à Dieu peut signifier toute forme de puissance suprême et même la puissance suprême en nous. Utilisez le terme « Dieu » ou « puissance suprême », selon votre propre sentiment, en rapport avec vos propres croyances spirituelles.

Si les aliments représentent pour nous une expérience sensorielle ou un jeu dont le but est de satisfaire notre faim et nos envies goûteuses, nous perdons de vue l'objectif et le rôle le plus important des aliments dans la vie : celui de fournir de l'énergie et des médicaments au corps humain. Nous savons que nos attitudes et comportements alimentaires nuisibles peuvent être reprogrammés. Nous nous rendons compte également que c'est une erreur monumentale d'attendre qu'une crise vienne éveiller notre conscience ou nous forcer à changer notre consommation d'aliments en stratégie de bien-être.

Si nous manquons de volonté, nous pouvons utiliser le programme de douze étapes pour nous aider à rompre avec les comportements de dépendance et mettre en marche notre transformation spirituelle et émotionnelle par rapport à notre consommation de nourriture, notre santé et notre guérison. Si nous laissons nos dépendances nous séduire à nouveau, nous trouverons que le chemin de l'alimentation vivante est un défi difficile et décourageant. Nous avons juste besoin de faire basculer le canal de notre vie vers un programme qui profite à notre santé. Ce canal est appelé le canal de la survie et le déclencheur se trouve entre nos mains !

le programme de douze étapes pour rompre les dépendances alimentaires

1. Nous avons admis que nous sommes impuissants devant nos dépendances alimentaires et que notre vie est devenue malsaine et incontrôlable. Par conséquent, nous devons apporter un changement.
2. Nous admettons qu'une force supérieure à nous-mêmes peut nous aider à recouvrer notre santé et notre capacité à gérer et à contrôler nos dépendances alimentaires.
3. Nous prenons la décision de confier notre volonté et de faire confiance à cette puissance suprême, telle que nous la concevons.
4. Nous nous engageons à procéder à l'inventaire moral de la vérité sur nous-mêmes en rapport avec nos dépendances alimentaires et nos croyances.
5. Nous confessons à la Puissance Suprême, à nous-mêmes et à un autre être humain la nature exacte de nos envies et faiblesses.
6. Nous sommes entièrement disposés à mettre tous ces défauts hors de notre vie.
7. Nous demandons humblement à la Puissance Suprême de nous aider à nous débarrasser de ces faiblesses.
8. Nous avons dressé une liste de toutes les personnes que nous avons offensées du fait de notre faiblesse et nous voulons nous amender auprès d'elles et auprès de nous-mêmes.
9. Nous nous sommes directement amendés auprès de ces personnes chaque fois que cela était possible sauf lorsque s'amender leur aurait causé du tort ou en aurait causé à d'autres.
10. Nous continuons à faire un inventaire personnel et lorsque nous sommes en faute ou lorsque nous sommes faibles, nous le reconnaîtrons immédiatement et chercherons le soutien des autres.
11. Nous avons cherché par la prière et la méditation à améliorer notre contact conscient avec Dieu en tant que Puissance Suprême et nous cherchons à puiser dans notre propre puissance pour réaliser notre désir de contrôler nos compulsions.
12. Ayant connu un réveil spirituel et une vision du monde plus grands comme résultat de ces étapes, nous essayons de transmettre ce message aux autres et de mettre en pratique ces principes dans tous les domaines de notre vie, avec nous-mêmes et avec les autres.

un style de vie conduisant à la guérison

À trente et un ans, je me suis rendue à l'hôpital pour une simple procédure d'extraction d'un caillot de sang dans mon utérus. Cependant, il s'est révélé qu'il s'agissait d'une tumeur de la taille d'un pamplemousse qui débordait de mon utérus et touchait mes ovaires, ma vessie, mon côlon et mon mur abdominal.

Les chirurgiens m'ont retiré l'utérus et un ovaire et m'ont dit avoir nettoyé au meilleur de leurs capacités les cellules restantes des différents endroits que la tumeur aurait touchés. Selon le diagnostic, je souffrais d'un sarcome pelvien virulent. Puisqu'il s'agit d'un type de tumeur rare, il est difficile de faire un pronostic statistique avec exactitude. Cependant, je savais que les choses ne se présentaient pas au mieux.

Mon oncologue, avec qui j'entretiens une relation merveilleuse, me prescrivit six cycles de chimiothérapie intensive à subir pendant les quatre mois suivants. Quatre semaines après avoir terminé ma thérapie conventionnelle, j'entrai dans le programme d'énergie vitale de l'Institut de santé Hippocrate. J'étais chauve, maigre, faible, ménopausée, anémique et mon taux de globules blancs était au plus bas. J'y ai passé trois semaines et un membre de ma famille immédiate m'accompagnait chaque semaine. J'ai vécu une expérience merveilleuse là-bas et j'ai continué à suivre le programme une fois rendue à la maison (tout comme chaque membre de ma famille, à leur grande surprise !).

Depuis, je bois cinq jus par jour (deux jus d'herbe de blé, un jus de concombre et deux jus verts) et je suis la diète aux aliments crus, végétaliens et biologiques qu'on m'a enseignée à l'Institut Hippocrate. J'ai acheté une deuxième centrifugeuse que j'utilise au bureau. J'ai acheté une solide mallette dans laquelle je peux ranger la centrifugeuse et les autres accessoires pour me faire des jus en voyage. J'ai engagé quelqu'un qui vient chez moi quelques heures par semaine pour m'aider à préparer mes aliments afin que chaque matin je puisse apporter mes contenants de salades et mes préparations de jus au travail.

Ce style de vie demande sans aucun doute un engagement fort. Et depuis trois ans, j'améliore encore mon train-train quotidien de sorte qu'il s'accommode facilement à ma journée. Je puis vous assurer des avantages prodigieux que j'en ai tirés. Je me sens bien et on m'a dit que je paraissais en bonne santé. Du mieux que puisse dire la médecine moderne, il n'y a aucun signe de cancer dans mon corps.

Je me suis fiancée à un homme merveilleux, et malgré le fait qu'il mange une cuisine américaine assez ordinaire, il m'est d'un grand soutien et m'encourage dans ce que je fais.

La meilleure nouvelle est que mon ovaire restant recommence à fonctionner. Avec ce style de vie, je m'attends à une longue vie faite de bons moments et de défis.

LILLI B. LINK
NEW YORK

se nourrir dans le « vrai » monde

Lorsque j'ai adopté ce style de vie au début des années 1970, bien avant de devenir directeur de l'Institut de santé Hippocrate, c'était une période que j'aime appeler « l'époque noire ». Il s'agit d'une période au cours de laquelle la société en général n'était pas informée des avantages d'un style de vie qui inclut l'alimentation vivante. Une fois que j'ai arrêté de manger de la viande, je n'y ai plus jamais touché. Mais il m'a fallu trois autres années avant de devenir assez courageux pour renoncer aux produits laitiers et à la saveur que je préfère par-dessus tout, la crème glacée. J'avais vingt-trois ans, et j'ai pris cette décision malgré une forte pression de mon entourage, une certaine résistance sociale et l'ignorance générale par rapport aux bienfaits nutritionnels de ce style de vie, sans oublier les implications éthiques.

Les soi-disant experts nutritionnels m'ont averti que je détruirais ma santé en adoptant un régime de nourriture vivante, mais j'ai perdu cinquante kilos d'excès de poids et je suis devenu non seulement en meilleure santé, mais aussi plus aimable envers moi-même et les autres. J'ai adopté la nourriture crue lors d'un été pendant que je vivais en Oregon, et j'ai ensuite lu le livre d'Ann Wigmore. Cela m'a vraiment ouvert les yeux sur les avantages potentiels de ce style de vie. Je me suis rendu à l'Institut de santé Hippocrate, alors situé à Boston, et on m'a invité à joindre l'équipe. La plupart des invités à ce moment-là avaient des maladies chroniques ou catastrophiques, et comme j'observais ces personnes se rétablir en utilisant l'alimentation vivante, j'avais l'impression d'être en présence de Dieu. J'ai vu clairement que ce programme et ce style de vie étaient des outils pour ouvrir les cœurs et les esprits des gens et leur permettre d'avoir une vie plus heureuse et plus productive.

Pour réussir ce régime à long terme, nous devons adapter notre façon de vivre à l'environnement dans lequel nous vivons. Être seul et isolé tout en essayant de réussir ce mode de vie peut être difficile. Toutefois, si vous vous créez un groupe d'entraide composé de vos proches ou de vos amis, ou si vous cherchez à vous entourer de personnes qui pensent comme vous, tout deviendra plus facile. Si vous vous investissez personnellement dans un style de vie d'intégrité, vous attirerez des personnes qui vous procureront autant un support pratique qu'émotionnel.

Essayer d'adopter ce style de vie, mais seulement de façon modérée, vous confrontera à plus de défis que si vous faites un changement brutal et allez tout de suite jusqu'au bout. T. Colin Campbell décrit les dangers de la modération de la manière suivante dans *The China Study*: « Il existe deux différentes raisons pour que vous y alliez sans retenue. Tout d'abord, l'adoption de ce régime alimentaire exige un changement radical de votre façon de penser en ce qui concerne l'alimentation. Mais si vous faites les choses à moitié, il vous faudra redoubler d'efforts. Si vous avez l'intention de manger des aliments d'origine animale, vous en mangerez, et sans doute plus que vous ne le devriez. Ensuite, vous aurez un sentiment de privation. Au lieu de voir vos nouvelles habitudes alimentaires comme une liberté de consommer tous les aliments d'origine végétale que vous voulez, vous aurez l'impression de devoir vous limiter, ce qui n'encouragera pas vraiment la poursuite à long terme de cette démarche. Si un ami désireux de cesser de fumer vous demandait votre avis, lui conseilleriez-vous de ne fumer que deux cigarettes par jour, ou lui diriez-vous d'arrêter complètement? C'est dans cet esprit que je vous dis que la modération rend parfois les choses plus difficiles même si vous avez les meilleures intentions du monde. »

Internet a ouvert un monde de nouvelles occasions d'explorer, d'établir et de renforcer ce style de vie. Il y a des sites de rencontre végétariens, où vous pouvez trouver des personnes qui partagent les mêmes idées que vous. On y trouve des forums de discussion sur la nourriture vivante, où on peut échanger des conseils pratiques et des histoires vécues sur ce style de vie. Il y a des excursions, des voyages et des croisières qui sont organisés. Vous pouvez trouver une multitude de ressources sur Google, par exemple. Nous sommes en plein cœur d'une grande renaissance quand il est question de ce style de vie. Nos choix n'ont aucune limite si on se laisse guider par notre imagination et notre ingéniosité.

Évidemment, chacun de nous se pose des questions ou s'inquiète sur la manière de vivre cette vie tout en nageant à contre-courant dans cette culture moderne très dominante. Ma première démarche est d'examiner vos questions attentivement. Sont-elles des questions vraiment innocentes, ou vos craintes et vos comportements de sabotage se font-ils passer pour des considérations légitimes ? Vos questions sont-elles simplement des rationalisations utilisées afin de saper votre engagement ?

Voici trois des questions les plus fréquemment posées sur le régime de nourriture vivante.

1. Comment persuader ma famille d'adopter ce style de vie ?

La manière la plus efficace d'enseigner aux autres personnes, particulièrement à vos proches et à votre famille sur ce mode de vie de nourriture vivante est simplement de le vivre ! Quand vous faites des changements dans votre vie qui maximisent votre santé, les autres personnes apprendront de votre exemple, parce qu'elles verront, de leurs propres yeux, comment vous êtes devenu une personne resplendissante de santé.

En plus de montrer un exemple, il existe une série d'actions que vous devrez entreprendre afin de vous protéger, vous et ceux que vous aimez. Tout d'abord, sortez de votre cuisine les aliments les plus dangereux, y compris les aliments contenant un excès de gras, de protéine, de sucre, de sel et d'additifs chimiques. Éliminez également l'alcool et le vinaigre. Remplacez ce que vous éliminez par de la nourriture nutritive lorsque vous sevrez votre famille de leur dépendance aux toxines. Plutôt que de faire ressentir de la privation à vos proches, présentez-leur simplement des solutions de rechange plus saines. Remplacez les produits à base de grains raffinés par des céréales complètes. Remplacez les produits laitiers traditionnels par du lait de chèvre allégé, d'amandes, de riz et de soja. Remplacez les pommes de terre blanches par des ignames et des patates douces. Remplacez les desserts sucrés par des cocktails de fruits frais ou de la crème glacée faite avec des bananes fraîches.

Ensuite, remplacez les méthodes de cuisine risquées, comme le micro-ondes et la friture, par la cuisson au four, la déshydratation et la cuisson à la vapeur. Faites comme pièce maîtresse de chaque repas, une salade mixte de jeunes pousses et de différents légumes de saison, particulièrement les feuillus verts. Faites l'expérience de préparer des sauces à salades à base d'avocats, de noix ou d'haricots trempés. Enfin, préparez au moins une recette à partir d'un livre de recettes végétalien ou végétarien à chaque repas, jusqu'à ce que cela devienne une habitude au sein de votre famille.

un style de vie qui garde les problèmes de santé à distance

Avant ces neuf dernières années, malheureusement, mon régime alimentaire était le régime américain « normal ». Cela consistait en de grandes consommations de viandes et de produits laitiers et était caractérisé par du steak et des pommes de terre, du fromage, des pizzas au pepperoni, des pâtes aux boulettes de viande, du pain et encore du pain. J'ai aussi mené une vie faite de défis par rapport à ma santé.

À l'âge de six ans, je suis presque morte d'une infection du cœur. Cela était dû à un prolapsus de la valve mitrale, une valve du cœur défectueuse, qui a permis au sang contaminé de gagner mon cœur. On m'a donné des doses énormes d'antibiotiques pendant six mois et je me suis rétablie, mais je suis restée avec un dommage permanent au muscle électrique du cœur. Pendant toute ma vie, j'ai eu une tachycardie (battements rapides du cœur), un souffle cardiaque, des angines et un battement de cœur irrégulier. À cause du dosage excessif d'antibiotiques, mon système immunitaire était sévèrement compromis, et par la suite j'étais constamment malade : pneumonies, bronchites, amygdalites, grippes et rhumes se succédaient sans cesse.

À seize ans, j'ai à nouveau eu une amygdalite. Cette fois, je ne réagissais plus aux antibiotiques et j'ai alors développé une fièvre de 40,5, et perdu sept kilos en trois jours. Je mourais une seconde fois. J'ai été opérée en urgence parce que mes amygdales étaient tellement enflées qu'elles avaient presque fermé ma trachée. Cette opération fut une catastrophe parce que j'y ai perdu une partie du tissu musculaire de ma gorge.

Ensuite, à dix-huit ans, j'ai développé une mononucléose. À vingt ans, on a découvert que j'avais une maladie de polykystose ovarienne, ce qui me donnait de multiples symptômes menstruels, y compris des douleurs sévères, une grande faiblesse et des symptômes identiques à ceux de la grippe. Pendant les dix années suivantes, j'ai développé de multiples allergies respiratoires, des allergies alimentaires, une *candida* systémique, une sensibilité à de multiples produits chimiques et un syndrome de fatigue chronique.

La goutte qui a fait déborder le vase est lorsque, à la mi-trentaine, j'ai attrapé la maladie de Lyme, en plus de tous les autres problèmes, soit des douleurs continuelles de la tête au pied, de la fatigue et un teint blafard. J'étais également obèse et sans force. Ce fut la troisième fois où j'ai failli mourir. J'étais tellement malade que je n'ai pas pu travailler pendant un mois et j'ai du prendre congé. La maladie de Lyme a détérioré trois de mes articulations. La plus sévèrement atteinte fut celle de mon épaule gauche, et je n'ai pas pu utiliser mon bras gauche pendant presque trois ans.

À ce moment-là, j'étais prête à essayer quelque chose de nouveau ; pendant trente ans, j'ai fait tout ce que les médecins m'ont dit, pris tous les médicaments qu'ils m'ont prescrits, j'ai subi plusieurs interventions chirurgicales. Je n'ai jamais récupéré de quoi que ce soit. J'ai commencé à lire des livres sur la santé. La plupart soulignait l'importance de l'alimentation et du mode de vie. J'ai d'abord cessé d'aller voir les médecins, j'ai laissé tomber les médicaments et les procédures chirurgicales. À trente-neuf ans, j'ai commencé à prendre tous mes repas végétariens et six mois plus tard, je suis devenue végétalienne.

J'ai renoncé à la viande presque du jour au lendemain. Pour le fromage, ce fut plus difficile. Je me sentais vraiment mieux comme végétalienne. À la maison et au travail, je suis végétalienne. Quand je sors, je m'en tiens au végétarisme : pas de chair animale en neuf ans, pas de bœuf ni poulet ni poisson. Je trouve que plus je vis de cette manière, plus il est facile de continuer. Mes envies ont changé au fil des ans, et j'apprécie maintenant des aliments que je n'aimais pas auparavant.

Mon épaule a mis six mois à guérir complètement. Maintenant, tant que je reste végétalienne, je n'ai aucun problème d'articulation, mais dès que je m'écarte de mon mode alimentaire, mes articulations me rappellent à l'ordre. Actuellement, j'ai un beau teint, une abondance d'énergie, je ne ressens aucune douleur, aucune fatigue chronique. Mes tests sur les virus d'Epstein-Barr, la maladie de Lyme et de candidose sont négatifs. Et j'ai une exaltation pour la vie qui est reflétée par mon endurance physique.

Le processus pour modifier notre mode de vie commence par nos pensées. Le truc pour réussir dans le programme d'énergie vitale est de participer activement, par prise de décision positive, libre de toutes impulsions dénaturées. Est-ce que ce sera difficile ? Peut-être au début, selon vos antécédents de dépendances aux aliments toxiques et votre niveau d'engagement à réaliser vos objectifs. Après, le programme fait partie de votre vie normale.

J. MICHELE VILLAREALE
WEST PALM BEACH, FLORIDE

2. Que faire lorsque je voyage?

Utilisez Internet pour trouver des magasins d'alimentation naturelle ou des restaurants végétariens dans votre ville de destination, ou recherchez une variété d'aliments biologiques vendus à des marchés fermiers par des agriculteurs biologiques. Beaucoup de restaurants ont maintenant des buffets de crudités, mais la question évidente à soulever aux employés du restaurant est de savoir si les produits sont biologiques.

Planifier ce que vous allez manger lors de longs voyages en avion requiert d'y penser à l'avance et peut occasionner une recherche d'informations. Contactez la compagnie aérienne pour savoir si elle offre des repas végétariens ou végétaliens ; si elle en offre, réservez-en un. Sinon,

cinq ans d'alimentation vivante

Avant de découvrir ce mode de vie, je suivais un régime alimentaire qui comprenait de la viande et des produits laitiers, et j'ai grossi de dix kilos depuis le début du collège. Après avoir obtenu mon diplôme de l'Université du Kansas, je me suis découvert une nouvelle passion, celle de vivre une vie naturelle.

J'ai immédiatement passé à un régime végétalien, mais ce régime alimentaire se composait principalement de malbouffe, même s'il était végétalien. Je mangeais des burritos surgelés, des pâtes et beaucoup de fruits. Ce n'est que lorsque j'ai lu *The Raw Life* par Paul Nison que j'ai commencé à découvrir la puissance de l'alimentation vivante.

J'ai commencé à fréquenter les magasins de produits naturels près de chez moi et j'ai connu d'autres personnes intéressées par ce mode de vie. Il était amusant de passer le déjeuner au bar à jus, de manger des salades et de créer des liens avec d'autres adeptes. La partie la plus difficile pour passer à ce régime était de rester sociable avec ma famille et mes amis, vu qu'ils n'étaient pas familiers avec cette façon de se nourrir. Il semble que j'attirais toujours l'attention quand je sortais entre amis, parce que je ne mangeais pas de desserts sucrés ni les autres plats présentés. J'ai appris à ne pas m'étendre sur ce sujet, mais si quelqu'un me questionnait, je n'avais aucun problème à répondre. J'aimais parler de mon nouveau style de vie et de ma façon de manger ! J'ai rapidement appris que les gens sont plus réceptifs si on ne prêche pas, et que les gens qui sont intéressés vous poseront des questions.

préparez votre propre repas avec des jeunes pousses, du pain d'épeautre et des casse-croûte déshydratés. Prenez avec vous une ample provision d'eau distillée. Les compagnies aériennes comme Swiss Air et Lufthansa servent de la nourriture biologique sur demande. La plupart des lignes de croisières le font également.

Quand vous mangez à l'extérieur, souvenez-vous que beaucoup de restaurants japonais, chinois, orientaux, grecs et italiens offrent des choix de plats de légumes nutritifs, alors que la plupart des restaurants américains et européens ne le font pas. Dans la plupart des grandes villes du monde, les châtaignes sont offertes comme collation nourrissante. Elles sont vendues dans les rues de Paris, de New York, et d'ailleurs.

S'engager à ce mode de vie a été pour moi comme une balade en montagnes russes. Le processus fut marqué de hauts et de bas. C'est vraiment captivant de découvrir de nouvelles informations. C'est comme si je découvrais des couches de vérités qui ne m'étaient pas disponibles dans le passé.

J'apprends des choses nouvelles et j'ajuste ensuite mon style de vie et mon alimentation en conséquence. J'observe ce que je ressens. C'est incroyable de voir comment mon corps a changé et s'est guéri d'années de boulimie et d'abus de substances toxiques. Mon esprit est incroyablement clair. Une amélioration remarquable est la qualité de mon sommeil et la clarté de mes rêves. J'ai plus d'énergie et d'endurance, et je suis tellement libre maintenant que je ne suis plus accro à la caféine et à d'autres substances nocives.

Ma capacité à maintenir ce mode de vie devient plus facile chaque jour. Une fois que vous vous engagez à améliorer votre santé et votre vie, votre détermination saura vous autoriser à faire les bons choix concernant votre régime alimentaire et votre mode de vie. Rester centré sur un objectif et s'entourer de personnes semblables à vous sont des facteurs importants dans le maintien de ce mode de vie. J'essaie de ne pas être trop exigeante envers moi-même, et la façon dont j'aborde ce mode de vie est toujours en évolution. La découverte de l'alimentation vivante a été le plus beau cadeau que j'ai jamais reçu. Ma vie s'est transformée d'une manière que je n'aurais jamais pu imaginer

ANDREA NISON
WEST PALM BEACH, FLORIDE

Dans ce mode de vie, la créativité finira par devenir une seconde nature. Par exemple, lorsque mon épouse, Anna Maria, et moi avons voyagé en Russie, nous savions que nous ne serions pas en mesure d'acheter des légumes biologiques très facilement. Nous avons donc rempli deux grosses valises avec nos aliments préférés. Je prends même des germinations avec moi dans une mallette quand je voyage par affaires. Vous pouvez organiser l'envoi d'aliments biologiques à votre destination à l'avance lorsque vous planifiez un voyage. En Europe, il existe des services qui fournissent des produits biologiques récoltés depuis moins de cinq jours avant la livraison.

3. Est-ce que les aliments crus vont épuiser mon endurance physique ?

Pour obtenir une réponse claire et convaincante à cette question, prenons l'expérience de Doug Walsh, du Colorado, végétalien crudivore depuis 1996. Il a démontré que le corps humain peut se nourrir exclusivement d'aliments crus en faisant une randonnée pédestre de 5000 kilomètres, du Mexique au Canada, le long du sentier suivant le Continental Divide Trail. C'était le Jour de la Terre, le 22 avril 2005, que Walsh, parrainé par l'Institut de santé Hippocrate, entreprit une randonnée d'une moyenne d'un marathon par jour, tous les jours. Il lui a fallu cinq mois complets pour faire ce voyage ardu. Voici comment, ce « Lance Armstrong de l'aliment cru », comme nous l'appelons, nous a décrit plus tard son exploit :

« Je suis devenu végétalien en 1988, après avoir lu *Diet for a New America* de John Robbins. Pour moi, la progression fut naturelle. J'ai toujours été intéressé par la santé parce que j'aime le plein air. Je me suis rendu compte que je me devais d'être en bonne santé pour être en mesure de faire ce que j'aime : jouer dehors ! Au fil des ans, mon régime végétalien s'est affiné, et ma santé s'est constamment améliorée. Les deux livres influents qui m'ont conduit à l'alimentation vivante furent *Conscious Eating* de Gabriel Cousens et *Fit for Life* de Harvey et Marilyn Diamond. Ces écrits avaient un sens pour moi. Manger des aliments qui sont encore pleins d'énergie terrestre était évidemment le chemin à prendre. Cette énergie s'est canalisée en moi. J'aime tellement la vie ! J'aime ce style de vie. Vous n'avez pas à vous priver ou à faire des sacrifices pour être en santé. »

« Ce fut la plus longue randonnée de toute ma vie, environ 5000 kilomètres. L'altitude était constamment élevée, en moyenne 3000 à 3500 mètres. Exécuter un marathon ou plus par jour à cette altitude est certainement un défi, même pour un crudivore. Les conditions météorologiques étaient dures parfois, et nous étions constamment exposés à la pluie, à la neige, au vent, à la grêle. Nous avons aussi fait face à des orages et des éclairs dangereux. Nous en avons vu de toutes les couleurs sur ce sentier. »

« Un de mes amis, Eric, a parcouru avec moi presque tout le trajet. Il n'est pas très "aliments crus". Il n'est même pas végétarien. Toutefois, après son expérience de randonnée avec moi, il veut le devenir parce qu'il a constaté les avantages évidents de mon style de vie. Eric a quatorze ans de moins que moi, mais il a souffert beaucoup plus que moi pendant cette randonnée. Il avait aussi beaucoup moins d'endurance que moi. »

prenez dans vos bras la nouvelle personne que vous êtes

Vous êtes maintenant à la fin du début, le début de votre vie pleine, nourrie par des aliments vivants, libre de toxines, pleinement fonctionnelle et comblée. Et tout ce que vous avez à faire est de continuer ce que vous faites depuis que vous avez commencé la lecture de ce livre. Mais soyez prudent et vigilant afin de ne pas glisser dans l'autodestruction, ce qui vous a initialement conduit à ce livre. Pour paraphraser l'ancien grand joueur de baseball Satchel Page, si vous ne retournez pas en arrière, le passé ne peut pas vous contrôler.

Peu de temps après que je suis devenu directeur de l'Institut de santé Hippocrate, en 1981, nous avons fait une enquête sur environ 18 000 diplômés de notre programme d'énergie vitale. Nous leur avons demandé s'ils suivaient encore le programme, et si oui, dans quelle mesure. Plus de la moitié des adresses n'étaient plus valables, mais nous avons reçu près de 3000 réponses par courrier. Nous avons su que 47 % des répondants suivaient toujours le programme. Seuls 6 % sont devenus dingues et mangeaient du poulet frit et des hamburgers. Le reste était soit végétarien ou végétalien, ou aspirait à l'être la plupart du temps.

Le fait qu'autant de personnes suivent un programme en conflit avec notre culture prédominante est vraiment un commentaire extraordinaire sur la qualité de notre programme et le désir humain de santé et de bien-être. Nous menons périodiquement de plus petites enquêtes, parce que 80 % de nos invités reviennent sur place pour une mise au point. Certains d'entre eux reviennent parce qu'ils sont sortis du programme et ont besoin de réexpérimenter la structure que nous proposons. Nous avons découvert, toutefois, qu'en moyenne la moitié de nos diplômés suivent toujours notre programme. (Nous utilisons le terme « invités » plutôt que « clients » ou « patients », car nous voulons que chacun se sente égal et responsable dans le processus de prise en compte de ses propres défis en matière de santé.)

Tout ce que vous continuez à apprendre de ce livre ne servira à rien, sauf si vous l'appliquez chaque jour, avec constance. Comme toutes les techniques d'apprentissage, les lignes directrices qui constituent ce livre doivent être pratiquées et vécues pour qu'elles soient efficaces. En vivant selon les enseignements de ce programme, vous aurez besoin de faire de votre mieux, et en faisant de votre mieux, vous serez à votre meilleur et ne pourrez faire autrement que d'offrir le meilleur de vous-même à votre entourage.

Et ainsi, comme dans le grand cercle de la vie, nous sommes revenus à la case départ, celle de la responsabilité de chaque individu en ce qui concerne la totalité de sa propre santé et son propre bien-être. Si nous pensons à l'ensemble de la vie, maintenant et toujours, comme la totalité universelle qu'elle est, comment nuire à la vie peut ne pas être préjudiciable à l'ensemble de la vie? Comme Dag Hammarskjöld, le regretté secrétaire général de l'ONU, nous conseille: « Notre travail pour la paix doit commencer dans la sphère privée de chacun de nous. »

De chacun de ces mondes, individuel et ensemble, nous devons appliquer la règle d'or et le principe de base du serment d'Hippocrate: « Tout d'abord, ne pas nuire », à chaque pensée, chaque mouvement et chaque action. Nous devons le faire jusqu'à ce que la règle d'or et ce principe aillent de personne en personne, de personnes à d'autres créatures, d'autres créatures à la nature, puis de la nature aux personnes et à d'autres créatures, d'un endroit à un autre, d'un âge à l'autre, jusqu'à ce que la totalité de la planète soit enveloppée dans un cocon d'amour, de bonté et de béatitude éternelle.

les recettes spéciales de la cuisine de l'Institut de santé Hippocrate

Vous trouverez, en ligne et dans les livres, des milliers de recettes végétaliennes pour crudivores, conformes au programme de nutrition de l'Institut de santé Hippocrate. L'une de mes références préférées, le livre *Healthful Cuisine : Over 150 Raw Vegan Recipies* a été rédigé par Anna Maria Clement, mon épouse, et le chef cuisinier Kelly Serbonich. Leur livre propose non seulement une excellente cuisine, mais initie le lecteur aux procédés de trempage et germination, d'extraction de jus, de recettes au mélangeur et de déshydratation des aliments.

Toutes les recettes ci-dessous, que préparent nos chefs cuisiniers à l'Institut de santé Hippocrate, vous donnent une idée de la très grande variété de mets autant savoureux que nourrissants, favorables à la santé et régénérateurs.

Salade de chou-fleur colorée

2-4 portions

Cette délicieuse salade convient en toutes occasions.

Ingrédients :

½ chou-fleur, coupée en morceaux (taille d'une bouchée)
½ tête de brocoli, coupée en morceaux (taille d'une bouchée)
2 poivrons rouges, hachés
½ tasse (125 ml) de persil frais, haché fin
1 tasse (250 ml) de pignons crus, trempés pendant 12 heures
¼ tasse (60 ml) d'eau
½ c. thé (2 ml) de gingembre moulu
2 c. soupe (30 ml) d'assaisonnement tout usage Bragg
1 gousse d'ail, hachée

Préparation :

Salade : Dans un bol, combiner le chou-fleur et le brocoli. Y ajouter le poivron et le persil. Remuer délicatement.

Sauce à salade : Égoutter, puis rincer les pignons. Les déposer dans le récipient du mélangeur, y ajouter l'eau et le gingembre. Activer l'appareil jusqu'à l'obtention d'une sauce homogène. Tout en continuant de mélanger, ajouter le Bragg et l'ail. Verser sur les légumes et remuer avec soin. Laisser reposer pendant 30 minutes à température ambiante avant de servir pour assurer le mariage heureux des saveurs.

Variantes :

- Ajouter du gingembre frais râpé et des assaisonnements à l'italienne, au goût.
- Omettre le Bragg. *A*jouter de la poudre de varech ou des granules de dulse.

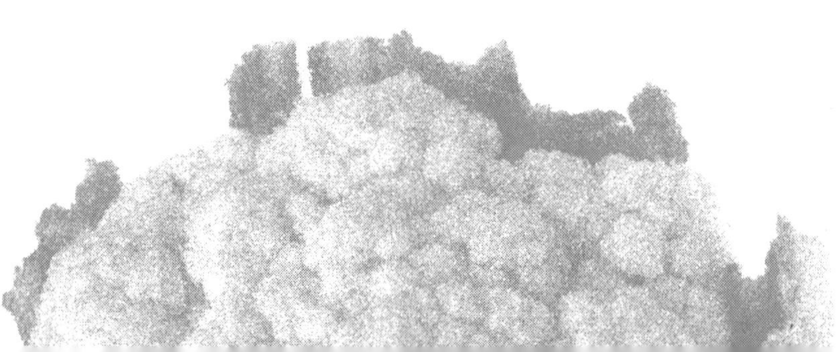

Houmous relevé

4 portions

Ingrédients :

2 tasses (500 ml) de pois chiches, trempés 12 heures et germés 24 heures

½ tasse (125 ml) d'eau

2-4 gousses d'ail, émincées

1½ c. à thé (7 ml) de cumin moulu (facultatif)

¼ tasse (60 ml) de jus de citron fraîchement pressé

3 c. à soupe (45 ml) de tahini cru

3 c. à soupe (45 ml) d'assaisonnement tout usage Bragg

Préparation :

Combiner et passer les pois chiches, l'ail et l'eau au mélangeur jusqu'à l'obtention d'une pâte homogène. Y ajouter le cumin (facultatif), le jus de citron, le tahini et le Bragg. Continuer à activer l'appareil jusqu'à ce que le tout soit bien mélangé. Laisser reposer 30 minutes à la température de la pièce avant de servir.

Variantes :

- Incorporer ¼ de bouquet de persil, finement haché au mélange final.
- Omettre le Bragg et ajouter plutôt de la poudre de varech ou des granules de dulse.

Guacamole

4-6 portions

Cette savoureuse trempette se consomme solo ou accompagnée de craquelins de graines de lin cru ou de crudités populaires pour trempette, comme les carottes ou le céleri.

Ingrédients :

4 gros avocats, coupés en dés
½ bouquet de coriandre, de basilic ou d'aneth, haché
½ tasse (125 ml) d'oignons verts, tranchés
1 petit poivron rouge, coupés en dés
2 gousses d'ail, hachées
Jus de citron fraîchement pressé
Cayenne

Préparation :

Dans un bol ou le récipient d'un robot culinaire, combiner avocats, coriandre, oignons verts, poivron rouge et ail. Bien mélanger, mais juste assez pour obtenir un texture grossière. Relever de jus de citron et de cayenne, au goût.

Fantaisie exotique

2-4 portions

Cette salade fournira un complément nutritif à tout type de repas.

Ingrédients :

½ tasse (125 ml) de noisettes ou d'amandes crues, trempées pendant 12 heures
2 tasses (500 ml) de chou rouge ou vert, en lanières
½ tasse (125 ml) de jicama en juliennes ou de châtaignes d'eau fraîches, tranchées
½ tasse (125 ml) de pois verts frais
½ tasse (125 ml) de dulse, trempé
1 poivron rouge, haché
1 tasse (250 ml) d'eau
2 c. soupe (30 ml) de graines de lin
1 tasse (250 ml) de poivron rouge, tranché

Préparation :

Salade : Égoutter et rincer les noisettes, les transférer dans un bol. Y ajouter le chou, le jicama, les pois et la dulse et remuer le tout pour bien mélanger.

Sauce à salade : Passer le poivron rouge haché, l'eau et les graines de lin au mélangeur jusqu'à l'obtention d'un mélange onctueux. Verser sur la salade et garnir avec les tranches de poivrons rouges.

Laisser reposer au réfrigérateur pendant 15 à 30 minutes avant de servir.

Pot-pourri sésame-champignons

2-3 portions

La saveur et la texture de cette salade s'améliorent après l'avoir laissée mariner.

Ingrédients :

1 livre (500 g) de champignons shiitake, tranchés
1 poivron rouge, coupé en dés
Oignons verts, coupés en diagonale, au goût
Jus de 2 limes
¼ tasse (60 ml) de graines de sésame crues
1 c. soupe (15 ml) d'huile d'olive pressée à froid ou d'huile de sésame biologique
1 c. thé (5 ml) de coriandre moulue
Pincée de cayenne
Assaisonnement tout usage Bragg

Préparation :

Dans un grand bol, combiner les champignons, le poivron rouge et les oignons verts. Y ajouter le jus de lime, les graines de sésame, l'huile d'olive, la coriandre la cayenne. Brasser le tout avec soin. Assaisonner au goût avec du Bragg.

Variante :

Ajouter de l'ail frais haché finement ou écrasé et du gingembre, au goût.

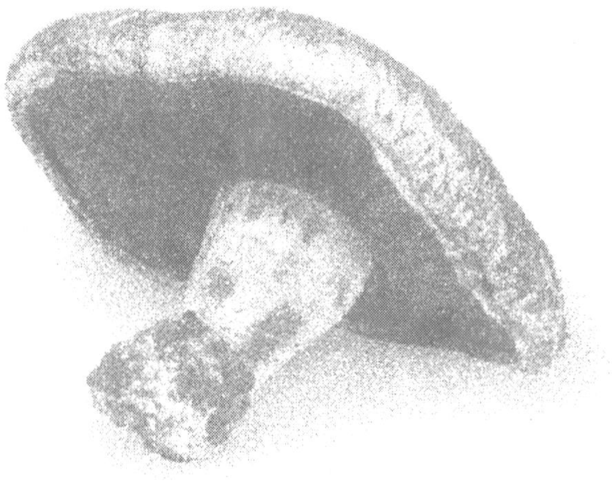

Chou frisé à la moutarde

4-6 portions

Une salade avec du piquant ! Un truc savoureux pour augmenter notre apport en légumes à feuilles vert foncé.

Ingrédients :

2-3 bouquets de chou frisé
2 gros poivrons rouges, tranchés
3-4 boulettes de noix ou de graines déshydratées (facultatif)
2 c. à soupe (30 ml) de moutarde sèche
1/4 tasse (60 ml) de jus de citron fraîchement pressé
Huile d'olive pressée à froid, au besoin

Préparation :

Salade : Enlever et jeter les tiges du chou. Déchirer ensuite les feuilles en morceaux de la taille d'une bouchée. Placer le chou dans un bol avec les poivrons et les boulettes.

Sauce à salade : Diluer la moutarde sèche avec juste assez d'eau pour obtenir une pâte. Ajouter le jus de citron et autant d'huile d'olive qu'il sera nécessaire pour obtenir la consistance souhaitée. Verser sur les légumes et remuer avec soin. Laisser mariner à température ambiante pendant 1 heure avant de servir.

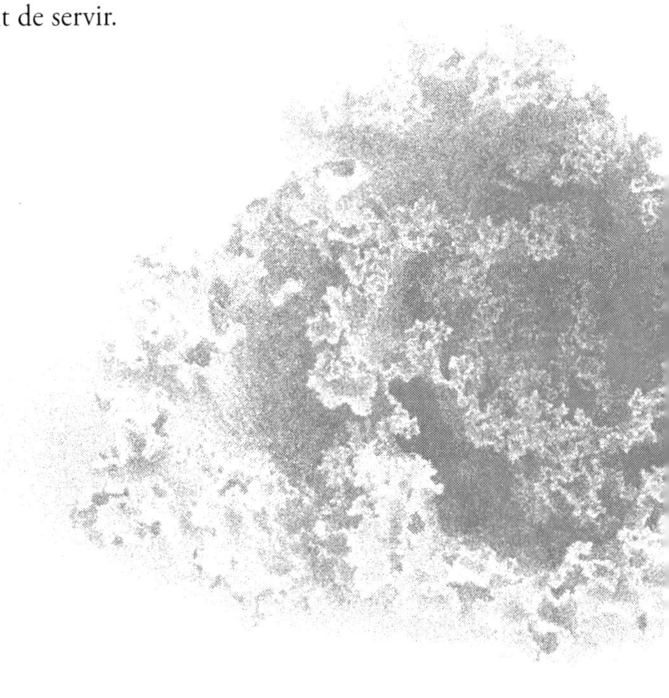

Salade de courge et de pomme de terre

4-6 portions

Voici une salade ajoutera une variante santé à l'habituelle salade de pomme de terre.

Ingrédients :

3 tasses (750 ml) de courge jaune en cubes
3 tasses (750 ml) de courgette en cubes
1 tasse (250 ml) de patates douces râpées
1/4 tasse (60 ml) d'estragon frais haché
3 gousses d'ail, pressées
3 c. à soupe (45 ml) d'huile d'olive pressée à froid ou d'huile de lin
Assaisonnement tout usage Bragg au goût

Préparation :

Dans un grand bol, mélanger la courge jaune avec la courgette. Ajouter les patates douces, les carottes, l'estragon et l'ail. Ajouter l'huile et remuer le tout. Relever avec du Bragg.

Variante :

Remplacer le Bragg par de la poudre de varech ou des granules de dulse au goût.

Salade de légumes de mer

4-6 portions

Un délice asiatique des plus nutritifs.

Ingrédients :

1 once (30 g) de dulse tranché
1 once (30 g) d'arame
1 once (30 g) de hijiki
2 feuilles de porphyre (nori)
1 tasse (250 ml) de carottes râpées
1 tasse (250 ml) de daikon râpé
6 oignons verts tranchés en diagonale
Jus de 2 gros citrons
3 c. à soupe (45 ml) de graines de sésame crues
Assaisonnement tout usage Bragg

Préparation :

Faire tremper individuellement le dulse, l'arame, le hijiki jusqu'à consistance molle. Rincer chacun séparément, puis les égoutter. Couper les feuilles de porphyre en carrés de 1 po (2,5 cm). Combiner le dulse, l'arame, le hijiki et les cubes de porphyre dans un grand bol. Incorporer les carottes, le daikon et les oignons verts. Asperger la salade de jus de citron. La saupoudrer de graines de sésame. Bien mélanger le tout. Assaisonner de Bragg au goût.

Variante :

Pour un petit goût d'Asie, ajouter du gingembre râpé au goût.

Mosaïque de légumineuses et d'artichauts

4-6 portions

Il faut essayer cette salade : une expérience de la vraie cuisine italienne.

Ingrédients :

2 tasses (500 ml) de haricots jaunes
1 chicorée rouge italienne (radicchio), hachée grossièrement
1 endive, hachée grossièrement
½ tasse (125 ml) d'olives noires dénoyautées, coupées en deux
1 tasse (250 ml) de cœurs d'artichaut crus
3 c. à soupe (45 ml) d'huile d'olive pressée à froid
Assaisonnements de fines herbes

Préparation :

Dans un grand bol, combiner les haricots jaunes, la chicorée rouge italienne et l'endive. Bien mélanger. Ajouter les olives et les cœurs d'artichaut. Bien remuer. Verser l'huile d'olive sur le mélange et ajouter les assaisonnements de fines herbes au goût. Bien remuer jusqu'à distribution homogène.

Variante :

Ajouter du jus de citron fraîchement pressé au goût.

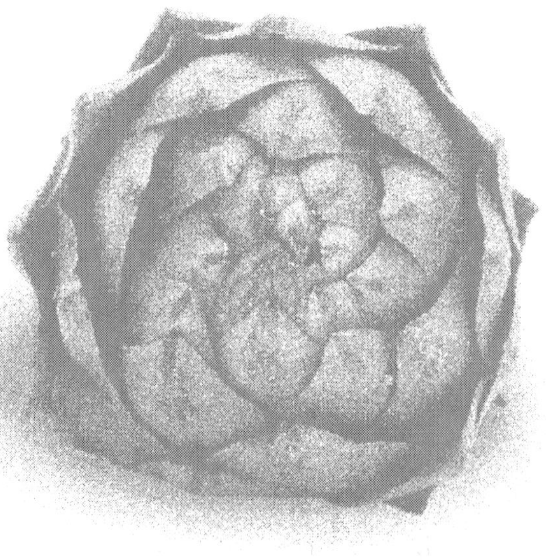

Pak-choi relevé de wasabi

4-6 portions

Une savoureuse salade exotique. Attention toutefois au wasabi, très épicé. L'utiliser avec parcimonie.

Ingrédients :

2 livres (1 kg) de pak-choi (ou bette chinoise)
Poudre de wasabi
1 oignon doux moyen, tranché mince
8 onces (250 ml) de haricots germés

Préparation :

Laver le pak-choi, et le trancher en bouchées, le mettre, encore légèrement humide, dans un bol. Saupoudrer de poudre de wasabi au goût. Ajouter l'oignon et les germes de haricots. Mélanger délicatement et servir.

Ratatouille italienne

4-6 portions

Un met traditionnel, agréable à manger et facile à préparer.

Ingrédients :

½ livre (225 g) de courgettes, tranchées
½ livre (225 g) de courge jaune, tranchée
½ livre (225 g) de poivron rouge, tranché
½ livre (225 g) de brocoli, tranché
1 pomme de radicchio, découpée en lanières (facultatif)
¼ tasse (60 ml) de basilic frais, haché
¼ tasse (60 ml) d'huile d'olive pressée à froid
¼ tasse (60 ml) de jus de citron fraîchement pressé
2-3 gousses d'ail, émincées
3 c. à soupe (45 ml) d'assaisonnements à pizza

Préparation :

Dans un grand bol, assembler courgettes, courge, poivron et brocoli. Remuer délicatement. Ajouter le radicchio (facultatif) et le basilic, mélanger de nouveau. Ajoute l'huile d'olive et l'ail. Mélanger jusqu'à distribution uniforme. Si désiré, saupoudrer d'assaisonnements à pizza au goût, mélanger une dernière fois. Laisser mariner pendant une heure avant de servir.

Sésame – haricot mungo – brocoli

3-4 portions

Un met oriental crémeux, léger et nourrissant.

Ingrédients :

2 tasses (500 ml) de fleurons de brocoli
2 tasses (500 ml) de germes de haricots mungo
1 tasse (250 ml) de poivrons rouges, tranchés
1 c. à soupe (15 ml) d'huile de sésame crue
2 c. à soupe (30 ml) d'assaisonnement tout usage Bragg
1 c. à soupe (15 ml) de coriandre moulue
½ c. à thé (2 ml) de cayenne
¼ tasse (60 ml) de graines de sésame crues, trempées pendant 2 à 3 heures

Préparation :

Pour préparer la **salade**, assembler le brocoli, les germes et le poivron dans un bol de taille moyenne. Pour la **sauce à salade**, mélanger ou fouetter ensemble l'huile, le Bragg, la coriandre et la cayenne. Verser cette sauce sur les légumes. Égoutter et rincer les graines de sésame, puis les ajouter à la salade. Mélanger délicatement. Laisser reposer pendant 30 minutes avant de servir.

Sauce à salade divinement verte

2-4 portions

Cette sauce au goût merveilleux convient à tout genre de salade de légumes.

Ingrédients :

1 gros avocat
1 petit oignon, coupé en quartiers
2 branches de céleri, coupées en morceaux de 2 po (5 cm)
¼ tasse (60 ml) de persil frais
¼ tasse (60 ml) d'aneth frais
¼ tasse (60 ml) de basilic frais
¼ tasse (60 ml) de cresson
1 concombre, non pelé et coupé en quatre
Jus d'un citron
1 gousse d'ail
Jus de concombre ou eau, au besoin
Assaisonnement tout usage Bragg

Préparation :

Passer ensemble l'avocat, l'oignon et le céleri au mélangeur jusqu'à l'obtention d'une consistance homogène. Y ajouter le persil, l'aneth, le basilic et le cresson, pulvériser. Ajouter l'ail, le concombre et le jus de citron. Pulvériser le tout jusqu'à la consistance souhaitée, ajoutant au besoin du jus de concombre. Assaisonner de Bragg.

Sauce à salade champêtre

2-4 portions

Assez polyvalente pour rehausser toutes combinaisons de légumes, cette sauce à salade rouge, préparée au mélangeur, se conservera trois jours au réfrigérateur.

Ingrédients :

2 tasses (500 g) d'amandes crues, trempées pendant 12 heures
1 tasse (250 ml) de basilic frais
2 gousses d'ail
Eau, au besoin
2 gros poivrons rouges tranchés en lamelles
Assaisonnement tout usage Bragg, poudre de varech ou granules de dulse

Préparation :

Égoutter et rincer les amandes. Les déposer dans le récipient du mélangeur. Y ajouter l'ail et le basilic. Ajouter graduellement juste assez d'eau pour faciliter le malaxage (le mélange doit avoir la consistance fluide d'une pâte à crêpe). Pendant que l'appareil fonctionne à vitesse moyenne, laisser tomber une à une les tranches de poivron par l'ouverture du couvercle. Assaisonner avec du Bragg, au goût.

Variante :

Ajouter 3 c. à soupe (45 ml) d'assaisonnement à pizza.

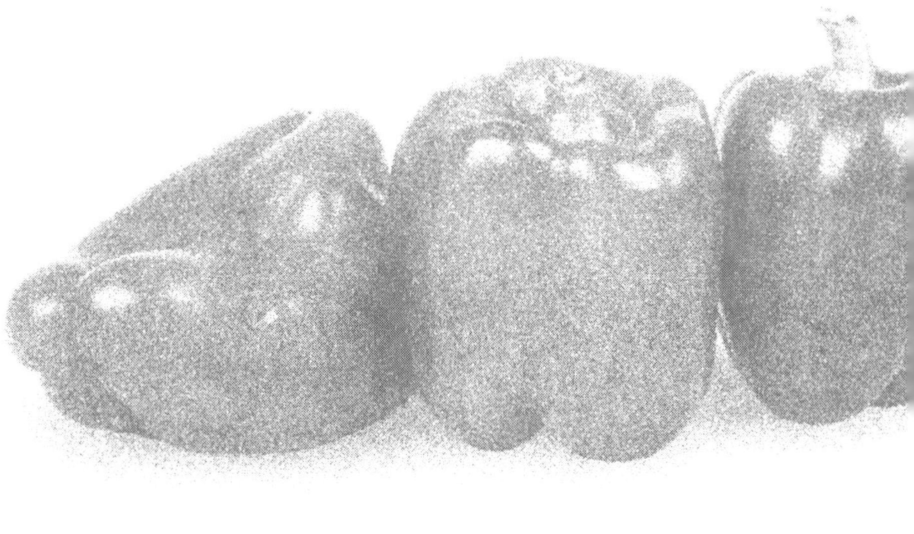

Sauce à salade Délices aux pacanes

2-4 portions

Pour les amateurs de sauces à salade à saveur de noix.

Ingrédients :

2 tasses (500 ml) de pacanes, trempées pendant 12 heures
½ tasse (125 ml) de persil frais, grossièrement haché
¼ tasse (60 ml) d'oignon rouge, tranché
2-3 gousses d'ail
Jus de concombre ou eau
Assaisonnement tout usage Bragg

Préparation :

Égoutter et rincer les pacanes. Les transvider dans le récipient du mélangeur. Ajouter l'ail, l'oignon et le persil. Ajouter graduellement juste assez de jus de concombre pour faciliter le malaxage. Le mélange doit devenir crémeux et homogène. Assaisonner avec du Bragg.

Potage froid aux asperges

2 portions

Ce délice estival est un repas complet par lui-même.

Ingrédients :

3 tasses (750 ml) de carottes, tranchées ou ½ tasse (125 ml) de jus de carottes
2 tasses d'asperges, tranchées
¼ tasse (60 ml) de tahini cru
3 gousses d'ail
½ c. à thé (2 ml) de gingembre frais, râpé
Assaisonnement tout usage Bragg
¼ tasse (60 ml) de ciboulette, grossièrement hachée

Préparation :

Passer les carottes, les asperges, le tahini, l'ail et le gingembre ensemble au mélangeur ou au robot culinaire jusqu'à consistance homogène. Assaisonner de Bragg au goût. Réfrigérer pendant 1 heure. Au moment de servir, garnir avec la ciboulette.

Variante :

Omettre carottes, tahini et gingembre et ajouter un avocat coupé en gros morceaux et deux branches de céleri haché.

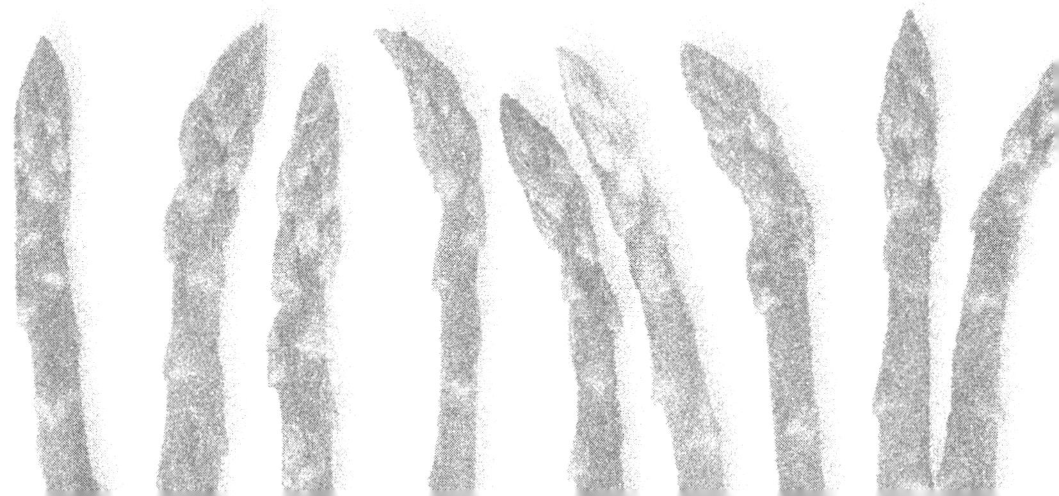

Potage froid de carottes et amandes

2-3 portions

Un délice de goût agréable et rassasiant, un vrai régal pour les papilles.

Ingrédients :

1 tasse (250 ml) d'amandes crues, trempées pendant 12 heures
3 tasses (750 ml) de jus de carottes, fraîchement pressé
1 poivron rouge ou jaune, haché grossièrement
1 gousse d'ail
½ bouquet d'aneth, de persil, de basilic ou de coriandre
Assaisonnement tout usage Bragg, poudre de varech ou granules de dulse

Préparation :

Égoutter et rincer les amandes. Les passer au mélangeur avec l'ail, les carottes et le poivron rouge, jusqu'à consistance homogène et ajouter l'aneth. Assaisonner avec du Bragg à volonté.

Variante :

Remplacer les amandes par ¼ tasse (60 ml) de pignons trempés pendant 12 heures.

Potage d'avocat et d'épinard

2-3 portions

Velouté et nutritif, ce potage se sert comme entrée ou comme repas.

Ingrédients :

2 tasses (500 ml) de jus de carotte ou de concombre frais
2 avocats, en morceaux
3 gousses d'ail
2 lb (1 kilo) d'épinards, équeutés
Muscade râpée
Assaisonnement tout usage Bragg, poudre de varech ou granules de dulse

Préparation :

Passer le jus de carotte, l'avocat et l'ail au mélangeur, jusqu'à l'obtention d'un mélange homogène. Pendant que l'appareil fonctionne à basse vitesse, ajouter les épinards par l'ouverture du couvercle. Continuer à pulvériser jusqu'à ce que les épinards soient bien incorporés et le mélange onctueux. Assaisonner au goût avec de la muscade et du Bragg.

Salade simili thon

4-6 portions

Cette salade donne l'impression de la texture du thon, sans ingrédient de poisson.

Ingrédients :

3 tasses (750 ml) de noix crues, trempées pendant 12 heures
3 tasses (750 ml) de carottes, hachées
1 oignon moyen, tranché
1 tasse (250 ml) de céleri, haché
½ tasse (125 ml) de persil frais, haché
¼ tasse (60 ml) d'estragon
¼ tasse (60 ml) d'aneth frais
Jus de 2 citrons
2 tasses (500 ml) de légumes déshydratés (facultatif)
Assaisonnement tout usage Bragg, poudre de varech ou granules de dulse
Verdure pour garnir (facultatif)

Préparation :

Égoutter et rincer les noix. Passer les noix et les carottes à l'extracteur de jus *Champion* muni de l'élément pour broyer. Transvider dans un bol à mélanger. Combiner l'oignon, le céleri, le persil, l'estragon, l'aneth et l'ail dans le récipient d'un robot culinaire pourvu d'une lame en S. Pulvériser par impulsions, jusqu'à ce que le mélange soit haché grossièrement. Ajouter au mélange de noix et de carottes et brasser jusqu'à distribution homogène. Ajouter le jus de citron et les légumes déshydratés, mélanger de nouveau. Assaisonner de Bragg au goût. Façonner selon la forme désirée. Garnir de légumes verts, au choix, et servir.

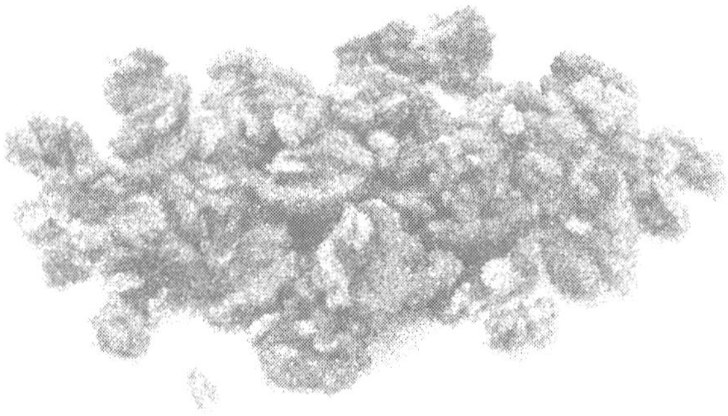

Pain citrouille et noix

4-6 portions

Il est possible de préparer ce pain la veille et de le réfrigérer. Le temps de repos permettra aux saveurs de se fusionner, rendant ce mets d'autant plus savoureux.

Ingrédients :

2 tasses (500 ml) de noix crues, trempées pendant 12 heures
2 tasses (500 ml) de graines de citrouille, trempées pendant 6 heures
1 tasse (250 ml) de carottes, tranchées
1 tasse (250 ml) de poivron rouge, haché
1 tasse (250 ml) d'oignons, en dés
1 tasse (250 ml) de persil frais, haché
1 tasse (250 ml) de champignons frais ou déshydratés
2 gousses d'ail, écrasées
2 c. soupe (30 ml) de tahini cru (facultatif)
Fines herbes fraîches comme garniture (facultatif)

Préparation :

Égoutter et rincer les noix et les graines de citrouille. Les passer, avec les carottes, à l'extracteur de jus *Champion* muni de l'élément pour broyer ou encore les placer dans un robot culinaire muni d'une lame en S et activer l'appareil jusqu'à l'obtention d'une préparation homogène. Transvider dans un grand bol à mélanger.

Déposer les poivrons, les oignons, le persil, les champignons et l'ail dans le récipient du robot culinaire ou du mélangeur. Pulvériser par impulsions jusqu'à l'obtention d'un mélange uniforme, sans être trop onctueux. Ajouter le tout au mélange de noix. Bien remuer. Ajouter le tahini facultatif et mélanger de nouveau. Déposer sur un plat de service. Façonner selon la forme requise. Si désiré, garnir de fines herbes.

Trempette aux champignons

4 portions

Une recette pour occasion spéciale, assez polyvalente pour satisfaire la plupart des événements de groupe. Servir avec vos crudités préférées ou des craquelins de graines de lin crues.

Ingrédients :

1 tasse (250 ml) de graines de tournesol crues, trempées de 8 à 12 heures
½ tasse (125 ml) de noix crues, trempées pendant 8 à 12 heures
3 tasses (750 ml) de champignons, hachés grossièrement
1 carotte, hachée
1 courgette, hachée
1 poivron rouge, haché
½ tasse (125 ml) d'oignons verts, hachés
½ branche de céleri, hachée
1/3 tasse (75 ml) d'eau, plus au besoin
1 c. à soupe (15 ml) d'huile d'olive pressée à froid
2 c. à thé (10 ml) d'assaisonnement tout usage Bragg

Préparation :

Égoutter et rincer les graines de tournesol et les noix. Les déposer dans le récipient du robot culinaire muni d'une lame en S. Y ajouter les champignons, la carotte, la courgette, le poivron rouge, les oignons verts, le céleri et l'eau. Actionner l'appareil jusqu'à ce que le tout soit bien mélangé. Ajouter l'huile d'olive et le Bragg. Continuer à brasser jusqu'à consistance homogène. Ajouter au besoin un peu d'eau pour en arriver à la consistance requise. Tout en brassant, ajouter au goût des assaisonnements à l'italienne.

Pain de noix du temps des Fêtes

4-6 portions

Ce régal des Fêtes peut se préparer la veille.

Ingrédients :

1 tasse (250 ml) d'amandes crues, trempées pendant 8 à 12 heures
½ tasse (125 ml) de graines de tournesol crues, trempées de 8 à 12 heures
½ tasse (125 ml) de graines de sésame crues, trempées de 8 à 12 heures
2 grosses carottes, tranchées ou hachées
1 petit poivron rouge tranché ou haché
1 branche de céleri, tranchée ou hachée
¼ tasse (60 ml) d'oignon, haché
2 c. à soupe (60 ml) de persil frais, haché
2 gousses d'ail
Assaisonnement tout usage Bragg, poudre de varech ou granules de dulse, au goût
Assaisonnements à l'italienne, au goût

Préparation :

Égoutter et rincer les amandes, les graines de tournesol et les graines de sésame. Verser dans un robot culinaire muni d'une lame en S. Y ajouter les carottes, le poivron, le céleri, l'oignon, le persil et l'ail. Passer le tout au mélangeur jusqu'à l'obtention d'une consistance homogène. Les amandes devront être finement moulues. Relever avec du Bragg et des assaisonnements à l'italienne. Façonner selon la forme requise, puis servir.

Variante :

Remplacer les épices à l'italienne par de l'origan ou du basilic frais ou séché.

Note :

Ce pain de noix du temps des Fêtes se conserve 2 jours au réfrigérateur.

10

le jus thérapeutique

Les essences nutritionnelles des végétaux sont plus facilement obtenues à partir de leur jus. Le sang est littéralement l'élément vital qui entretient et régénère notre organisme. Les jus en sont l'équivalent nutritionnel. Le soleil infuse la vie. Les plantes constituent de vrais entrepôts de la lumière solaire naturelle captée et distribuée. Les jus comptent parmi les plus importantes supplémentations alimentaires, en raison de la puissance conjuguée de la nourriture et de vitalité solaire qu'ils contiennent.

La nutrition concentrée obtenue à partir d'une grande quantité de végétaux fournit des éléments nutritifs, notamment des vitamines, des minéraux, des oligo-éléments, de l'oxygène, des enzymes, des hormones et des phytonutriments. Il faut boire le jus fraîchement pressé, quinze minutes au plus après son extraction si on veut en obtenir tous les multiples bienfaits nutritionnels.

Les deux principales sources de jus sont les fruits et les légumes. Les jus de graminées, de germes-pousses, de plantes herbales fraîches et de fleurs comestibles peuvent être ajoutés aux uns comme aux autres. Des études menées par l'Institut de santé Hippocrate démontrent que la maladie résulterait en partie de la consommation de jus de fruits non dilués. Nous prônons la consommation de jus de légumes verts et de jus de germinations.

Tableau 11 : *les jus de germes thérapeutiques*

JUS DE GRAINES GERMÉES	EFFETS BÉNÉFIQUES
Luzerne	Enrichit le sang, lequel par ricochet générera des tissus résistants. Réduit l'œdème et fortifie les os et les muscles.
Carvi ou anis	Excellent pour le système respiratoire et le système cardiovasculaire. Améliore la formation des lymphocytes T associés au système immunitaire.
Brocoli	Riche en phyto-nutriments. Réduit la prolifération mutagénique en puissance, dont le cancer. Facilite une élimination saine et consistante.
Chou	Soulage les irritations et inflammations du système digestif. Aide à lutter contre les ulcères, le cancer, l'ostéo-arthrite et l'ostéoporose.
Cantaloup	Augmente la production de spermes et d'ovules. Régule la glycémie (hyper ou hypo).
Piment ou poivre de cayenne	Agit comme compensateur pour AVC, crises cardiaques et problèmes de circulation et est donc bénéfique à ceux atteints de ces conditions. Fortife les systèmes cardiovasculaire et circulatoire.
Cresson	Reconstitue le sang en multipliant les globules rouges. Diminue les toxines de l'appareil respiratoire. Prévient les fibroïdes et les kystes. Agit come anti-carcinogène.
Fenouil	Aide à la formation des globules rouges et des globules blancs. Augmente les enzymes digestives.
Fenugrec	Combat les troubles gastro-intestinaux. Neutralise les odeurs corporelles. Normalise la glycémie et le diabète.
Ail	Combat le cancer, les ulcères, les parasites. Améliore les taux protéiques sanguins.
Gingembre de Jamaïque	Récolté au stade de petites pousses, puis transformé en jus, aide à réguler la température corporelle, même une hausse minime, pour combattre les microbes et les mutagènes. Aide également à prévenir le mal des transports.
Chou vert frisé	Aide à la formation des os, facilite la digestion et réduit la douleur, en raison de sa riche teneur en calcium et en souffre.
Mangue	Riche en enzyme. Favorise la digestion et l'élimination. Aide à mettre en réserve vitamines et minéraux qui assureront des organes sains et stables.
Moutarde	Soulage les hémorroïdes. Élimine le mucus des voies respiratoires. Réduit la durée des grippes et des rhumes.
Oignon	Anti-mutagénique et anti-carcinogène. Purifie le foie, la vésicule biliaire, l'intestin grêle et le côlon. Fabrique des cellules immunitaires et des globules rouges.

Orange	Riche en phyto-nutriments. Combat les infections bactériennes et virales. Assiste les fonctions neuronales du cerveau.
Papaye	Riche en enzymes. Stimule la production de sucs gastriques, de sucs digestifs et de sécrétions pancréatiques pour la génération de plaquettes sanguines. Réduit les tissus cicatriciels tant internes qu'externes.
Quinoa	Les germes de quinoa se cueillent et sont passés en jus au 5e jour de la germination. La haute teneur protéinique et le faible index glycémique du jus de quinoa en fait un supercarburant qui alimente toutes les fonctions corporelles.
Radis	Puissant antimutagène et anti-cancérigène. Augmente la capacité digestive. Réduit les croissances fibroïnes et kystiques.
Poivron rouge	Devient, sous forme de jus, une vraie centrale de vitamine C. Peut effectivement réduire et même prévenir les infections virales. Aide à prévenir les caillots sanguins et les accidents vasculaires cérébraux.
Patate douce (pousses)	Fabrique des tissus sains. Compense pour diverses carences alimentaires. Favorise l'élasticité des ligaments.
Tomate	Accélère le métabolisme et contribue à la perte de poids excédentaire. Réduit les fluides œdémateux. Le lysogène et autres phyto-nutriments réduisent les cancers de la prostate, du sein et du côlon. Il aide à combattre l'hépatite A, B et C
Raisin d'ours	Élimine le mucus excédentaire. Aide à résister aux infections microbiennes. Un diurétique, un astringent, un mucilage, un antiseptique et un désinfectant.
Xanthium (lampourde)	Jus aux propriétés antivirales aide les personnes atteintes de l'hépatite A, B, C, du VIH, grippes, rhumes, SARS et autres infections microbiennes.
Igname (pousses feuillues)	Équilibre les hormones. Minimise les symptômes prémenstruels et ceux de la ménopause. Aide à corriger les changements d'humeur et la baisse de libido.
Racine de yucca (pousses feuillues)	Accroît les niveaux de résistance et d'énergie. Stimule la fonction immunitaire des glycosides pour aider à combattre toutes les formes de maladies.

Nous dissuadons l'ingestion de jus de fruits. Une personne en santé peut consommer une combinaison d'environ 10 % jus de fruits pour 90 % d'eau pure. Pour les personnes en moins bonne santé, il n'est pas recommandé de consommer une forme quelconque de jus de fruit ou de jus de légumes sucrés, comme la carotte et la betterave, parce qu'ils renferment trop de fructose. On ajoutera des jus d'herbes et de fleurs avec modération, en raison de leur puissant effet thérapeutique.

Tableau 12: *Les jus de légumes thérapeutiques*

JUS DE LÉGUMES	EFFETS BÉNÉFIQUES
Asperge	Soutient l'activité fonctionnelle rénale. Neutralise les calculs rénaux ou vésicaux. Régule le débit urinaire.
Artichaut	Renforce le fonctionnement des systèmes digestif, immunitaire et rénal.
Betterave	Ingérée en petite quantité, épure et enrichit le sang. Diminue les varices. Nettoie les artères et le système cardiovasculaire.
Chou de Bruxelles	Contient une protéine qui stimule la production d'insuline. Améliore par conséquent la fonction pancréatique et lutte contre les problèmes digestifs.
Chou-fleur	Améliore le fonctionnement des systèmes squelettique, de digestion et d'élimination.
Céleri	Facilite la détoxication des tissus cutanés et la circulation sanguine. Réduit l'acide urique. Améliore l'activité fonctionnelle des électrolytes. Épure le système des effets de la nicotine et de la caféine. Favorise l'élasticité du tissu cutané. Fournit du sodium organique.
Concombre	Est bénéfique pour les activités fonctionnelles respiratoires, rénales, articulaires et ligamentaires. Augmente l'élasticité du tissu cutané.
Radis Daikon	Joue le rôle d'anticoagulant. Assure le bon fonctionnement électromagnétique du plexus solaire.
Pissenlit	Génère des globules rouges. Renforcit les dents et les gencives. Contribue au sain développement de la structure osseuse (squelette et dentition).
Endive	Améliore la vue. Réduit le risque et la sévérité des cataractes. Renforce les tissus ventriculaires.
Raifort	Consommé en petite quantité, il enlève le mucus excédentaire. Effet diurétique. Aide à combattre les grippes et les rhumes.
Iris - fleur	Renforce les ligaments, les tendons et le cartilage. Fortifie les articulations et améliore le développement des membranes.
Artichaut de Jérusalem ou topinambour	Stabilise les taux de glucose dans le sang. Génère de l'énergie.
Poireau	Anti-carcinogène et antimutagène. Prévient les ulcères. Inhibe les parasites.
Laitue	Léger aphrodisiaque et exhausteur d'humeur. Régénérateur des cheveux et de la peau.
Lis - fleur	Structuration des capillaires. Renforcit la vision et l'ouïe. Aide à l'évolution de la cellule H du système immunitaire.

Capucine	Construit le système immunitaire, les anticorps et les polynucléaires éosinophiles. Épure les systèmes lymphatique et circulatoire.
Persil	Minimise les douleurs menstruelles. Prévient les affections coronariennes, les cataractes, les conjonctivites et le glaucome. Améliore la vision, le fonctionnement cardiovasculaire et la numération globulaire.
Poivron mûr rouge, jaune, violet	Réduit le ballonnement, la flatulence, les colites et les coliques. Riche en vitamine C. Accélère le métabolisme du cœur en particulier. Réduit le risque d'infection microbienne.
Pomme de terre blanche	Forte teneur en minéraux, tout particulièrement en potassium. Soutient les activités fonctionnelles du rein et du cœur. Soulage les affections arthritiques et ostéoporotiques.
Choucroute (crue)	Améliore l'apparence et l'élasticité du tissu cutané. Nettoie et régénère les organes digestifs. Accroit les pro-biotiques dans la voie gastro-intestinale et fortifie, par ricochet, les cellules immunitaires.
Oseille commune	Favorise le développement normal de la structure osseuse et du tissu cutané. Produit une densité osseuse plus grande dans les membres inférieurs.
Épinard	Prévient l'anémie, les convulsions, les troubles neuronaux et les troubles fonctionnels surrénaliens. Aide la formation des globules rouges et épure le foie et, par conséquent, améliore la fonction immunitaire.
Haricots (jaunes, verts), et fèves violettes	Régule la glycémie (diabète et hypoglycémie), en stimulant la production d'insuline. Élabore des protéinases (enzymes favorisant la digestion des protéines).
Tomate	Contient des traces de lycopène. Bien qu'efficace pour la réduction des cancers de la prostate, du sein et du côlon ainsi que pour la lutte contre les hépatites A B et C, la tomate est moins efficace que le jus de graines-semences de tomates germées. Aide à la désintoxication du foie et de la vésicule biliaire.
Rabiole ou rappini	En petites quantités, aide à la formation des os. Facilite la digestion. Prévient les polypes du côlon.
Violette - fleur	Consommée en petites quantités, elle stimule la rate et aide la production de globules rouges. Elle aide aussi dans la croissance des ongles.
Cresson	Consommé en petites quantités, il augmente l'hémoglobine pour prévenir l'anémie et l'hypotension chronique. Fortifie les articulations, le cartilage, les tendons et les ligaments. Aide à réduire les tumeurs en améliorant la circulation.
Courge jaune	Regorge de minéraux reconstituant de la structure osseuse. Agit comme diurétique. Soulage la constipation.

Lorsqu'on extrait un jus de légumes, de fruits, d'herbes ou de fleurs, on doit s'assurer de bien filtrer le liquide. Certaines combinaisons de jus intensifient l'effet souhaité, pour de meilleurs résultats. Les personnes même les plus en santé profitent des effets bénéfiques significatifs de la consommation quotidienne de jus verts frais. Boire 2 verres (360-480 ml) de jus de légumes et de germinations, deux fois par jour, est un élément important de notre programme. On recommande d'ingérer 60 ml (1/4 tasse) de jus de blé, d'épeautre, de kamut, d'orge ou de leur combinaison, deux fois par jour. La consommation quotidienne de ces jus fournit au sang et à l'organisme les éléments nutritifs essentiels et en assure l'épuration dont ils ont besoin.

Les gens consomment des jus depuis le début des temps modernes. Des jus frais crus sont la meilleure source des nutriments que requiert l'organisme, sous la forme la plus assimilable. Les principaux bienfaits de l'ingestion de ces boissons à haute teneur enzymatique sont un regain d'énergie et d'endurance, une hydratation accrue, un nettoyage et un effet curatif. Ces bienfaits favorisent aussi la construction et l'entretien du système électrolytique et ceux des deux systèmes liés aux liquides corporels, soit le système rénal et le système respiratoire.

11 germinations

les bienfaits des germinations pour la santé

Les germinations sont des super-aliments uniques. Elles possèdent des vertus médicinales certaines. Depuis la fondation de l'Institut de santé Hippocrate, il y a plus de 50 ans, elles ont toujours été une ressource vitale. Les germinations venant de noix, de semences, de graminées et de légumineuses contiennent de 10 à 30 fois plus de nutriments concentrés que la plupart des légumes. Leur valeur nutritive augmente de plus de huit fois leur puissance grâce à la germination. Le tableau 13 dresse une liste de quelques-unes des germinations délicieuses et nutritives que vous pouvez faire pousser vous-même, avec leurs bénéfices pour la santé.

Tableau 13 : *les germinations et leurs bénéfices pour la santé*

GENRE	EFFETS BÉNÉFIQUES
Pomme et abricot	Les semences de pommes et d'abricots contiennent de hauts niveaux d'acide abscisique, une hormone végétale et un agent anti-cancer. Des études scientifiques mentionnent que la pomme germée et les semences germées d'abricot aident à la rémission de toutes formes de cancer.
Brocoli	Les légumes crucifères contiennent un phytonutriment qui inhibe le développement du cancer. Les semences germées de brocoli sont des douzaines de fois plus efficaces à combattre le cancer que tout autre légume de cette famille.
Courge Butternut	Les semences séchées de courge Butternut germées dans la terre produisent une plante verte succulente (semblable aux jeunes pousses de tournesol) et contiennent des nutriments qui construisent le sang et aident à l'équilibre cardiaque. Les problèmes cardiovasculaires peuvent être neutralisés par la consommation de pousses de courge et de germinations d'autres variétés de la famille des cucurbitacées, si l'on adopte en plus un style de vie favorisant la santé.
Chou	Les germinations de chou contiennent des phytochimiques anti-cancer et aident à combattre les ulcères et les désordres digestifs.
Carotte	Les fanes de carotte et les germinations de carotte sont d'excellentes sources de bêta-carotène, qui améliore la vision, donne une meilleure pigmentation, et aide à purifier le sang.
Radis Daikon	Les pousses du radis asiatique Daikon offrent des bénéfices exclusifs à la famille du radis, incluant la purification du sang, une amélioration de la circulation sanguine et le recul du développement de tumeurs.
Aneth	La consommation des graines d'aneth germées aide à atténuer les problèmes menstruels et aide à stabiliser la pression sanguine.
Eucalyptus	Les pousses d'eucalyptus sont très puissantes et aident à combattre les désordres respiratoires et pigmentaires.
Fenouil	Le fenouil a la capacité de faire développer des globules rouges et de purifier le corps. Il aide à combattre les problèmes de caillots sanguins et problèmes des fonctions respiratoires.
Fenugrec	Les pousses de fenugrec, les meilleures de toutes, produisent un gel médicinal qui aide à combattre le diabète et les problèmes digestifs, en plus d'aider à régulariser les odeurs corporelles.
Ail	L'ail, de la famille des liliacées, produit la germination la plus antimutagène, la plus antifongique et la plus antimicrobienne qui soit. Sa capacité à combattre les mutagènes n'est égalée que par celle des oignons.

GENRE	EFFETS BÉNÉFIQUES
Potiron	Normalement utilisés comme décorations saisonnières, les potirons contiennent des pépins qui, lorsque germés, produisent des effets puissants et positifs sur le système nerveux et sur la structure squelettique.
Houblon	Le houblon germé a des effets calmants. De plus, il facilite l'activité des neurones du cerveau.
Impatients	Les graines de cette fleur comestible produisent des pousses bénéfiques à la santé des cheveux et à l'amélioration de la vision.
Gingembre de la Jamaïque	Lorsque cette racine est plantée dans un sol fertilisé organiquement et arrosée chaque jour, elle donne une tige qui devrait être consommée avant qu'elle n'atteigne 5 cm (2 po) de hauteur. Il aide à régulariser la température interne du corps et aussi à combattre les microbes et les mutagènes. Il aide aussi à la prévention du mal des transports.
Jojoba	Les graines germées de ce fruit relativement rare de la famille des cactées produisent des acides gras qui aident au développement des tissus du cerveau et qui favorisent aussi la fonction optimale cardiovasculaire, en plus d'aider à la stimulation des cellules T du système immunitaire.
Chou vert frisé	Le chou vert frisé fait partie de la famille des crucifères. Son contenu élevé en soufre et en phytonutriments facilite la fonction cellulaire, la réparation squelettique et la prévention du cancer.
Kava	Les pousses de graines de kava aident à dissiper la dépression, sans causer d'effet négatif sur le foie.
Poireau	Le poireau germé, qui fait partie de la famille des oignons, aide à la respiration corporelle, à l'ouïe et aux glandes.
Haricot de Lima	Les pousses de haricots de Lima aident au fonctionnement maximal du pancréas et des reins. Elles aident aussi à réchauffer le corps lorsqu'il en a besoin.
Manque	Le noyau contenu dans la mangue peut être séché, planté, et arrosé deux fois par jour pour faire pousser un manguier. Toutefois, si l'on veut l'utiliser en tant que germination bénéfique, on doit couper la pousse et la consommer avant qu'elle n'atteigne 5 cm (2 po). L'activité extraordinaire de l'enzyme contenue dans ce noyau tropical aide à la régularisation du poids et à la réduction du cholestérol, tout en étant bénéfique à la vésicule biliaire.
Haricot mungo	Les pousses de haricots mungo (fèves germées chinoises) font partie des aliments les plus faciles à digérer. Elles contiennent du zinc, d'autres minéraux et des protéines facilement assimilables qui peuvent aider à prévenir les problèmes de prostate, les dysfonctions glandulaires, le cancer du sein, en plus de prévenir la calvitie prématurée et le grisonnement des cheveux.

GENRE	EFFETS BÉNÉFIQUES
Ortie	La semence de la grande ortie se développe en plein été. On la retrouve presque partout dans le monde. Les graines germées d'ortie figurent parmi les meilleurs purificateurs et constructeurs du sang si l'on parle du monde des aliments germés.
Noix	Toutes les variétés de noix peuvent être germées, quoiqu'on ne doive pas faire germer ou même consommer des cacahuètes ou des noix de cajou car elles sont toxiques. Pour les noix et les pacanes, après un long trempage, les semer et les arroser régulièrement. Manger les tiges avant qu'elles n'atteignent 5 cm (2 po). On doit faire tremper le temps d'une nuit les amandes, noisettes, noix de macadamia, noix de pin et pistaches. On peut ensuite les placer sur un papier essuie-tout non blanchi et les vaporiser avec de l'eau pure, au moins deux fois par jour. Elles seront prêtes à manger le troisième jour. Toutes ces noix germées, riches en protéines et en acides gras essentiels, fortifient les cellules, contribuent à la structure musculaire et apportent un soutien au cœur.
Oignon	Tout comme les pousses d'ail, les pousses d'oignon font partie des meilleurs aliments anti-cancer. De plus, elles enlèvent et émulsifient les polluants des organes et du système circulatoire.
Orange	Lorsque séchés et germés pendant trois jours, les pépins d'orange fonctionnent en tant qu'astringent. Elles contribuent à l'élimination des bactéries, tout en aidant les globules blancs à nettoyer les déchets produits par la circulation sanguine.
Origan	Lorsque germées, les graines d'origan figurent parmi les aliments les plus efficaces comme antifongiques et anti levures.
Pois	Les germinations de petits pois, qu'on devrait faire pousser dans le sol pendant cinq jours, aident à la construction des muscles, à renforcer les dents, et à stimuler les cellules H.
Graines de pavot	On devrait faire tremper les graines de pavot pendant six heures, pour les placer ensuite sur du papier essuie-tout non blanchi et les vaporiser avec de l'eau pure au moins trois fois par jour. Les consommer la quatrième ou la cinquième journée. Elles sont un relaxant puissant et un aliment qui aide l'humeur.
Quinoa	La haute teneur en protéines et la basse glycémie des germinations de quinoa en font un super aliment qui concourt à l'énergie de toutes les fonctions du corps. Il aide à augmenter l'endurance et la force. Les pousses devraient être cueillies en deux jours.
Radis	Les pousses de radis, qui diffèrent de celles du radis Daikon, facilitent la digestion et l'élimination. Elles aident à nettoyer le sang et sont anti-mutagènes.
Seigle	Les pousses de graines de seigle sont bénéfiques de plusieurs façons : elles renforcent le foie et la vésicule biliaire, produisent une augmentation d'énergie et améliorent la puissance sexuelle.

GENRE	EFFETS BÉNÉFIQUES
Sésame	Les graines de sésame aident les cheveux, les dents et les os. Ces puissantes graines doivent être trempées pendant six heures, placées sur un papier essuie-tout non blanchi, vaporisées avec de l'eau pure au moins trois fois par jour, et cueillies le quatrième jour.
Cône d'épinette	On produit des germinations de cône d'épinette en le plaçant dans un sol riche, en l'arrosant deux fois par jour avec de l'eau tiède, jusqu'à l'arrivée d'une pousse devant produire l'arbre de l'épinette. Il faut les cueillir avant qu'elles n'atteignent 7,5 cm (3 po) de hauteur. C'est germinations sont uniques dans leur capacité de renforcer les poumons et d'augmenter le fonctionnement du cerveau.
Graines de tournesol	On peut obtenir des pousses de tournesol en sept jours, si on met les graines en terre, ou encore en culture hydroponique, dans de l'eau pure enrichie d'une solution de nutriments liquides. Ces germinations sont essentielles à l'Institut de santé Hippocrate. Elles sont considérées comme étant les plus équilibrées de toutes les sources en acides aminés essentiels, et sont une source parfaite de protéines complètes. Elles activent chaque cellule du système immunitaire, et aident à construire les systèmes squelettique, musculaire et neurologique.
Teff	Le teff est une céréale importante dans la diète des Éthiopiens. Cette pousse est bénéfique aux systèmes ventriculaire, endocrinien et cardiovasculaire.
Tomate	Les pousses provenant des pépins de tomates sont remarquables à cause de leur important contenu phytochimique. Elles combattent les désordres glandulaires, les problèmes de prostate ou aux seins, incluant les cancers.
Raisin d'ours	Cette plante fascinante, petit arbuste à feuilles persistantes, est souvent appelée « canneberge du Nord ». Ses graines, d'abord séchées et ensuite germées pendant trois jours, sont reconnues comme diurétique, astringent, mucilage, antiseptique et désinfectant
Valériane	Les pousses de valériane devraient être consommées en petite quantité, parce qu'elles sustentent le système nerveux. Elles peuvent venir en aide à ceux qui souffrent d'insomnie, et devraient être consommées avant le repos où le sommeil.
Violette - fleur	Le fait de consommer les germinations de fleur de violette apporte un bénéfice certain au système cardio-asculaire et à la vision, et facilite l'activité des neurones du cerveau.
Châtaigne	La châtaigne est une herbe qui ressemble à une racine. Plantée en terre et arrosée deux fois par jour, elle produit une plante à laquelle se rattache une pousse qui devrait être cueillie lorsqu'elle ne mesure pas plus de 2,5 cm (1 po). On doit ensuite la laver et en extraire le jus ou la couper pour l'incorporer dans une salade crue. Sa capacité à renforcer les poumons et les reins en font un mets délicieux à ajouter à notre diète.

GENRE	EFFETS BÉNÉFIQUES
Igname	L'igname, aussi connue comme « racine chinoise » ou « racine rhumatismale », peut être plantée dans la terre et arrosée deux fois par jour afin de créer une pousse de vigne. Couper et manger 2,5 cm (1 po) de cette pousse. Elle améliore l'équilibre hormonal et est spécialement utile pour régulariser la progestérone, l'œstrogène et la DHEA. Elle aide aussi au bon fonctionnement de l'estomac et des intestins, spécialement en cas d'inflammation.
Lampourde	La lampourde est une herbe qui pousse en Chine, au Japon, en Corée, à Taïwan, et dans plusieurs pays d'Europe. Ses racines, tiges, feuilles velues et ses fruits sont utilisés en médecine traditionnelle asiatique afin de combattre le rhume commun, la migraine, la rougeole et autres maladies. Utiliser les graines séchées et faire germer pendant trois jours.
Yucca	Le yucca est un légume-racine amidonné qui devrait être planté dans un sol riche et arrosé deux fois par jour. Il donnera une plante verte qui devrait être coupée avant qu'elle n'atteigne 7,5 cm (3 po). Cette germination aide à élever les degrés d'endurance et d'énergie et à stimuler les leucocytes (globules blancs), une importante fonction immunitaire quand il s'agit de lutter contre toutes sortes de maladies.

un guide dans le processus de germination

Une fois qu'elles ont adopté l'alimentation vivante, nombre de personnes préfèrent, au tout début, acheter leurs germinations déjà poussées. Les meilleures sont la luzerne, les haricots mungo, les pois chiches, les lentilles, des mélanges d'autres graines, le tournesol, les pois et le fenugrec.

Éventuellement, la plupart des gens qui maintiennent ce style de vie choisissent de faire leurs propres germinations afin d'en augmenter la qualité et la variété dans leur diète ou afin d'en contrôler la fraîcheur et les conditions de croissance. Si vous décidez de devenir autosuffisant, voici quelques conseils utiles si vous voulez avoir du succès dans votre rôle de jardinier amateur. Il est aussi suggéré de consulter les livres suivants : *The Sprouting Book* d'Ann Wigmore, *Sprouts for the Love of Everybody* de Viktoras Kulvinskas et *Living Foods for Optimum Health* de Brian Clement.

Tableau 14 : *guide de germination*

TREMPAGE
méthode. Avant de les faire germer, on doit faire tremper les noix, graines, graminées et légumineuses. Cette étape aide à éliminer les inhibiteurs d'enzymes. Mesurer et placer les noix ou les graines dans un contenant. Ajouter de l'eau (au moins deux fois la quantité). Ajouter la quantité recommandée de MaxiCrop (une marque d'algues marines) ou une quantité équivalente de légumes de mer dans l'eau de trempage afin d'accélérer la germination.
conseils. Les graines de féculents, telles celles des légumineuses, devraient être trempées dans de l'eau tiède. Si des noix ou des graines plus volumineuses doivent tremper pendant plus de 12 heures, remplacer l'eau avec de l'eau fraîche, après la période initiale de 12 heures. Les noix sont prêtes à manger tout de suite après le trempage.
GERMINATION
méthode. Les noix ne devraient pas germer. Pour récupérer les noix trempées, vider l'eau de trempage, rincer les noix et les couvrir d'eau fraîche avant de les placer au réfrigérateur. Après avoir fait tremper les graines pendant le temps recommandé, vider l'eau trouble et rincer. Pendant le processus de germination, rincer et égoutter les germinations à chaque période de douze heures. Pendant les chaudes journées d'été, rincer à l'eau fraîche toutes les six heures.
conseils. Placer le contenant à germer de manière à ce que les graines trempées soient bien drainées quoiqu'humides et suffisamment aérées. Il faut aussi garder ce contenant dans un endroit obscur ou semi-obscur pendant la germination.
VERDISSEMENT
méthode. Après l'arrivée de leurs deux premières feuilles, les graines de légumes commencent ordinairement à générer de la chlorophylle.
conseil. Placer les germinations de petites graines à la lumière vive, mais indirecte du soleil, pendant un ou deux jours pour maximiser le verdissement.
RÉCOLTE
méthode. La plupart des germinations et pousses devraient être placées dans un grand bol d'eau fraîche pour en retirer les enveloppes ou écales. Les grains n'ont pas d'écale, et n'ont pas besoin d'être rincées après la germination.
conseils. Laissez sécher les pousses nettoyées pendant quelques heures avant de les mettre au réfrigérateur. Les graines germées n'ont pas besoin de sécher et peuvent être placées directement au réfrigérateur.
ENTREPOSAGE
méthode. Placer les pousses dans des contenants de verre ou de plastique doublés à l'intérieur de papier essuie-tout afin d'absorber l'excès d'humidité. Placer au réfrigérateur. Les noix trempées doivent rester dans de l'eau fraîche.
conseils. Pour garder les germinations plus longtemps, les rincer et les égoutter tous les trois ou quatre jours. Pour les noix trempées, changer l'eau tous les trois ou quatre jours. De cette façon, les germinations resteront fraîches pendant des semaines au lieu de seulement quelques jours.

conseils pour la production de germinations de haricots mungo ou adzuki

Pour le trempage des haricots mungo ou adzuki, utiliser de l'eau tiède (40,5 à 46 °C – 105 à 115 °F). Si possible, changer l'eau de trempage plusieurs fois pendant le processus ou garder les haricots dans un endroit très chaud.

Si l'on veut obtenir des germes longs, droits et juteux, le secret est de les garder sous pression dans un endroit chaud. Une méthode est de les faire pousser dans une passoire sur laquelle on aura déposé une lourde assiette et aussi un poids par-dessus cette assiette. Cette méthode n'écrasera pas les germinations.

produire de l'herbe de blé et des jeunes pousses

Tout au long de ce livre, nous n'avons fait que louanger les bénéfices qu'apportent l'herbe de blé et le jus d'herbe de blé. Nous prônons son utilisation parce que des études scientifiques ont mis en évidence ses qualités curatives. Nous avons aussi été témoins des effets qu'ont obtenus plus de 300 000 personnes qui ont défilé à l'Institut de santé Hippocrate pour suivre son programme d'énergie vitale. Aucun programme de germination ou d'extraction de jus ne peut se permettre d'omettre l'herbe de blé. Il s'agit certainement de la meilleure herbe, car elle contient plus de cent minéraux tirés du sol, qui aident à améliorer la santé. Le blé est sans aucun doute une des meilleures sources de chlorophylle que peut offrir la nature, en plus des vitamines A et C, et le jus est un purifiant pour le foie, l'estomac, le pancréas et le système circulatoire.

Deux autres plantes très nutritives qu'on devrait produire en même temps que l'herbe de blé sont les pousses de tournesols et les pousses de petits pois. Les pousses de tournesol contiennent un spectre complet d'acides aminés (la base de toutes les protéines) et une bonne quantité de vitamine D, en plus de fournir une abondante énergie solaire et de la chlorophylle. Les pousses de petits pois contiennent des quantités significatives de lécithine bio-active et de chlorophylle, qui aide à éliminer les dépôts de plaque qui peuvent s'agglutiner sur les murs des artères.

culture de germinations sur plateaux

GRAINES

sarrasin biologique
graines de tournesol, entières, biologiques
grains de blé, biologiques (les meilleurs sont le blé dur rouge d'hiver)

FOURNITURES

plateaux de cafétéria de 36 cm x 46 cm
tamis ou autre contenant avec des trous de drainage
solution d'algues de marque MaxiCrop
récipient à mesurer
contenants de 4 litres (1 gallon) (les pots en verre sont appropriés)
mousse de tourbe
ciseaux ou couteau
petite pelle ou truelle
bouteille à vaporiser
terre végétale, biologique de préférence
arrosoir
gants de travail

FOURNITURES OPTIONNELLES

Montage fixe équipé d'un éclairage en spectre continu
Grande feuille de plastique à mettre sous l'étagère à germinations
Étagère pour plateaux

instructions pour les semis

Pour chaque plateau, vous aurez besoin de planter, de mesurer et de tremper (sans trempage exagéré, toutefois) les quantités suivantes des graines sèches dans une solution de MaxiCrop et d'eau dans des contenants de 4 litres (1 gallon) (suivre les instructions inscrites sur la bouteille de MaxiCrop). Couvrir toutes les graines d'une couche d'au moins 5,5 cm (5 po) de cette solution.

2 tasses (500 ml) de graines de tournesol, entières

½ tasse (125 ml) de graines de sarrasin (spécialement étiqueté pour germination)

¼ de tasse (60 ml) de grains de blé

Faire tremper les graines pendant 6 à 8 heures si la température ambiante est de plus de 22 °C (72 °F). Si la température ambiante est inférieure à 22 °C (72 °F), les faire tremper pendant 8 à 10 heures.

Après le trempage, égoutter les graines dans un tamis ou un autre contenant troué. Rincer les graines et les laisser germer pendant 12 à 16 heures. Couvrir les tamis ou les contenants avec des serviettes propres pour éviter que les graines ne s'assèchent.

Faire un mélange moitié terre et moitié mousse de tourbe, qu'on peut acheter dans une pépinière ou dans une boutique de jardinage. Mettre ce mélange dans les plateaux. Mouiller la terre mais sans la détremper. Si le sol est trop humide, tracer un creux près des bords du plateau pour y égoutter l'eau en excédent.

Étendre les graines uniformément sur les plateaux. On utilisera environ 300 gr (10 oz) de grains de blé, 400 g (14 oz) de sarrasin trempé, 450 g (16 oz) de graines de tournesol par plateau.

Vaporiser les graines avec une solution de MaxiCrop et d'eau, et placer les plateaux sur une surface recevant la lumière indirecte du soleil ou sous un éclairage en spectre continu. Une étagère avec des tablettes distancées de 46 à 61 cm (18 à 24 po) est la solution optimale.

Option: couvrir les graines d'une mince couche de terre, d'un sac en plastique ou de serviettes en papier pendant les trois premiers jours de croissance pour empêcher le dessèchement des graines et de la terre. Enlevez ce recouvrement après trois jours. À ce moment, les germes devraient déjà être développés.

Si l'on fait pousser les germinations dans des plateaux non couverts, il faut les arroser uniformément une fois par jour. L'eau en excès devrait être retirée au bout de 10 minutes. Les pousses de tournesol demandent plus d'eau que l'herbe de blé ou le sarrasin. Les plateaux recouverts d'un plastique n'ont pas besoin d'être arrosés jusqu'à ce qu'on l'enlève.

La récolte sera prête en sept à neuf jours. Couper les tiges, le plus près du sol possible, avec un couteau bien aiguisé ou des ciseaux.

conseils de germination

- ✓ Les graines refusent de pousser ? Il se peut que la période de trempage ait été trop longue, ou qu'elles étaient sans vie au moment de l'achat.
- ✓ Les graines ont germé mais elles ont mal poussé ? Il se peut que la terre n'était pas suffisamment humide ou encore trop humide. Peut-être que la terre manquait de nutriments. Utiliser la solution MaxiCrop pendant l'arrosage, afin de nourrir le terreau.
- ✓ Des moisissures ? Des graines qui refusent de germer ont tendance à moisir. Il se peut que le plateau ait été trop humide ou que les graines aient été placées trop près l'une de l'autre, ce qui les empêchait de

respirer. Si c'est le cas, augmenter la circulation de l'air en utilisant un ventilateur ou un purificateur d'air à l'ozone. Si l'humidité était trop élevée, un ventilateur ou un déshumidificateur serait utile. L'utilisation de sacs de plastique pour couvrir les graines et la terre pendant les trois premiers jours peut causer problème.

12

les composés phytochimiques et les probiotiques

ajouter des composés phytochimiques à votre alimentation

Les composés phytochimiques, des substances chimiques qui se développent naturellement dans toutes les plantes, contiennent des substances qui préviennent la maladie et protègent notre santé. Les scientifiques ont mis à jour plus de 1000 familles de composés phytochimiques dans la nourriture vivante, crue et biologique. Ils estiment qu'il y a plus de cent composés phytochimiques dans une seule ration de légumes biologiques.

Déjà en 1980, le service de prévention du cancer du National Cancer Institute a commencé à tester l'efficacité des composés phytochimiques dans la prévention et le traitement de la maladie. Cela fait plusieurs années que les chercheurs savent que les composés phytochimiques fournissent une autoprotection aux plantes contre les insectes nuisibles et les maladies. À l'heure actuelle, les composés phytochimiques sont étudiés un à un et on leur a découvert des propriétés utiles pour protéger de la maladie.

Malgré l'effervescence autour du potentiel de prévention des maladies lié aux phytonutriments, nous ne devons pas perdre de vue le fait que nous n'en sommes qu'aux balbutiements dans la compréhension de ces puissants protecteurs.

Les composés synthétiques qui reproduisent les propriétés de ces substances chimiques naturelles ne fournissent pas les interactions nécessaires à lutter contre les maladies microbiennes ou mutagènes. Des arguments publicitaires comme « chimio prévention » ou « nutriceutiques destinés à protéger du cancer » sont utilisés pour vendre de faux produits phyto fabriqués par l'homme qui ne ressemblent en rien à ceux créés par la nature.

La plupart des chercheurs en phytonutriments ne sont pour l'instant guère plus que des comptables essayant de définir le nombre de ces composés contenus dans les différentes plantes. Ils semblent complètement négliger le fait que lorsque les phytonutriments (des composés phytochimiques) sont chauffés à plus de 48 °C (118 °F), leur structure moléculaire se détruit et ils deviennent des peroxysomes sans vie et sans fonction. On a même suggéré qu'un plus grand nombre de composés phytochimiques seraient obtenus à partir de l'alimentation cuite que de l'alimentation crue, ce qui est complètement absurde et ne repose sur aucune logique scientifique.

Les mille et quelque familles de composés phytochimiques connus pourraient n'être qu'une fraction de la totalité existant dans les plantes. Il est remarquable que la nature ait cette capacité à nous fournir des agents aussi puissants pour lutter contre la maladie et la mort. Il est tout aussi remarquable que certaines maladies puissent être combattues par des phytonutriments dérivés d'aliments d'origine végétale qui sont apparus il y a des millions d'années, bien avant l'apparition des êtres humains et des maladies que nous avons contractées et créées. Imaginez ! Les remèdes étaient disponibles bien avant que les maladies ne surviennent !

Des recherches dignes de foi continuent à prouver que les haricots germés, les graines, les noix et les grains contiennent à la fois le plus grand croisement et le plus grand nombre de ces substances étonnantes. Bien que chacune de ces sources soit largement capable de grandir et de devenir une plante adulte produisant des milliers d'autres phytonutriments encore très puissants, on peut obtenir beaucoup plus des germes compacts que d'une plante ayant atteint sa taille adulte.

les sources d'aliments phytochimiques

Le tableau 15 fait la liste des composés phytochimiques bénéfiques pour la santé les plus étudiés parmi les milliers qui existent. Chaque fois que c'est possible ou applicable, faites germer les graines des sélections suivantes pour augmenter grandement leurs effets phytochimiques.

Tableau 15 : *les composés phytochimiques et leurs sources alimentaires*

COMPOSÉS PHYTOCHIMIQUES	SOURCES ALIMENTAIRES
Caroténoïdes, phthalides, poly acétylènes	légumes ombellifères (carottes, céleri, feuilles de coriandre, persil, navets)
Acide ellagique, phénols, flavonoïdes (quercetine)	autres fruits (pommes, baies, melon, cerises, raisin, grenade, pastèque)
Flavonoïdes (isoflavones) acide phytique, saponines	haricots, grains, graines (orge, riz brun, graines de lin, haricots mungo, avoine, blé complet)
Lycopène	légumes de la famille des solanacées (aubergine, poivrons, tomates)
Monoterpènes (limonène) caroténoïdes, glucarates	agrumes (pamplemousse, citron, orange)
Silymarin	plantes composites (artichauts)

Probiotiques et organismes homéostatiques du sol

Les probiotiques et les organismes homéostatiques du sol constituent des souches de microorganismes bénéfiques qui génèrent des réactions physiologiques positives, notamment l'amélioration de la fonction intestinale, un sommeil ininterrompu, une augmentation de l'immunité et des niveaux d'énergie vitale visiblement accrus.

Tableau 16 : *les micro-organismes bénéfiques*

PROBIOTIQUES ET OHS (organismes homéostatiques du sol)	
Meilleures sources	choucroute crue, suppléments alimentaires probiotiques avec ou sans OHS
Symptômes de carence	problèmes digestifs, syndrome d'incontinence fécale, problèmes immunitaires, diverticulose, maladie de Crohn, asthme, allergies
Symptômes de toxicité	Au jour d'aujourd'hui, il n'y a pas de contre-indication à l'ingestion de micro-organismes bénéfiques

vitamines, protéines, gras et minéraux

Charley : « C'est quoi, ces vitamines ? »
Willy : « Elles construisent les os. C'est de la chimie. »

TIRÉ DE LA PIÈCE D'ARTHUR MILLER,
LA MORT D'UN COMMIS VOYAGEUR

Depuis plusieurs dizaines d'années, on assiste à une consommation prépondérante de suppléments nutritionnels. Malheureusement, cette utilisation n'a pas été accompagnée d'un souci minimal de chercher d'où venaient les sources et les applications de ces nutraceutiques ou alicaments. Le résultat est que 90 % des suppléments nutritionnels fabriqués par l'homme sont des nutriments artificiels isolés combinant des produits pétrochimiques avec d'autres produits chimiques synthétiques. Dans le but d'esquiver cette mode désastreuse, nous avons des sélections toujours plus grandes de nourriture complète et de dérivés de nourriture complète qui remplissent le vide nutritif créé par des aliments cuits ou transformés.

Tableau 17 : *sources de vitamines provenant d'aliments complets*

CHOLINE

MEILLEURES SOURCES : pousses de brocoli, chou-fleur, raisin, pousses d'oignon, tomates mûres.

SYMPTÔMES DE CARENCE	SYMPTÔMES DE TOXICITÉ
fonction pulmonaire altérée	hypertrophie du foie et de la rate, anémie, dégénérescence croissante physique et mentale

ACIDE FOLIQUE

MEILLEURES SOURCES : légumes-feuilles de betteraves, pousses de brocoli, laitue (toutes les variétés) pois à hile noir germé, pois chiche germé

SYMPTÔMES DE CARENCE	SYMPTÔMES DE TOXICITÉ
fausses couches, complications de grossesse, anomalies congénitales, troubles neurologiques, affections cardiaques	toxicité rénale causant une hypertrophie du rein et une possible défaillance du rein

VITAMINE A

MEILLEURES SOURCES : pousses de chia, légumes crucifères, légumes verts feuillus, légumes de mer, pousses de tournesol (un supplément de vitamines A devrait être consommé sous forme de bêta-carotène, qui est un précurseur de vitamine A)

SYMPTÔMES DE CARENCE	SYMPTÔMES DE TOXICITÉ
cécité crépusculaire, sécheresse de diverses parties de l'œil, cécité	dommage au foie, irritabilité, faiblesse, diminution du sang menstruel, désordres psychiatriques

VITAMINE B_1, thiamine

MEILLEURES SOURCES : Herbe de blé, choucroute crue, pousses de maïs, pousses de patate douce, pousses de pois

SYMPTÔMES DE CARENCE	SYMPTÔMES DE TOXICITÉ
béribéri, céphalées, irritabilité, fatigue, léthargie, maladies neurologiques	réactions allergiques

VITAMINE B_2 - riboflavine (anciennement appelée vitamine G)

MEILLEURES SOURCES : germinations de sarrasin, pousses de chou, pousses de maïs, herbe de kamut, maïs cru, pousses de maïs.

SYMPTÔMES DE CARENCE	SYMPTÔMES DE TOXICITÉ
douleur buccale et linguale, éruptions cutanées ou génitales, neuropathie, anémie	possibilité d'augmentation des tumeurs et complications reliées

VITAMINE B_3 niacine, nicotinamide, acide nicotinique

MEILLEURES SOURCES : dulse, varech, herbe d'épeautre et de kamut, blé germé

SYMPTÔMES DE CARENCE	SYMPTÔMES DE TOXICITÉ
affections circulatoires et cardiovasculaires	irritation brûlante, démangeaisons, céphalées, nausées, vomissement, ulcères du duodénum, insuffisance hépatique.

VITAMINE B_5 - acide pantothénique, pantothénate de calcium	
MEILLEURES SOURCES: avocat, graines d'abricot, pommes organiques, pacanes, graines de sésame germées	
SYMPTÔMES DE CARENCE	SYMPTÔMES DE TOXICITÉ
infections respiratoires, fatigue, arythmie cardiaque, complications gastro-intestinales, éruptions, étourdissements, crampes musculaires, désorientation	diarrhée, rétention d'eau
VITAMINE B_6 – pyridoxine, pyridoxal, pyridoxamine	
MEILLEURES SOURCES: pousses de chou de Bruxelles, pousses de chou, noyau de mangue germé, patates douces germées, herbe de blé	
SYMPTÔMES DE CARENCE	SYMPTÔMES DE TOXICITÉ
éruptions, crise d'épilepsie, syndrome du canal carpien, anémie	déséquilibre, faiblesse musculaire, faiblesse systémique
VITAMINE B_{12}– (considérée comme probiotique) cobalamine, cyanocobalamine, hydroxocobalamine	
MEILLEURES SOURCES: il n'existe pas de source alimentaire fiable de vitamine B_{12}, un supplément est nécessaire.	
SYMPTÔMES DE CARENCE	SYMPTÔMES DE TOXICITÉ
anémie pernicieuse (qui, à l'occasion, cause des impulsions électriques internes déplaisantes, infiltrant les lèvres, le nez et les extrémités) sensibilité au rhume et autres infections, coagulation sanguine altérée	réactions allergiques, éruptions
VITAMINE C	
MEILLEURES SOURCES: cassis, brocoli, chou-fleur, kiwi, noyau de papaye germé	
SYMPTÔMES DE CARENCE	SYMPTÔMES DE TOXICITÉ
scorbut et ses symptômes (au début, saignements spontanés) œdèmes et blessures qui ne guérissent pas, affections cardio-vasculaires, cancer	miction excessive, calculs rénaux
VITAMINE D	
MEILLEURES SOURCES: arame, algue bleu-vert, trèfle germé, olives, haricots Pinto germés	
SYMPTÔMES DE CARENCE	SYMPTÔMES DE TOXICITÉ
troubles de la vue, problèmes cutanés (causant des plaques, relâchement de la peau et faiblesse de la peau, des cheveux et des ongles)	anémie, faiblesse, vomissements, diarrhées, insuffisance rénale, décès

VITAMINE E	
MEILLEURES SOURCES : avocat, amandes germées, noisettes germées, noix de pin germées, pousses de tournesol	
SYMPTÔMES DE CARENCE	SYMPTÔMES DE TOXICITÉ
anémie, dégénérescence de la moelle épinière et des nerfs périphériques, faiblesse	nausées, flatulences, diarrhées, dermatite de contact allergique
VITAMINE H – BIOTINE	
MEILLEURES SOURCES : graines de chanvre, tahini de sésame cru, amandes germées, noisettes germées, noix	
SYMPTÔMES DE CARENCE	SYMPTÔMES DE TOXICITÉ
désorientation, tremblements, pertes de mémoire, troubles de la parole, démarche instable, impatiences des membres inférieurs	érosion du cartilage
VITAMINE K	
MEILLEURES SOURCES : pousses de luzerne, pousses de brocoli, pousses de chou, chou vert frisé, varech de mer	
SYMPTÔMES DE CARENCE	SYMPTÔMES DE TOXICITÉ
dilution du sang	caillots sanguins

À l'Institut de santé Hippocrate, nous avons mené une enquête pendant deux ans sur la valeur des alicaments (fusion : aliment et médicament) dans les processus d'auto-maintien et de guérison. Nous avons séparé 283 personnes en 2 groupes de taille identique basés sur la force et la faiblesse respective des cellules de leur système immunitaire. Ces deux groupes largement définis consistaient en ceux étant « en bonne santé » et ceux étant en « mauvaise santé ». (La durée de la maladie n'était pas un facteur.) Les composantes de la physiologie de chaque personne qui étaient prises en compte comprenaient les globules blancs (leucocytes), les cellules T, les cellules H et des différentiels comme les éosinophiles, les neutrophiles, les basophiles et les lymphocytes. Ceux qui manifestaient une système immunitaire modéré étaient placés dans le groupe « en bonne santé ». Ceux ayant une système immunitaire développé affichaient une santé excellente, furent aussi placés dans cette catégorie. Dans le groupe « en mauvaise santé » étaient placés ceux dont les résultats sanguins étaient modérément faibles et ceux ayant un système immunitaire de base. Nous voulions déterminer l'importance des aliments vivants dans le rétablissement et le maintien de la santé. Chaque participant suivait un programme d'alicament adapté individuellement. L'étude a révélé qu'une moyenne de 26 % des participants « en mauvaise santé » ont amélioré leur système immunitaire, grâce à l'utilisation des suppléments. Trop souvent, les gens attendent d'être sérieusement malades avant de changer leurs habitudes autodestructives.

Chez 7 % des participants du groupe « en bonne santé », les suppléments expliquaient leur système immunitaire fort. L'étude a aussi révélé que la plupart des participants des deux groupes devraient consommer des suppléments d'alicaments pendant approximativement deux ans avant que leur système immunitaire soit à son plein potentiel. Ceux qui suivent le programme d'énergie vitale de l'Institut Hippocrate, cependant, doivent continuer à consommer certaines combinaisons d'algues vertes ou d'algues bleu-vert régulièrement.

protéines (acides aminés)

Les protéines sont les éléments de base de toute vie. Il est faux de croire que la viande soit la meilleure et plus complète source de protéines. Les tableaux 18 et 19 énumèrent les neufs acides aminés essentiels et les 11 acides aminés non essentiels, incluant les meilleures sources alimentaires végétales de chacun. Nombre de ces aliments contiennent de grandes quantités de la plupart des acides aminés, et les algues et le pollen en sont des sources puissantes et uniques.

protéines psychodysleptiques (affectant l'esprit) et protéines à effet psychotrope (affectant l'humeur)

Les protéines augmentent les états psychologiques et réduisent la dépendance à la médecine psychiatrique conventionnelle. Les antidépresseurs, tels Prozac et Zoloft, génèrent des milliards de dollars en profits pour les compagnies Eli Lilly and Company et Pfizer Inc., les laboratoires pharmaceutiques qui les fabriquent. Toutefois, ce genre de médication peut engendrer des idées suicidaires ou autodestructrices, et la Food and Drug Administration a requis des fabricants qu'ils avertissent les consommateurs des dangers potentiels.

La fatigue mentale est souvent causée par des troubles glandulaires, particulièrement ceux de la thyroïde. La tyrosine-L et la phénylalanine-L sont le plus souvent utilisées pour combattre la fatigue mentale et les troubles glandulaires. Dans les cas de fatigue physique et du stress, souvent causés par un dysfonctionnement surrénal, le GABA est souvent utilisé. Dans les cas de dépression, le 5-HTP ou le tryptophane-L ont prouvé leur efficacité dans la réduction des troubles chimiques du cerveau causant la mélancolie et d'autres conditions psychologiques dépressives.

Tableau 18: *les onze acides aminés essentiels et leurs meilleures sources alimentaires*

ACIDES AMINÉS NON ESSENTIELS	MEILLEURES SOURCES ALIMENTAIRES
Histidine	algues bleu-vert, dulse, lentilles, herbe d'épeautre
Isoleucine	pollen de fleurs, varech, haricots mungo, wakame, herbe de blé
Leucine	algues fraîches, pousses de chanvre, hijiki, graines de sésame
Lysine	amande, algues vertes, noix de pin, épinards, herbe de blé
Méthionine	pousses de pois chiches, dulse, pollen de fleurs, pousses de haricots
Phénylalanine	haricots blanc germés, pousses de tournesol
Thréonine	algues, herbe de kamut, graines de sésame, noisettes germées
Tryptophane	graines de kava, chanvre germé, graines de courges germées
Valine	pois à hile noir germés, dulse, pousses de tournesol

Tableau 19: *les onze acides aminés non essentiels et leurs meilleures sources alimentaires*

ACIDES AMINÉS NON ESSENTIELS	MEILLEURES SOURCES ALIMENTAIRES
Acide aspartique	graines de chia, hijiki, germinations de moutarde, pousses de seigle, épinards
Acide glutamique	chlorelle, noix de pin, ivraie, ignames germées
Alanine	céleri, canneberges, fenouil, algue verte, graines de sésame
Arginine	graines de mûres, céleri, varech, orge germé
Asparagine	pousses de sarrasin, féveroles germées, germinations de navet
Cystéine	algue bleue, cayenne, chou-rave, haricots rouges germés, graines de poivron rouge germées
Glutamine	algues, pépins de pomme germés, pépins de cantaloup germés
Glycine	graines de chanvre, jicama germés, patates douces germées
Proline	varech, olives, lentilles germées, graines de pastèque germées
Sérine	algue bleue, pollen de fleur, avoine germé, wakame
Tyrosine	dulse, pépins de poire germées, herbe de blé, courge d'hiver

les lipides (gras) et leurs sources alimentaires

Les lipides sont des acides gras essentiels au bon fonctionnement tant du cerveau que du corps. Ils alimentent le système immunitaire et nous protègent d'un spectre entier de désordres potentiels.

Tableau 20 : *les meilleures sources alimentaires de lipides et symptômes de carences et de toxicité*

LIPIDES	
meilleures sources : algue bleu-vert, pousses de graines de lin, graines de chanvre, noix germées, olives, pousses de graines, jus vert de tournesol	
SYMPTÔMES DE CARENCE	SYMPTÔMES DE TOXICITÉ
Déficit de l'attention, déficit de l'attention avec hyperactivité, problèmes de digestion et d'élimination, irritations aux yeux, irritations cutanées, dysfonction neurologique	Troubles respiratoires, problèmes cardio-vasculaires, prise de poids rapide

minéraux et oligo-éléments

Les minéraux et les oligo-éléments sont le circuit de sécurité retenant la structure des cellules, et diffusant l'énergie qui favorise la communication hormonale et électrique parmi les cellules et les autres structures du corps. Les minéraux apportent la stabilité et la liaison qui sont l'infrastructure de toutes les fonctions corporelles. L'absence de minéraux ou d'oligo-éléments cause des dégénérations, la vulnérabilité face à la maladie et le vieillissement prématuré. La technologie scientifique moderne révèle constamment de nouveaux éléments, comme le démontrent les chercheurs en chimie qui changent continuellement les tableaux périodiques des éléments. De ce fait, de nouveaux minéraux et de nouveaux oligo-éléments peuvent être découverts en tout temps. Toutefois, les éléments suivants sont et resteront les minéraux et les oligo-éléments les plus importants, lorsqu'on parle de la construction et du maintien du corps humain.

Tableau 21 : *les minéraux et leurs sources alimentaires*

SYMPTÔMES DE CARENCE	SYMPTÔMES DE TOXICITÉ
CALCIUM	
MEILLEURES SOURCES : figues séchées, algues d'eau douce, haricots verts, algues de mer, graines de sésame germées, graines de tournesol germées	
ostéoporose, spasmes musculaires	constipation, calculs rénaux, détérioration des fonctions rénales
CHROME	
MEILLEURES SOURCES : pommes, noix du Brésil, pousses de haricots mungo, pois à hile noir germés, pépins de pastèque germées	
diminution du tonus musculaire, désordre du système circulatoire, dommage au tissu cardiaque	palpitations, pertes de mobilité, œdème interne
CUIVRE (considéré autrefois comme oligo-élément)	
MEILLEURES SOURCES : pousses d'oignon, pruneaux, champignons shiitake, fenugrec germé, pousses de tournesol, germinations de navet, herbe de blé	
anémie, problèmes de croissance, grisonnement prématuré, perte de cheveux prématurée	nausée, vomissement, douleurs abdominales, diarrhées, céphalée, étourdissements, intoxication aiguë, miction excessive
FLUOR (biologique)	
MEILLEURES SOURCES : ail, citron, lime, radis germé, germinations de navet	
érosion de la structure squelettique, incluant les dents	anémie, faiblesse, perte de poids, complications neurologiques, calcification des ligaments
IODE (aussi considéré comme oligo-élément)	
MEILLEURES SOURCES : arame, dulse, hijiki, varech, nori	
goitre, hypothyroïdie	thyrotoxicose
FER	
MEILLEURES SOURCES : graines d'abricots, arame, dulse, épinards, orge germé, avoine germé, graines de sésame germées	
apathie, déficit de l'attention, irritabilité, altération des fonctions immunitaires, anémie, déficiences circulatoires	affections cardio-vasculaires, altération de la réponse immunitaire, crise cardiaque, accident cardio-vasculaire, vulnérabilité au cancer

MAGNÉSIUM	
MEILLEURES SOURCES : noix de pin, pousses de seigle, graines de citrouille germées, pousses de tournesol, herbe de blé	
SYMPTÔMES DE CARENCE	SYMPTÔMES DE TOXICITÉ
spasmes musculaires, nausée, vomissement, déformation de la personnalité	nausée, vomissement, diminution de la pression sanguine, diarrhées (note : le magnésium est seulement toxique pour les personnes ayant des fonctions rénales anormales)
MANGANÈSE	
MEILLEURES SOURCES : eau de noix de coco verte, noix macadamia, amandes germées, pois chiches germés, noisettes germées	
SYMPTÔMES DE CARENCE	SYMPTÔMES DE TOXICITÉ
problèmes digestifs, léthargie, problèmes gastro-intestinaux	interférence en cas d'absorption d'autres minéraux et d'autres oligo-éléments, hyperactivité, dilution des globules sanguins
MOLYBDÈNE	
MEILLEURES SOURCES : pousses de haricots adzuki, chou vert, épinards, lentilles germées, pois germés	
SYMPTÔMES DE CARENCE	SYMPTÔMES DE TOXICITÉ
augmentation de l'incidence du cancer de l'œsophage, affection du tissu conjonctif	goutte, enflure articulaire, douleurs articulaires, calculs rénaux, tumeurs
PHOSPHORE	
MEILLEURES SOURCES : algue bleu-vert, chlorelle, pousses de trèfle, dulse, algue verte, nori	
SYMPTÔMES DE CARENCE	SYMPTÔMES DE TOXICITÉ
faiblesse, douleurs, perte osseuse, irritations cutanées, troubles de l'iris	diminution du taux de calcium sanguin, cataracte, sécheresse de la peau causant des desquamations
POTASSIUM	
MEILLEURES SOURCES : jus de légumes verts et de germinations, germinations de panais, radis, poivron rouge, épinards	
SYMPTÔMES DE CARENCE	SYMPTÔMES DE TOXICITÉ
indolence, étourdissement, fatigue, appréhension, comportement irritable, nausée, vomissement, faiblesse musculaire, spasmes, crampes, tachycardie, arythmie, maladies et dysfonction rénales, défaillance cardiaque potentiellement fatale	défaillance rénale, acidoses, infections, hémorragies gastro-intestinales, traumatisme musculaire aigu, faiblesse musculaire, irrégularités cardiaques, défaillance cardiaque, décès résultant d'un arrêt cardiaque, défaillance de la vessie, palpitations

SÉLÉNIUM (autrefois considéré comme oligo-élément)	
MEILLEURES SOURCES : noix du Brésil, raisin, herbe de kamut, pousses de tournesol, noix	
SYMPTÔMES DE CARENCE	SYMPTÔMES DE TOXICITÉ
effets mutagènes sur les cellules, virus, système immunitaire affaibli, cardiomyopathie potentiellement fatale	perte de cheveux, nausée, douleur abdominale, diarrhées, neuropathie périphérique, fatigue, irritabilité, coagulation de l'hémoglobine
SILICIUM	
MEILLEURES SOURCES : pousses de luzerne, germinations de betteraves, kamut, pousses d'avoine, oignon, herbe d'épeautre, blé, thé glacé infusé au soleil fait avec du prêle	
SYMPTÔMES DE CARENCE	SYMPTÔMES DE TOXICITÉ
diminution de l'élasticité de la peau, sécheresse et fragilité des cheveux et des os	athérosclérose
SODIUM (biologique)	
MEILLEURES SOURCES : céleri-rave, céleri, pousses d'avoine, maïs germé, herbe de blé	
SYMPTÔMES DE CARENCE	SYMPTÔMES DE TOXICITÉ
céphalée, faiblesse musculaire	œdème, hypertension, insuffisance cardiaque globale
SOUFRE	
MEILLEURES SOURCES : pousses de brocoli, pousses de choux de Bruxelles, pousses de chou, pousses d'ail, pousses d'oignon	
SYMPTÔMES DE CARENCE	SYMPTÔMES DE TOXICITÉ
augmentation de gaz carbonique dans le sang causant de la léthargie et des étourdissements	insuffisance respiratoire
ZINC	
MEILLEURES SOURCES : pousses de brocoli, pousses de choux de Bruxelles, pousses de chou, pousses d'ail, pousses d'oignon	
SYMPTÔMES DE CARENCE	SYMPTÔMES DE TOXICITÉ
perte d'appétit, anémie, retard de croissance, altération de la réponse immunitaire, lenteur de guérison des blessures, cécités crépusculaires, photophobie (peur de la lumière), grisonnement prématuré, perte de cheveux, diminution du sens du goûter	perturbations gastriques, vomissement, altération de la réponse immunitaire

Tableau 22: *les oligo-éléments et leurs sources alimentaires*

MINÉRAL	SYMPTÔMES DE CARENCE	SYMPTÔMES DE TOXICITÉ
ALUMINIUM: algue bleu-vert, argile verte française comestible, haricots à parchemin		
	battement des paupières incontrôlables, perte de sensation dans les membres	lésions cérébrales, altération neurologique, symptômes semblables à ceux de la maladie de Parkinson
ANTIMOINE: céleri, chlorelle		
	décoloration de la peau, problèmes de vision	désorientation, éruptions
ARGENT: chénopode blanc, nori		
	arythmie, infections microbiennes	paralysie, altération cérébrale
BARYUM: préparation avec perle ayurvédique, jicama		
	constipation, problèmes circulatoires	problèmes cardio-vasculaires, complications du système reproducteur.
BISMUTH: dulse, pousses de haricots rouges		
	irritations aux yeux, déficience auditive	tuméfactions endocrinienne, ovarienne et testiculaire
BORE: pousses de pépins de pommes, varech		
	problèmes squelettiques et dentaires	caillots sanguins, étourdissements
BROME: hijiki, ananas mûr		
	déficience neurologique ou digestive	perte de conscience
CADMIUM: dulse, argile verte française comestible, légumes de mer		
	déficience visuelle, perte de mémoire	paralysie, palpitations
CESIUM: lait d'avoine fermenté		
	grosseurs tumorales, vulnérabilité à la douleur accrue	saignement, accident cérébrovasculaire
COBALT: varech, herbe de blé fertilisé à l'eau de mer		
	perte de sensation dans les membres, éruptions de vaisseaux sanguins	perte de mobilité, incluant la possibilité de paralysie
DEUTÉRIUM: arame, tomates mûres		
	tuméfactions endocriniennes, palpitations	engourdissement, douleurs dans les extrémités
DYSPROSIUM: pousses de pois chiches, pousses de graines de sésame		
	destruction des leucocytes (globules blancs) ce qui facilite la maladie; mauvais fonctionnement du système immunitaire, qui provoque aussi le déclenchement de la maladie	toxémie du foie, toxémie de la vésicule biliaire, engourdissements

MINÉRAL	SYMPTÔMES DE CARENCE	SYMPTÔMES DE TOXICITÉ
ERBIUM : pousses de brocoli, choucroute		
	affections gingivales, inflammation des organes	paralysie, œdème
ÉTAIN : chlorelle, pousses de haricots Great Northern		
	faiblesse rénale, dysfonction respiratoire	épuisement, extrémités fragilisées
EUROPIUM : figues, pousse de haricots Pinto		
	sécheresse cutanée, fonction affaiblie des capillaires	nausées
GADOLINIUM : pousses d'herbe d'avoine, pousses de kamut		
	désordres intestinaux, déséquilibre hormonal	problèmes circulatoires, fonctions rénales atrophiées
GALLIUM : pousses de féveroles à petits grains, pousses de haricots de Lima		
	problèmes digestifs, anomalie du canal digestif	calculs biliaires, calculs rénaux
GERMANIUM : algue bleu-vert, légumes de mers d'Europe, pousses de fenugrec		
	maladie auto-immunitaire, sensibilité aux infections	déséquilibre minéral systémique
HAFNIUM : germinations de betteraves, pousses de brocoli, chou vert frisé		
	problèmes respiratoires, infections pulmonaires incluant la possibilité de pneumonie	irritations cutanées, troubles glandulaires
HOLMIUM : noix macadamia crues, pousses de seigle, pousses de graines de navet		
	réduction des globules rouges, anémie	étourdissements, perte de conscience
INDIUM : chlorelle, supplément d'organismes homéostatiques du sol (supplément probiotique)		
	troubles de la vue, déficience auditive	douleurs articulaires, étourdissements
IRIDIUM : luzerne, graines d'abricot		
	diminution de la quantité d'hémoglobine causant de la léthargie, problèmes circulatoires	faiblesse, fièvre
LANTHANE : germinations de chou rosette, pousses de féveroles à petits grains		
	faiblesse musculaire, douleurs articulaires	paralysie, dégénérescence psychologique
LITHIUM : pousses d'azuki, cône de houblon frais		

MINÉRAL	SYMPTÔMES DE CARENCE	SYMPTÔMES DE TOXICITÉ
	hallucination, insécurité	désorientation, insuffisance hépatique
LUTÉCIUM : aragula, céleri, noix macadamia crues		
	problèmes de cheveux, d'ongles et de peau	production excessive de larmes, trouble neurologique
NICKEL : chou vert frisé, pousses de graines de moutarde		
	problèmes respiratoires, brouillard visuel	paralysie, engourdissement
NIOBIUM : figues « Black Mission », noisettes germées		
	troubles lymphatiques, troubles du système reproducteur	étourdissements, sensibilité aux rhumes et à la grippe
OR : basilic frais, herbes de grains cultivés au sel de mer		
	troubles cardio-vasculaires, usure du cartilage, détérioration des os	paralysie, érosion squelettique
OSMIUM : nori, patates douces germées		
	altération de la densité des tissus	saignement interne
PALLADIUM : légumes cultivés en région côtière, noix de coco verte		
	paralysie, confusion mentale, dysfonction psychologique	troubles respiratoires
PLATINE : arame, varech		
	affaiblissement du tissu cardiaque, affaissement ventriculaire	paralysie, dysfonction neurologique
PRASEODYME : pousses de brocoli, rutabagas		
	arthrite, carie dentaire	nausées
RHÉNIUM : cassis, pois chiches		
	défaillance de la vessie, insuffisance rénale	transpiration excessive, miction excessive
RUBIDIUM : thym frais, jus vert de germinations		
	déficience visuelle, éruptions cutanées	palpitations
RUTHÉNIUM : ail, pousses d'ail, pousses de graines de moutarde		
	trouble de la circulation causant possiblement une dysfonction des membres ou des organes	accident cérébrovasculaire, structure musculaire affaiblie
SAMARIUM : pissenlit, hijiki, ortie		
	désordres intestinaux, calculs biliaires	flatulences et ballonnement, léthargie
STRONTIUM : pois à hile noir germé, pois verts		

MINÉRAL	SYMPTÔMES DE CARENCE	SYMPTÔMES DE TOXICITÉ
	circulation restreinte dans les extrémités	faiblesse musculaire, épuisement
TANTALE : pois verts germés, pousses de haricots de Lima, mangue		
	irritations cutanées, caillots sanguins	faiblesse, stress excessif
TUNGSTÈNE : orge, le poste de noix du Brésil, pousses de haricots mungo		
	affaiblissement de la rate, arythmie	anémie
VANADIUM : pousses de trèfle, fleurs capucine, noix		
	troubles de la circulation, troubles visuels	fièvre, bouffées de chaleur
ZIRCONIUM : pousses de haricots rouges, pousses de graines de manque, pousses d'ignames		
	inflammation respiratoire, irritations des yeux	étourdissements, nausées

14

plantes médicinales

Les plantes médicinales sont la principale source de traitement pour une grande partie de la population mondiale. Les peuples de cultures occidentales utilisent davantage de produits de l'industrie pharmaceutique moderne. Cependant, près d'un quart de ces médicaments pharmaceutiques est essentiellement constitué de plantes et, à l'exception de la médecine nucléaire, tous les médicaments pharmaceutiques proviennent des plantes.

Dans l'histoire de l'humanité, diverses écoles d'herbologie ont été créées à travers le monde. Parmi elles, celle qui jouit du plus grand prestige au niveau international est la tradition asiatique qui existe depuis des milliers d'années. Les praticiens de cette science riche ont démontré que chaque mal a un ou plusieurs antidotes. Les origines de la médecine à base de plantes remontent au continent africain. Mais malheureusement, cette histoire et l'herbologie autochtone de l'Amérique sont toutes deux presque perdues du fait d'abus ignominieux qu'ont subis ces populations et du rejet de leurs traditions et de tout ce qui s'y rapporte. La santé et la guérison ont des histoires particulières selon la géographie et la culture. Les habitants de chaque région et chaque groupe d'individus ont cultivé leurs propres systèmes médicinaux pour combattre la maladie.

La diversité des plantes disponibles à l'échelle internationale est impressionnante. Par exemple, en Europe, les plantes médicinales que l'on trouve dans le Nord (à Lapland, à titre d'illustration) sont particulièrement différentes de celles cultivées au Sud de l'Espagne. Il existe également des centaines de variétés de plantes médicinales en Australie qui sont spécifiques à ce continent. En Amérique du Sud, et dans les îles au Sud du Pacifique, d'innombrables plantes sont utilisées pour des raisons diététiques et sanitaires.

Malgré ces traditions riches, l'utilisation des plantes médicinales est reléguée au statut de « traitement alternatif » dans la médecine occidentale et perd ainsi son importance, pourtant historiquement prouvée, comme le remède de base. Par ailleurs, plusieurs personnes ont divisé produits pharmaceutiques et plantes médicinales pensant, à tort, qu'elles pouvaient utiliser les plantes sans précaution ou sans restriction. Le fait est que les plantes sont des médicaments. Par conséquent, il doit leur être accordé la même importance et elles doivent être utilisées avec la même rigueur que les produits pharmaceutiques. (Nous reconnaissons cependant le fait que les produits pharmaceutiques soient constamment utilisés de façon inappropriée, excessive et criminelle.)

Il est éventuellement très dangereux de combiner la médecine à base de plantes, plantes et produits pharmaceutiques ou encore de combiner divers types de produits pharmaceutiques. L'utilisation excessive, le mauvais dosage et l'abus de produits pharmaceutiques sont seulement des problèmes très graves. L'utilisation inappropriée de médicaments prescrits est souvent la cause de symptômes et troubles. La médecine pharmaceutique sert, bien sûr, un objectif louable. Elle ne doit donc pas être négligée ou écartée. Elle doit être utilisée à bon escient, mais uniquement après que toutes les options de médecine à base de plantes, la façon la plus naturelle de guérison, ont été considérées, et uniquement sur conseil d'un praticien expérimenté et compétent.

Les fabricants de produits à base de plantes induisent souvent les consommateurs en erreur involontairement en omettant de mentionner un point crucial : l'utilisation régulière de certaines substances à base de plantes peut être nocive. Nous ne devrions pas en consommer sur une longue période. Cependant, il existe quelques exceptions, comme les hormones naturelles pour les femmes, le ginkgo biloba pour les problèmes crâniens et ventriculaires et les extraits de canneberge pour les infections rénales, les problèmes de vessie et les complications à long terme. Certains assaisonnements et plantes tels que la menthe, l'origan, la camomille et autres ne sont pas dangereux même s'ils sont utilisés régulièrement comme condiments, pendant toute la vie. Cependant, tel n'est pas le cas de divers sels et du piment noir.

Pour ceux qui utilisent les plantes médicinales, l'Institut de santé Hippocrate a établi un mode de consommation sans danger. Il s'agit de prendre les plantes médicinales pendant trois jours et de cesser les trois jours suivants, puis ne pas en prendre pendant une semaine toutes les huit semaines. Cette séquence vous apporte de meilleurs résultats que la consommation régulière qui réduit l'efficacité de toute plante.

Les plantes couramment utilisées comme l'échinacée sont conseillées lorsque vous êtes exposé à une infection. Cette plante a peu ou pas de valeur une fois que l'infection s'est incrustée. Après que vous ayez été infecté, une plante comme l'osha ou l'utilisation temporaire du nitrate d'argent (argent colloïdal) sont préférables. L'Aloès Vera peut être utilisé quotidiennement parce qu'il fait partie de la rare catégorie des plantes médicinales diététiques, ce qui signifie qu'il est à la fois un aliment et un médicament. En revanche, le cayenne qui est également une plante médicinale et un aliment ne doit pas être consommé en grande quantité sur une longue période parce qu'il est extrêmement puissant.

Les saisons et les altitudes sont importantes pour les plantes. Par exemple, l'ortie se trouve partout dans le monde mais seulement au printemps. On peut jouir de ses propriétés purificatrices du sang après un long et dur hiver. Certaines plantes des temps frais comme la fleur de pissenlit ne poussent que dans les hautes altitudes fraîches pendant l'été. Par conséquent, les habitants de ces régions peuvent en récolter pour fortifier leur sang. Plusieurs autres plantes peuvent être régulièrement trouvées à haute et basse altitude.

La consommation de plantes fraîches et crues est toujours préférable, mais les restrictions saisonnières nous laissent souvent le seul choix de leur consommation à l'état séché. Lorsque les plantes séchées sont utilisées, il est préférable d'en faire un thé ou une tisane. Utiliser au moins une cuillerée à café de plantes séchées pour chaque tasse d'eau, et il est possible d'en utiliser plus pour un thé plus fort. Ensuite, placer le contenant sur le rebord de la fenêtre fermée pendant vingt-quatre heures. Après ce processus, vous pouvez chauffer votre tisane d'herbages en prenant soin de ne pas la chauffer à une température supérieure à 46 °C (115 °F). Cependant, il y a des exceptions. Il est également possible d'avoir des capsules de poudres séchées, sans gélatine, ou des pilules de plantes n'ayant pas été chauffées lors de la fabrication. L'ajout de petites quantités de plantes à vos jus frais en améliorera les effets déjà puissants. Par exemple, la combinaison de gingembre frais et de jus de légumes verts favorise la digestion de leurs substances nutritives, régule le thermostat du corps humain et calme l'estomac et les intestins.

Lorsque vous achetez des plantes, essayez de trouver celles qui sont liquides et en glycérine. Ces extraits sont potentiellement plus puissants et plus digestibles que les autres formes. La glycérine protège leurs fluides médicinaux de l'oxydation et leur conserve leur efficacité.

Tableau 23: *liste sélective de plantes médicinales*

PLANTES MÉDICINALES	MEILLEURES SOURCES	BIENFAITS
Achillée mille-feuille	tige, feuille, fleur	diarrhée, dysenterie, astringent
Angélique	racine fraîche, feuille	appareil respiratoire, bronchique, antiviral
Basilique	feuille fraîche	calmant, antiseptique, soulagement des nausées
Chataire	feuille fraîche	rhume, bronchite
Chou-rave	racine, tige, feuille	antimutagène, ulcères, digestion
Estragon	tige, feuille	mal de dents, antimutagène
Genièvre	baie, feuille	digestion, fonctionnement rénal, nettoyant sanguin
Géranium	plante ou fleur	bénéfique pour le cœur et les vaisseaux sanguins
gingembre	racine	aide à combattre microbes et mutagènes, contrôle la température élevée, prévient le mal des transports
Giroflée	tige, feuille	fonctionnement cardiovasculaire, élasticité artérielle
Grande camomille	toute la plante	maux de tête, migraines, insectifuge naturel
Iris	fleur fraîche	ligaments, tendons, articulation, cartilage, développement des membranes
Lavande	fleur, feuille	antiseptique, équilibre, rhumatisme, relaxant
Ortie	racine, tige, feuille	arthrite, hémorragie interne, problèmes cutanés, désintoxication
Oseille	tige, feuille	diurétique, renforcement rénal
Pissenlit	racine fraîche, feuille	entretien du foie, diurétique, laxatif, son jus combat les excroissances (verrues)
Pouliot	tige, feuille, fleur	flatulence, nausée, maux de têtes
Quinoa	racine, plante	favorise la fabrication des globules rouges, consolide le système neurologique
Raifort	racine	poumons et circulation, nettoyant sanguin
Rhizome d'iris	racine, feuille	infection de la gorge, problèmes de vessie

Rue	graine, racine, feuille, tige, fleur	épilepsie, eczéma, psoriasis, pommade pour les yeux et la poitrine
Souci	tige, fleur	guérison des plaies, conjonctivite, piqûres d'abeille et de guêpe
Sureau	racine, tige, feuille	toux, rhume, rhumatisme, sciatique, traitement de kystes
Uva-ursi (busserole)	racine, feuille	mal de dos, congestion de la vessie, congestion rénale, prostate, gonorrhée, syphilis
Valériane	racine, tige, feuille	sédatif, tranquillisant, insomnie, troubles nerveux
Xanthium (lampourde)	graine	hépatite, rhume, grippe, syndrome respiratoire aigu sévère, autres infections microbiennes

équipement et les ressources

équipement

Si vous souhaitez incorporer le programme d'alimentation vivante à votre quotidien, un certain nombre d'articles culinaires vous seront nécessaires. Un déshydrateur, par exemple, vous permettra de préparer des collations maison, fruits séchés, craquelins et autres aliments utiles pour maintenir une alimentation de haute qualité. Les accessoires de germination sont relativement bon marché, alors que les extracteurs de jus et les déshydrateurs sont assez chers.

La liste ci-dessous répertorie les articles essentiels pour suivre notre programme, et d'autres qui, bien qu'optionnels, sont fortement recommandés. On peut se procurer tous les accessoires et les appareils à l'Institut de santé Hippocrate en ligne au *www.hippocratesinstitute.com* ou en appelant au 561 471-8876, poste 124.

- Germoir automatique (facultatif)
- Broyeur-mélangeur
- Coussin incliné postural (facultatif)
- Brosse
- Broyeur de graines électrique (facultatif, moulin à café)

- Sac à lavement avec cathéter, injecteur de jus d'herbe de blé, poire pour injecter le jus d'herbe de blé
- Désydrateur (marque Excalibur, de préférence)
- Robot culinaire (facultatif)
- Distillateur domestique
- Filtre à eau
- Filtre d'eau potable portatif (facultatif)
- Matériel de plantation (plateaux, semences)
- Matériel de germination (pots, sacs, graines, tamis)
- Extracteur de jus de légumes
- Extracteur de jus d'herbe de blé, électrique de préférence

ressources

De nombreux sites Web donnent de l'information sur les aliments crus, biologiques et végétaliens. Par exemple, les noms de fournisseurs, de restaurants, de marchés d'alimentation, de planteurs-cultivateurs indépendants et de coopératives alimentaires figurent dans Internet. La liste ci-dessous n'est pas exhaustive. Pour les répertoires les plus récents, veuillez utiliser le moteur de recherche de votre choix et tapez: « restaurants alimentation crue » ; « ressources sur l'alimentation vivante » ou « livraison de jus d'herbe de blé ».

DOOR TO DOOR ORGANICS

www.doortodoororganics.com

Door to Door Organics est une entreprise située sur la côte est des États-Unis. Depuis 1996, elle livre, à domicile et dans les bureaux, des produits biologiques frais de la ferme. Elle assure la livraison dans neuf États américains et dans le district fédéral de Columbia. L'une de leurs spécialités est l'herbe de blé (tant vivante que coupée).

GREENPEOPLE

www.greenpeople.com

Le site GreenPeople s'annonce comme le plus vaste répertoire du monde de produits écologiques et holistiques de soins de santé. C'est le supermarché par excellence pour faire ses achats. On y retrouve de tout : des aliments biologiques végétaliens ; des vêtements écologiques et des produits de nettoyage exempts de produits chimiques.

LOCALHARVEST

www.localharvest.com

Le site LocalHarvest possède un moteur de recherche qui vous servira à trouver des fermes biologiques locales, ainsi que des marchés, épiceries et restaurants offrant des aliments biologiques dans votre région. Les listes sont même présentées par catégories, notamment, par types particuliers de légumes ou de produits biologiques d'hygiène et de beauté. Un calendrier d'événements tient au courant des occasions spéciales, comme une rencontre de gens se réunissant pour célébrer le mode de vie biologique.

NATURAL FOOD NETWORK

www.naturalfoodnet.com

Le répertoire des aliments certifiés biologiques de ce site vous aidera à trouver des fournisseurs d'aliments biologiques partout en Amérique du Nord. De nouveaux témoignages et des données de recherche sur les aliments naturels font régulièrement l'objet d'articles ou de chroniques.

PINES INTERNATIONAL

www.wheatgrass.com

Pine International cultive et distribue de l'herbe de blé fraîche et produits connexes.

RAW FOOD LIFE

www.rawfoodlife.com

Vous trouverez de bons renseignements au sujet de l'alimentation crue sur ce site, de même que les résultats d'études sur les dangers associés aux aliments cuits.

SOYSTACHE

www.soystache.com

Ce site répertorie des douzaines de restaurants spécialisés en alimentation crue, de partout en Amérique du Nord et offre les liens vers ces sites.

SUPERMARKETCOOP

www.supermarketcoop.com

Le site SuperMarketCoop est l'hôte de coopératives communautaires rurales, qui offrent d'autres options santé, variant des choix types que l'on trouve dans les chaînes de supermarchés. Un répertoire de Coopératives permet de trouver des agriculteurs qui desservent les États-Unis et le Mexique.

VEGDINING.COM
www.vegdining.com

Le site VegDining.com se veut un guide en ligne de restaurants végétariens. Il permet de trouver des restaurants appropriés partout dans le monde.

VEGETARIAN RESOURCE GROUP
www.vrg.org

Le site Web Vegetarian Resource Group offre un peu de tout, des recettes aux répertoires de restaurants et de points de ventes d'aliments naturels.

AUTRES SITES WEB DES PLUS PRATIQUES

www.fredericpatenaude.com
www.howtogoraw.com
www.livingnutrition.com
www.rawfoodnews.com

bonnes adresses au Québec

LA FERME POUSSE-MENU, distributeur de pousses et de germinations, 514-486-2345

DISTRIBUTION TERRA-BELLA, livraison à domicile de fruits et légumes bio, 514-240-8026

JULIE BARRETTE, livraison de produits biologiques, Joliette et environs, 450-889-8680, monpanierbio.com.

LUC LONGUÉPÉE, L'Îlot Naturel, Germinations aux Îles de la Madeleine : 418-937-2603

VOTRE ÉPICERIE À DOMICILE, Madame Huguette Gagnon (pousses, grains à germer, germoirs, produits ménagers biodégradables, etc.) à Montréal 514-342-8301 et à Ste-Adèle 450-229-4941.

SUPERMARCHÉ AVRIL, aliments et produits naturels, chemin du Tremblay, Longueuil, 450-448-5515

TAU, marché d'aliments naturels. Montréal, Brossard et Laval

RACHELLE-BÉRY, épicerie santé, comptoir de produits biologiques et pousses

FERME JARDIN BETHEL, pousses et germinations, 514-237-6581, livraison à partir de St-Hilaire

LES JARDINS DE MARIE-CLAIRE, à St-Eustache, 450-623-2364, herbe de blé, pousses et ail bio, fruits et légumes en saison

CLUB ORGANIC, 4341 Frontenac, Montréal, 514-899-1526. Aliments biologiques, mets préparés, pousses, grains à germer, noix en vrac. Ateliers de germinations et jeunes pousses sur terreau

CROC LA VIE, Mélanie Laframboise, alimentation vivante, germinations, boîte à lunch, mets préparés, 611 Fournier, St-Jérôme, 450-569-9863

CRUDESSENCE, restaurant, traiteur et cours d'alimentation crue, 105 rue Rachel ouest, Montréal 514-271-0333

RESTAURANT AUX VIVRES, 4631 boul. St-Laurent, Montréal, 514-842-3479

RESTAURANT BONNYS, gastronomie internationale végétarienne biologique, 1748 Notre-Dame ouest, Montréal, mets pour emporter 514-931-4136, www.bonnys.ca

CENTRE ÉCO-SANTÉ, 5811 Christophe-Colomb, Montréal. Magasin de produits naturels, clinique et centre de formation en santé 514-271-7124.

EDITH VACHON, 514-766-6207, hydrothérapie du côlon, iridologue, massothérapeute, naturopathe

ALEXANDRA DALAKIAN, 514-887-0203, hydrothérapie du colon, alimentation vivante, coach santé, www.madesignersante.com

PRODUITS BIOPRO, pour annuler les effets électromagnétiques nocifs des cellulaires, téléphones sans fil, ordinateurs, etc., Monica Péloquin 514-288-0449

SAUNA INFRA ROUGE ET CHAMBRE HYPERBARE, Carlo Mambro, www.saunaxpert.com, 514-891-8115

ECOQUEST, pour assainir l'air et l'eau. Monica Péloquin, 514-288-0449

Ionisateur pour éliminer les métaux lourds et les toxines du corps par les pieds. Monica Péloquin, 514-288-0449

DR MICHEL DEMERS, dentiste holistique 450-445-3368

DR. FRANÇOIS-GUY DORÉ, médecin holistique privé, Montréal, 514-277-1141

DR YVES COMEAU, médecine holistique intégrée 514-303-4029

CHRISTIAN LIMOGES, clinique et école de naturopathie, 514-389-3026

MARLENE BOUDREAULT N. D., 450-672-3568

SYLVAIN TRUDEL, acupuncteur, aqua chi, 514-529-8090

COLOMBE GAUVIN, lecture de sang vivant, 450-224-0003, www.cliniquepreventive.com

JEAN MATHIEU, produits Nikken 514-781-6383

JALINIS.COM, Denis Letendre, distributeur d'extracteur à jus, déshydrateur, littérature crudivore 1-866-525-4647 ou 514-898-8273

DUNCAN, David Ewing, « The Pollution Within », *National Geographic,* octobre 2006.

Environment News Service, « Chemicals Found in Common European Foods », 21 septembre 2006, www.ens-newswire.com./ens/sep2006/2006-09-21-02.asp.

ENVIRONMENTAL WORKING GROUP, « Across Generations: The Chemical Pollution Mothers and Daughters Share and Inherit », 10 mai 2006, www.ewg.org/reports/generations.

GREENPEACE AND WORLD WILDLIFE FUND, « A Present for Life: Hazardous Chemicals in Umbilical Cord Blood », septembre 2005.

LAURANCE, Jeremy, « Chemical Pollution Harms Children's Brains », *Independent,* 9 novembre 2006.

LAWRENCE, Felicity, « Omega-3, Junk Food and the Link between Violence and What We Eat », *Guardian,* 17 octobre 2006.

MONTAGUE, Peter, « Why We Can't Prevent Cancer », *Rachel's Democracy and Health News,* 27 octobre 2005.

Our Stolen Future Web site, « Emerging Science on the Impacts of Endocrine Disruption on Reproduction and Fertility », www.ourstolenfuture.org/newscience/reproduction/repro.htm.

PAULSON, Tom, « Startling Study on Toxins' Harm », *Seattle Post-Intelligencer,* 3 juin 2005.

chapitre 4

BOWERS, W. F., « Chlorophyll in Wound Healing and Suppurative Disease », *American Journal of Surgery,* vol. 73, 1947, p. 37-50.

GAISBAUER, M. et A. LANGOSCH, « Raw Food and Immunity », *Fortschritte der Medizin,* vol. 108, n° 17, 10 juin 1990, p. 338-340.

« Leukocytosis and Cooked Versus Raw Foods », *Proceedings of the First International Congress of Macrobiology,* Paris, 1930.

MANOUKIAN, R., M. CITRON, P. HUERTA, B. RHODE, C. DRAPEAU et G. S. JENSEN, « Effects of the Blue-Green Algae *Aphanizomenon flos-aquae* (L.) Ralphs on Human Natural Killer Cells », dans L. Savage, dir., *Phytoceuticals: Examining the Health Benefits and Pharmaceutical Properties of Natural Antioxidants and Phytochemicals,* IBC Library Series, vol. 1911, chap. 3.1, 1998, p. 233-241.

MESSAOUDI, I., J. WARNER, M. FISCHER, B. PARK, B. HILL, J. MATTISON, M. A. LANE et coll., « Delay of T Cell Senescence by Caloric Restriction in Aged Long-Lived Non-human Primates », *Proceedings of the National Academy of Sciences,* vol. 103, n° 51, 2006, p. 19448-19453.

MSNBC, « Does Your Heart Sense Your Emotional State ? Stressful Feelings May Increase Your Risk of Developing Heart Disease », 26 janvier 2006, www.msnbc.msn.com/id/11023208.

« Non-meat Eaters, Longevity and Chronic Health Disorders », *Journal of the American Medical Association,* vol. 176, 1961, p. 803.

OFFENKRANTZ, W G., « Water-Soluble Chlorophyll in the Treatment of Peptic Ulcers of Long Duration », *Review of Gastroenterology*, vol. 17, n° 5, mai 1950, p. 359-367.

RAFSKY, K. « Treatment of Intestinal Disease with Solutions of Water-Soluble Chlorophyll », *Review of Gastroenterology*, vol. 15, 1948, p. 549.

SILVEIRA, E. M., M. F RODRIGUES, M. S. KRAUSE, D. R. VIANNA, B. S. ALMEIDA, J. S. ROSSATO, L. P. OLIVEIRA, R. CURI et P. I. H. DE BITTENCOURT, « Acute Exercise Stimulates Macrophage Function », *Cell Biochemistry and Function*, vol. 25, 2007, p. 63-73.

TANNENBAUM, A., « Nutrition and Cancer », dans F. Homburger, dir., *The Physiopathology of Cancer*, 2e éd., New York: Hoeber-Harper, 1959, p. 517-562.

chapitre 5

ANGIER, Natalie, « Researchers Find a Concentrated Anticancer Substance in Broccoli Sprouts », *New York Times*, 16 septembre 1997.

ANNAND, J. C., « Thrombosis: Further Evidence Against Heated Animal Protein », *Journal of the College of General Practitioners*, vol. 20, 1964, p. 386-401.

ANNAND, J. C., « Vegetable Consumption and Heart Disorders », *Journal of the College of General Practitioners*, vol. 2, 1959, p. 365.

ASSOCIATED PRESS, « Diabetes Drug's Benefits Come at a Price », 4 décembre 2006.

BANERJEE, D. K. *et* J. B. CHATTERJEA, « Vitamin B_{12} Content of Some Articles of Indian Diets and Effect of Cooking on It », *British Journal of Nutrition*, vol. 17, 1963, p. 385-389.

BARNARD, N. D., J. COHEN, D. J. JENKINS, G. TUMER-MCGRIEVY, L. GLOEDE, B. JASTER, K. SEIDL, A. A. GREEN et S. TALPERS, « A Low-Fat Vegan Diet Improves Glycemic Control », *Diabetes Care*, vol. 29, 2006, p. 1777-1783.

BBC News, « High-Veg Diet Wards Off Cancer », 24 décembre 2005.

COLLINS, Karen, « Magical Food Combos That Fight Cancer », *Bottom Line/Personal*, 1er février 2007.

FAHEY, J. W, X. HARISTOY, P. M. DOLAN, T. W. KENSLER, I. SCHOLTUS, K. K. STEPHENSON, P. TALALAY et A. LOZNIEWSKI, « Sulforaphane Inhibits Extracellular, Intracellular, and Antibiotic-Resistant Strains of *Helicobacter pylori* and Prevents Benzo[a]pyrene-Induced Stomach Tumors », *Proceedings of the National Academy of Sciences*, vol. 99, no 11, 2002, p. 7610-7615.

FONTANA, L., J. L. SHEW, J. O. HOLLOSZY et D. T. VILLAREAL, « Low Bone Mass in Subjects on a Long-Term Raw Vegetarian Diet », *Archives of Internal Medicine*, vol. 165, 28 mars 2005, p. 684-689.

HANNINEN, 0., K. KAARTINEN, A. L. RAUMA, M. NENONEN, R. TORRONEN, A. S. HAKKINEN, H. ADLERCREUTZ et J. LAAKSO « Antioxidants in Vegan Diet and Rheumatic Disorders », *Toxicology*, vol. 155, nos 1-3, 30 novembre 2000, p. 45-53.

HEALY, Z. R., N. H. LEE, X. GAO, M. B. GOLDRING, P. TALALAY, T. W. KENSLER et K. KONSTANTOPOULOS, « Divergent Responses of Chondrocytes and Endothelial Cells to Shear Stress: Cross-Talk among COX-2, the Phase 2 Response, and Apoptosis », *Proceedings of the National Academy of Sciences,* vol. 102, 27 septembre 2005, p. 14010-14015.

INSTITUTE OF FOOD RESEARCH, « Can Our Diet Protect Us Against Cancer? », www.ifr.ac.uk/Public/FoodInfoSheets/diet_and_cancer.html.

KAGE, Ben, « Mineral Depletion of Soils Results in Higher Acrylamide Content of Foods », NewsTarget.com, 13 novembre 2006, www.newstarget.com/021053.html.

LAURANCE, Jeremy, « Miracle Cures Shown to Work », *Independent,* 23 janvier 2006.

LING, W H. et O. HANNINEN. « Shifting from a Conventional Diet to an Uncooked Vegan Diet Reversibly Alters Fecal Hydrolytic Activities in Humans », *Journal of Nutrition,* vol. 122, n° 4, avril 1992, p. 924-930.

LINUS PAULING INSTITUTE, « Fighting Cancer with Phytochemicals: An Interview with David E. Williams, Ph.D », *LPI Research Newsletter,* automne 2006, http://lpi.oregonstate.edu/fw06/phytochemicals1.html.

« Indole-3-Carbinol: Effects of Cooking », Oregon State University, 21 juillet 2005, http://lpi.oregonstate.edu/infocenter/phytochemicals/i3c/index.html.

LONDON, S. J., J.-M. YUAN, F-L. CHUNG, Y.-T. GAO, G. A. COETZEE, R. K. ROSS et M. C. YU, « Isothiocyanates, Glutathione S-transferase M1 and T1 Polymorphisms, and Lung-Cancer Risk: A Prospective Study of Men in Shanghai, China », *Lancet,* vol. 356, 26 août 2000, p. 724-729.

MCDONALD, L. et M. EDGILL, « Dietary Restriction and Coagulability of the Blood in Ischaemic Heart-Disease », *Lancet,* vol. 271, n° 7028, 1958, p. 996-998.

NICHOLSON, A. S., M. SKLAR, N. D. BARNARD, S. GORE, R. SULLIVAN et S. BROWNING, « Toward Improved Management of NIDDM: A Randomized, Controlled Pilot Intervention Using a Lowfat Vegetarian Diet », *Preventive Medicine,* vol. 29, n° 2, 1999, p. 87-91.

PELTONEN, R., M. NENONEN, T. HELVE, O. HANNINEN, P. TOIVANEN et E. EEROLA, « Faecal Microbial Flora and Disease Activity in Rheumatoid Arthritis During a Vegan Diet », *British Journal of Rheumatology,* vol. 36, n° 1, 1997, p. 64-68.

Reuters, « Broccoli May Help Bladder Cancer », 3 août 2005.

SMITH, T. K., E. K. LUND, M. L. PARKER, R. G. CLARKE et I. T. JOHNSON, « Allyl-isothio-cyanate Causes Mitotic Block, Loss of Cell Adhesion and Disrupted Cytoskeletal Structure in HT29 Cells », *Carcinogenesis,* vol. 25, n° 8, 2004, p. 1409-1415.

STEIN, Rob, « Breast Cancer Study Suggests Red Meat Link », *Washington Post,* 14 novembre 2006.

TROCK, B., E. LANZA et P. GREENWALD, « Dietary Fiber, Vegetables, and Colon Cancer: Critical Review and Meta-analyses of the Epidemiologic Evidence », *Journal of the National Cancer Institute,* vol. 82, 1990, p. 650-661.

WALKER, G. R., E. H. MORSE et V. A. OVERLEY, « The Effect of Animal Protein and Vegetable Protein Diets Having the Same Fat Content on the Serum Lipid Levels of Young Women », *Journal of Nutrition,* vol. 72, novembre 1960, p. 317-121.

YAMAMOTO, I., T. NAGUMO, K. YAGI, H. TOMINAGA et M. AOKI, « Antitumor Effect of Seaweeds », *Japanese Journal of Experimental Medicine,* vol. 44, nº 6, 1974, p. 543-546.

YOCHUM, L., L. H. KUSHI, K. MEYER et A. R. FOLSOM, « Dietary Flavonoid Intake and Risk of Cardiovascular Disease in Postmenopausal Women », *American Journal of Epidemiology,* vol. 149, 15 mai 1999, p. 943-949.

chapitre 6

AMERICAN SOCIETY OF INTEGRATIVE MEDICAL PRACTICE, « Report Card on America's Health, 2006-2026 », 10 juin 2006, www.asimp.org.

ASSOCIATED PRESS, « Research Shows Low-Calorie Diet May Lead to Longer Life », 5 avril 2006.

BBC News, « Juices May Cut Alzheimer's Risk », 31 août 2006.

GEIGER, Debbe, « Healthy Hints from Okinawa for Good Living Past 100 », *Newsday,* 23 juillet 2001.

JENKINS, D., C. KENDALL, D. FAULKNER, T. NGUYEN, T. KEMP, A. MARCHIE, J. WONG et coll., « Assessment of the Longer-Term Effects of a Dietary Portfolio of Cholesterol-Lowering Foods in Hypercholesterolemia », *American Journal of Clinical Nutrition,* vol. 83, mars 2006, p. 582-591.

KURKELLA, R., « Cooked Fats and Premature Death in Animals », *Zusammen faasiender Vortrag mit Literaturangaben,* nº 3, 1968, p. 57-65.

MAHER, P., T. AKAISHI et K. ABE, « Flavonoid Fisetin Promotes ERK-Dependent Long-Term Potentiation and Enhances Memory », *Proceedings of the National Academy of Sciences,* vol. 103, nº 44, 2006, p. 16568-16573.

OLAHARSKI, A. J., J. RINE, B. L. MARSHALL, J. BABIARZ, L. ZHANG, E. VERDIN et M. T. SMITH, « The Flavoring Agent Dihydrocoumarin Reverses Epigenetic Silencing and Inhibits Sirtuin Deacetylases », *Public Library of Science (PLoS) Genetics,* vol. 1, nº 6, écembre 2005, p. 77.

QIN, W, M. CHACHICH, M. LANE, G. ROTH, M. BRYANT, R. DE CABO, M. A. OTTINGER et coll., « Calorie Restriction Attenuates Alzheimer's Disease Type Brain Amyloidosis in Squirrel Monkeys *(Saimiri sciureus)* », *Journal of Alzheimers Disease,* vol. 10, nº 4, décembre 2006, p. 417-422.

REINBERG, Steven, « The Smarter They Are, the More Likely They'll Shun Meat as Adults », *HealthDay News,* 15 décembre 2006.

SCHLENKER, E. D., J. S. FEURIG, L. H. STONE, M. A. OHLSON et O. MICKELSEN, « Nutrition and Health of Older People », *American Journal of Clinical Nutrition,* vol. 26, nº 10, 1973, p. 1111-1119.

SPECTOR, I. M., « Animal Longevity and Protein Turnover Rate », *Nature,* vol. 249, 3 mai 1974, p. 66.

WISEMAN, Paul, « Fabric of a Long Life », *USA Today*, 3 janvier 2002.

bibliographie sommaire

Le nombre de livres, manuels, brochures, articles, essais, études et articles sur l'Internet traitant de l'énergie vitale est illimité. Cette bibliographie sommaire reflète les aspects les plus fondamentaux et les plus complets du Programme de l'Institut de santé Hippocrate.

AMEN, Daniel G. *Healing ADD,* New York, Berkeley Books, 2002

ATKINS, Robert C. Dr. *Dr. Atkins'* New *Diet Revolution,* New York, HarperCollins, 2002

ATKINS, Robert C. Dr. *Atkins' Nutrition Breakthrough:* How to *Treat Your Medical Condition Without Drugs,* New York, William Morrow, 1981. *La Nutrition Révolutionnaire du Docteur Atkins,* Paris, Buchet/Chastel, 1977

BALCH, James E. et Phyllis A. BALCH. *Prescription for Nutritional Healing: A Practical A-to-Z Reference to Drug-Free Remedies Using Vitamins, Minerals, Herbs & Food Supplements.* Garden City Park, NY, Avery Publishing Group, 1993

BARNARD, Neal. *Food for Life: How the New Four Food Groups Can Save Your Life,* New York, Harmony Books, 1993

BERGNER, Paul. The *Healing* Power *of Echinacea* & *Goldenseal and Other Immune System Herbs,* Rocklin, CA, Prima Publishing, 1997

BERNAY-ROMAN, Andy. *Deep Feeling, Deep Healing,* Jupiter, FL, Spectrum Healing Press, 2001. *À sentiment profond, guérison profonde - les dimensions émotionnelle, mentale et spirituelle de la guérison,* trad. de l'américain par Olivier Clerc, Ville la Grand, France, Vivez Soleil, Collection « Développement Personnel » 2004

Bloomfield, Harold H., et Robert B. KORY. *The Holistic Way to Health and Happiness,* New York, Fireside, 1978

BLUM, Deborah. *Sex on the Brain: The Biological Differences between Men and Women,* New York, Viking, 1997

BOLLES, Edmund Blair. *Remembering and Forgetting: Inquiries into the Nature of Memory,* New York, Walker, 1988

BONAR, Ann. *Herbs: A Complete Guide to Their Cultivation and Use,* London, Tiger Books, 1992

BRAGDON, Allen D. et David GAMON. *Brains That Work a Little Bit Differently: Recent Discoveries about Common Brain Diversities,* New York, Barnes & Noble, 2000

BRICKLIN, Mark. *Rodales Encyclopedia of Natural Home Remedies.* Emmaus, PA, Rodale Press, 1991. *Dictionnaire des remèdes naturels,* préf. du Dr Serge Mongeau ; trad. de l'américain par Marie-Claude Roy, Montréal, Québec-Amérique, c1989

BRODY, Jane. *Jane Brodys Nutrition Book. A Lifetime Guide to Good Eating for Better Health and Weight Control,* New York, W. W. Norton, 1981

BUCHMAN, Dian Dincin. *The Complete Book of Water Therapy,* New Canaan, CT, Keats Publishing, 1994

CAMPBELL, Don. *The Mozart Effect for Children: Awakening Your Childs Mind, Health, and Creativity with Music,* New York, HarperCollins, 2000. *L'effet Mozart sur les enfants : éveiller l'imagination et la créativité par la musique,* traduit de l'américain par Marie-Blanche Daigneault, Montréal, Le Jour, 2001

CAMPBELL, Don. *The Mozart Effect: Tapping the Power of Music to Heal the Body, Strengthen the Mind, and Unlock the Creative Spirit,* New York, Avon Books, 1997. *L'effet Mozart : les bienfaits de la musique sur le corps et l'esprit,* traduit de l'américain par Louise Drolet, Montréal, Le Jour, c1998

CAMPBELL, T. Colin et Thomas CAMPBELL. *The China Study: Startling Implications for Diet, Weight Loss and Long- Term Health,* Dallas, TX, Benbella Books, 2006. *Le Rapport Campbell : La plus vaste étude internationale à ce jour sur la nutrition,* traduit de l'américain par Annie Ollivier, Outremont, Ariane, 2008

CARPER, Jean. *Food-Your Miracle Medicine: How Food Can Prevent and Cure over 100 Symptoms and Problems,* New York, HarperCollins, 1993. *Les aliments et leurs vertus,* traduit l'américain par Nicole Bureau-Lévesque, Montréal, Éditions de l'Homme, c1994

CARTER, Mildred et Tammy Weber. *Hand Reflexology: Key to Perfect Health,* Paramus, NJ, Prentice Hall, 2000

CASTLEMAN, Michael. *The Healing Herbs: The Ultimate Guide to the Curative Power of Natures Medicines,* Emmaus, PA, Rodale Press, 1991. *Les plantes qui guérissent : le guide le plus complet sur le pouvoir curatif des remèdes offerts par la nature,* trad. et infographie : Édition électronique Niche, Villeneuve d'Ascq (France) ; Paris, Presses du Châtelet, c1991

CHEN, Ze-lin et Mei-fang CHEN. *A Comprehensive Guide to Chinese Herbal Medicine,* Edison, NJ, Castle Books, 1999

CHOPRA, Deepak. *Ageless Body, Timeless Mind,* New York, Harmony Books, 1993.

CHOPRA, Deepak. *Creating Health: Beyond Prevention, Toward Perfection,* Boston, Houghton Mifflin, 1987

CHRISTOPHER, John R. *School of Natural Healing,* Provo, UT, BiWorld Publishers, 1976

CLAFLIN, Edward, avec les éditeurs du magazine « Prevention ». *Healing Yourself with Food.* Emmaus, PA, Rodale Press, 1995

CLEMENT, Anna Maria et Brian R. CLEMENT. *Children: The Ultimate Creation,* West Palm Beach, FL, A. M. Press, 1994

CLEMENT, Brian R. *Belief: All There Is,* West Palm Beach, FL, Hippocrates Publications, 1991

CLEMENT, Brian R. *Croyances,* Québec, Trustar, 1996

CLEMENT, Brian R. *Exercise: Creating Your Persona,* West Palm Beach, FL, A. M. Press, 1994

CLEMENT, Brian R. *Hippocrates Health Program: A Proven Guide to Healthful Living,* West Palm Beach, FL, Hippocrates Publications, 1989

CLEMENT, Brian R. *Living Foods for Optimum Health: Staying Healthy in an Unhealthy World,* Roseville, CA, Prima Publishing, 1998

CLEMENT, Brian R. *Spirituality in Healing and Life,* West Palm Beach, FL, Hippocrates Publications, 1997

CLEMENT, Brian R. et Anna Maria CLEMENT. *Relationships: Voyages Through Life,* West Palm Beach, FL, A. M. Press, 1994

COLGROVE, Melba, Harold H. BLOOMFIELD et Peter MCWILLIAMS. *How to* Survive *the Loss of Love,* Los Angeles, Prelude Press, 1991. *Survivre à un amour perdu*, traduit de l'américain par Marc-Antoine, Montréal, Flammarion, c1992

COX, Peter. *You Don't Need Meat,* New York, Thomas Dunne Books, 2002

CREFF, Albert-François et Robert WERNICK. *Dr Creff's* 1-2-3 *Sports Diet,* New York, Coward, McCann & Geoghan, 1979

DALAI LAMA et Howard C. CUTLER. *The Art of Happiness,* New York, Riverhead Books, 1998

DEACON, Terrence W. *The Symbolic Species: The Co-evolution of Language and the Brain*, New York, W. W. Norton, 1997

Dharma Singh KHALSA avec Cameron STAUTH. *Brain Longevity*, New York, Warner Books, 1997

DIAMOND, Harvey. *Fit for Life: A New Beginning-The Ultimate Diet and Health Plan*, New York, Kensington Books, 2000

DIAMOND, Harvey et Marilyn DIAMOND. *Fit for Life: The Natural Body Cycle, Permanent Weight Loss Plan That Proves It's Not What You Eat, but When and How,* New York, Warner Books, 1985

Disease Prevention and Treatment. Hollywood, FL, Life Extension Foundation, 2003.

DODT, Colleen K. *The Essential Oils Book: Creating Personal Blends for Mind & Body,* Pownal, VT, Storey Communications, 1996

DOSSEY, Larry. *Healing Words: The Power of Prayer and the Practice of Medicine.* San Francisco, HarperSanFrancisco, 1993

DUKE, James A. *Dr Dukes Essential Herbs,* Emmaus, PA, Rodale, 1999

DUKE, James A. The *Green Pharmacy,* Emmaus, PA, Rodale, 1997. *La pharmacie verte : plus de 1000 cures naturelles entièrement libres de toxicité***,** Laval, Modus Vivendi, 2002

DURRELL, Gerald. *My Family and Other Animals,* New York, Penguin Books, 1976. *Ma famille et autres animaux,* traduit de l'anglais par Léo Lack, Paris, Gallmeister, c2007

EVANS, Mark. *Natural Home Remedies: Safe, Effective and Traditional Treatments for Common Ailments,* New York, Anness Publishing, 1996

FARMILANT, Eunice. *The Natural Foods Sweet Tooth Cookbook,* New York, Pyramid Books, 1975

FINLEY, Anita et Bill Finley. *Live to Be 100 Plus: Chart Your Way to a Longer Life,* Boca Raton, FL, Senior Life Press, 1992

FISCHER-Rizzi, Susanne. *Medicine of the Earth: Legends, Recipes, and Cultivation of Healing Plants,* Portland, OR, Rudra Press, 1996

FITZGERALD, Randall. *The Hundred-Year Lie: How Food and Medicine Are Destroying Your Health,* New York, Penguin/Dutton, 2006

FORNI, P. M. *Choosing Civility: The Twenty-five Rules of Considerate Conduct,* New York, St. Martin's Press, 2002

FOSTER, Steven. *101 Medicinal Herbs: An Illustrated Guide,* Loveland, CO, Interweave Press, 1998

FRASER, Linda. *Classic Vegetarian Cooking,* London, Barnes & Noble, 2001

FUHRMAN, Joel. *Eat to Live: The Revolutionary Formula for Fast and Sustained Weight Loss.* Boston, Little, Brown, 2003

GLYNN, Ian. *An Anatomy of Thought: The Origin and Machinery of the Mind,* New York, Oxford University Press, 1999

GOLEMAN, Daniel. *Emotional Intelligence,* New York, Bantam Books, 1995. *L'intelligence émotionnelle : accepter ses émotions pour développer une intelligence nouvelle,* traduit de l'américain par Thierry Piélat, Paris, J'ai lu, 2005, 1997

GOSSELIN, Robert E., Harold C. HODGE, Roger P. SMITH et Marion N. GLEASON, *Clinical Toxicology of Commercial Products,* Baltimore, Williams & Wilkins, 1977

HAAS, Robert. *Eat to* Win, New York, Signet, 1983. *Manger pour gagner : la bible de la nutrition sportive,* trad. et adapt. par Léone Bérard, Paris, Laffont, 1985

HAAS, Robert. *Permanent Remissions: Life Extending Diet Strategies That Can Help Prevent and Reverse Cancer; Heart Disease, Diabetes, and Osteoporosis,* New York, Pocket Books, 1997

HABER, David. *Health Promotion and Aging: Implications for the Health Professions,* New York, Springer Publishing, 1999

The Harvard Medical School Health Letter Book, Cambridge, MA, Harvard University Press, 1981

HILL, Napoleon et Michael J. RITT Jr. *Napoleon Hills Keys to Positive Thinking: 10 Steps to Health, Wealth and Success,* New York, Dutton, 1998

HOBSON, J. Allan. *The Chemistry of Conscious States: How the Brain Changes Its Mind,* New York, Little, Brown, 1994

HOGSHEAD, Nancy et Gerald S. COUSENS. *Asthma and Exercise,* New York, Henry Holt, 1990

HOLFORD, Patrick et Hyla CASSO. *Natural Highs: Increase Your Energy; Sharpen Your Mind; Improve Your Mood; Relax and Beat Stress with Legal, Natural and Healthy Mind-Altering Substances,* London, Judy Piatkus Publishers, 2001

HOWARD, Pierce J. *The Owner's Manual for the Brain: Everyday Applications from Mind-Brain Research,* Austin, TX, Leornian Press, 1994

HUTTON, Ginger. *Reflections: Thoughts on Love and Living,* Phoenix, AZ, Arizona Republic, 1980

JENSEN, Bernard. *Dr. Jensen's Juicing Therapy: Nature's Way to Better Health and a Longer Life,* Los Angeles, Keats Publishing, 2000

LEDOUX, Joseph. *The Emotional Brain,* New York, Touchstone, 1996. *Le cerveau des émotions : les mystérieux fondements de notre vie émotionnelle*, préface de Jean-Didier Vincent, traduit de l'américain par Pierre Kaldy, Paris, O. Jacob, 2005

LERNER, Harriet. *The Dance of Anger: A Woman's Guide to Changing the Patterns of Intimate Relationships,* New York, Perennial Library, 1989. *Le pouvoir créateur de la colère,* traduit de l'américain par Catherine Chaleyssin, Le Jour, c1994. Éditions du Club Québec loisirs, 1995

LEVINE, Stephen. *Healing Into Life and Death,* New York, Anchor Books, 1977

LIPSCHITZ, David A. *Breaking the Rules of Aging,* Washington, DC, Lifeline Press, 2002

LIPTON, Bruce. *The Biology of Belief,* Santa Rosa, CA, Elite Books, 2005. *Biologie des croyances : comment affranchir la puissance de la conscience, de la matière et des miracles,* trad. Annie Ollivier, Outremont, Ariane, c2006

LITTLE, Paul E. *Know Why You Believe,* Wheaton, IL, Victor Books, 1973

LOCKIE, Andrew et Nicola GEDDES. *Complete Guide to Homeopathy,* New York, DK Publishing, 2000. *Homéopathie : principes et traitements,* Paris/Montréal, Sélection du Reader's Digest, 2002

LOWE, Carl, James W NECHAS et les éditeurs du magazine *Prevention. Whole Body Healing: Natural Healing with Movement, Exercise, Massage and Other Drug-Free, Methods,* Emmaus, PA, Rodale Press, 1983. *L'encyclopédie complète des thérapies naturelles,* trad. de l'américain par Marc Pelletier. Beauceville, éd. Québec Agenda, 1988 (?)

MAMONOV, Valery. *Control for Life Extension: A Personalized Holistic Approach,* Rome, ME, Long Life Press, 2001

MARSHALL, John with Heather BARBASH. *The Sports Doctors Fitness Book for Women,* New York, Delacorte Press, 1981

MESSINA, Virginia et Mark MESSINA. *The Vegetarian Way: Total Health for You and Your Family,* New York, Crown, 1996

MINDELL, Earl R. *Earl. Mindell's Food as Medicine: What You Can Eat to Help Prevent Everything from Colds to Heart Disease to Cancer,* New York, Fireside (Simon & Schuster), 1994

NAVARRA, Tova et Myron A. LIPKOWITZ. *Encyclopedia of Vitamins, Minerals and Supplements,* New York, Facts on File, 1996

NAYLOR, Nicola. *Discover Essential Oils,* Berkeley, CA, Ulysses Press, 1998

NIRENBERG, Jesse S. *Getting Through to People,* Englewood Cliffs, NJ, Prentice Hall, 1963

NORTHRUP, Christiane. *Womens Bodies, Womens Wisdom: Creating Physical and Emotional Health and Healing,* New York, Bantam Books, 1998. *La sagesse de la ménopause: cultiver la santé physique et psychique durant cette période de changement,* adapté de l'américain par Marie Gonthier, Varennes, AdA, 2003

OHNO, Yoshitaka. *A Guide to Achieving Better Health and Aging,* Willoughby, OH, Ohno Institute on Water and Health, s.d.

PASSWATER, Richard A. *The Longevity Factor: Chromium Picolinate,* New Canaan, CT, Keats Publishing, 1993

PECK, M. Scott. *The Road Less Traveled: A New Psychology of Love, Traditional Values and Spiritual Growth,* New York, Touchstone, 1978. *Le chemin le moins fréquenté,* trad. de l'américain par Laurence Minard, Paris, Laffont, c1987

PEIKIN, Steven R. *The Feel Full Diet: The Medically Proven, Nutritionally Sound Weight Loss Program That Stimulates the Release of Your Secret Anti-hunger Mechanism,* New York, Atheneum, 1987

PHYSICIAN'S GUIDE TO REMEDIES AND CURES. Greenwich, CT, Boardroom, 1999

PRITIKIN, Nathan. *The Pritikin Weight Loss Manual,* New York, Grosset & Dunlap, 1981

RATEY, John J. *A User's Guide to the Brain: Perception, Attention, and the Four Theaters of the Brain,* New York, Vintage Books, 2001

RATH, Matthias. *Why Animals Don't Get Heart Attacks... But People Do,* Fremont, CA, MR Publishing, 2003

REICH, Charles A. *The Greening of America,* New York, Random House, 1970

REID, Daniel P. *Chinese Herbal Medicine,* Boston, Shambhala Publications, 1999

REID, Daniel P. *The Complete Book of Chinese Health and Healing,* Boston, Shambhala Publications, 1995

REINHARD, Tonia. *The Vitamin Sourcebook,* Los Angeles, Lowell House, 1998

RESTAK, Richard. *Mozart's Brain and the Fighter Pilot: Unleashing Your Brain's Potential,* New York, Harmony Books, 2001

REUBEN, David. *Everything You Always Wanted to Know about Nutrition,* New York, Avon Books, 1978

RISTER, Robert. *Japanese Herbal Medicine: The Healing Art of Kampo,* Garden City Park, NY, Avery Publishing Group, 1999

ROBBINS, John. *Diet for a New America: How Your Food Choices Affect Your Health, Happiness and the Future of Life on Earth,* Walpole, NH, Stillpoint Publishing, 1987. *Se nourrir sans faire souffrir : la planète, le tiers-monde, les animaux et nous,* préf. de Christian Lamontagne, trad. de l'américain par Louise Chrétien et coll. Montréal, Stanké, c1990, c2001

ROBBINS, John. *Reclaiming Our Health: Exploding the Medical Myth and Embracing the Source of True Healing,* Tiburon, CA, H. J. Kramer, 1996

ROBBINS, William. *The American Food Scandal,* New York, William Morrow, 1974

ROBERTSON, Ian H. *Mind Sculpture: Unlocking Your Brain's Untapped Potential,* New York, Fromm International, 2000

RODALE, Robert, ed. *The Basic Book of Organic Gardening,* New York, Ballantine Books, 1971

RONDBERG, Terry A. *Chiropractic First: The Fastest Growing Healthcare Choice-Before Drugs or Surgery,* Chandler, AZ, Chiropractic Journal, 1996

ROSE, Barry et Christina SCOTT MONCRIEF. *Homeopathy for Women,* London, Collins & Brown, 1998

ROSENFELD, Isadore. *The Complete Medical Exam,* New York, Avon Books, 1978

ROSNER, Fred, ed. et trans. *Maimonides: Medical Writings,* Multivolume series, Haifa, Israel, Maimonides Research Institute, s. d.

SCHILLER, Carol et David SCHILLER. *500 Formulas for Aromatherapy: Mixing Essential Oils for Every Use,* New York, Sterling Publishing, 1994

SCHNAUBELT, Kurt. *Medical Aromatherapy: Healing with Essential Oils,* Berkeley, CA, Frog, 1999

SEARS, Barry avec Bill LAWREN. *Enter the Zone: A Dietary Road Map,* New York, Regan Books, 1995. *Le juste milieu dans votre assiette : un régime révolutionnaire,* trad. de l'américain par Jeanne Maroun-Haddad, Montréal, Éditions de l'Homme, 2003

SEGAL, Jeanne. *Raising Your Emotional Intelligence,* New York, Henry Holt, 1997

SERRENTINO, Joe. *How Natural Remedies Work: Vitamins, Minerals, Nutrients, Homeopathic and Naturopathic Remedies,* Point Roberts, WA, Hartley & Marks, 1991

SIEGEL, Bernie S. *Love, Medicine and Miracles: Lessons Learned about Self-Healing from a Surgeons Experience with Exceptional Patients,* New York, Harper & Row, 1987. *L'amour, la médecine et les miracles,* trad. de l'américain par Claude Farny, Paris, J'ai lu, c1989

SIMONTON, O. Carl, Stephanie MATHEWS-SIMONTON et James L. CREIGHTON. *Getting Well Again,* New York, Bantam Books, 1992

SMITH, Adam. *Powers of Mind,* New York, Random House, 1975

SMITH, Jeffrey M. *Seeds of Deception: Exposing Industry and Government Lies about the Safety of the Genetically Engineered Foods You're Eating,* Fairfield, IA, Yes! Books, 2003

SNOW, Kimberly. *In Buddhas Kitchen,* Boston, Shambhala Publications, 2003

STAUDACHER, Carol. *Men and Grief,* Oakland, CA, New Harbinger Publications, 1991

STEIN, Laura. *The Bloomingdales Eat Healthy Diet,* New York, St. Martin's Press, 1986

STEINER, Claude et Paul PERRY. *Achieving Emotional Literacy: A Personal Program to Increase Your Emotional Intelligence,* New York, Avon Books, 1997

STILLERMAN, Elaine. *The Encyclopedia of Bodywork,* New York, Facts on File, 1996

STONE, Irwin. *The Healing Factor: « Vitamin C » Against Disease,* New York, Grosset & Dunlap, 1972

THAYER, Robert E. *The Origin, of Everyday Moods: Managing Energy, Tension, and Stress,* New York, Oxford University Press, 1996

THOMAS, Peggy. *Medicines from Nature,* New York, Twenty-First Century Books, 1997

TISSERAND, Robert B. *The Art of Aromatherapy: The Healing and Beautifying Properties of the Essential Oils of Flowers and Herbs,* Rochester, VT, Healing Arts Press, 1977

URSELL, Amanda. *Vitamins and Minerals Handbook: Nature-Inspired Supplements for Optimal Health and Vitality,* New York, Dorling Kindersley, 2001

VERTOSICK, Frank, Jr. *When the Air Hits Your Brain: Tales of Neurosurgery,* New York, W. W. Norton & Company, 1996

WALKER, N. W. *The Vegetarian Guide to Diet* & *Salad,* Phoenix, AZ, Norwalk Press, 1986

WEBER, George. *Protecting Your Health with Probiotics: The Friendly Bacteria,* Green Bay, WI, IMPAKT Communications, 2001

WOOD, Garth. *The Myth of Neurosis: Overcoming the Illness Excuse,* New York, Harper & Row, 1986

WRIGHT, Jane Riddle. *Diagnosis: Cancer-Prognosis: Life,* Huntsville, AL, Albright, 1985

index

H

I

J

K

L

M

Cet ouvrage,
composé en Adobe Garamond Pro ,
a été achevé d'imprimer sur les presses
d'imprimerie Transcontinental Métrolitho,
Sherbrooke, Canada
en octobre deux mille neuf
pour le compte
de Marcel Broquet Éditeur.